JN430102

반석 영문독해 실전다지기

박지성

- 고려대 언어학과/영어영문 졸
- 현) 대치동 세정학원
- 현) 분당 명인학원
- 현) 해커스 편입
- 저서
  『편입독해 급상승 1 [실전문제편]』
  『편입독해 급상승 2 [유형·주제편]』 등

반석
영문독해
실전다지기

저 자 박지성
발행인 고본화
발 행 반석출판사
2017년 8월 25일 초판 1쇄 인쇄
2017년 8월 30일 초판 1쇄 발행
반석출판사 www.bansok.co.kr
이메일 bansok@bansok.co.kr

157-779 서울시 강서구 양천로 583번지 B동 1007호
(서울시 강서구 염창동 240-21번지 우림블루나인 비즈니스센터 B동 1007호)
대표전화 02) 2093-3399 **팩 스** 02) 2093-3393
출 판 부 02) 2093-3395 **영업부** 02) 2093-3396
등록번호 제315-2008-000033호

ISBN 978-89-7172-846-8 (13740)

TOEFL, TEPS,
편입시험, 공무원시험,
수능 완벽대비!

반석
영문독해
실전다지기

반석출판사
Bansok

아는 것과 아는 것을 적용한다는 말은 다른 것입니다.

자전거를 배우려는 아이가 있습니다. 운이 좋게도, 그 아이는 올림픽에서 금메달을 딴 선수를 선생님으로 모실 수 있는 기회가 있었습니다. 5시간에 걸쳐 자전거 타는 방법을 신나게 배웠습니다. 아이는 스스로 "이제 난 자전거를 잘 탈 수 있어."라고 하면서 자전거를 끌고 밖으로 나갔습니다. 하지만, 아이의 생각과 달리 자전거 타기가 만만치 않았습니다.

그렇습니다. 자전거를 잘 타기 위해선 나름의 단계가 필요합니다. 즉, 자전거를 직접 타면서, 넘어지고 무릎이 까지는 경험을 통해 아는 것을 직접 적용하는 절차를 밟아야 하는 것입니다. 세상의 모든 이치가 그렇습니다. 배운 것을 적용하는 시간을 반드시 가져야 합니다. 그런 의미에서 이 책은 배운 것을 충분한 연습문제를 통해서 적용할 수 있도록 구성한 책입니다.

영어공부를 하는 사람들이 가지는 오해 중 하나가 바로 '완벽해야 한다'는 생각입니다. "문법을 완벽하게 하지 않으면 독해는 미룰 거야.", "독해가 되지 않는 이유는 문법을 완벽하게 몰라서야." 등과 같은 말을 하지만 이는 큰 오해입니다. 앞서 언급했던 아이의 자전거 이야기를 다시 살펴보면 쉽게 이해됩니다. 만약 아이가 "난 자전거가 굴러가는 원리를 완벽하지 알지 않고선, 자전거 타는 연습을 하지 않을 거야."라고 한다면 자전거를 배워 본 사람이라면 누구나 "그냥 나가서 한 번 타 보면 다 잘 타게 돼."라고 말해 줄 겁니다.

마찬가지입니다. 완벽한 문법 지식은 존재하지 않습니다. 올림픽에서 금메달을 딴 선수조차 다음 날 그 메달을 집에 두고, 운동장으로 나가 다시 자신과의 싸움을 통해 몸으로 새로운 것을 익히듯, 문법 지식은 영문 글을 읽으면서 적용할 때 조금씩 완성의 단계에 이르게 됩니다. 이 점을 꼭 기억해야 합니다.

이 책은 문법과 독해를 별개로 보지 않습니다. 어차피, 문법학습은 글을 정확하게 읽기 위한 것입니다. 그래서 각종 수험을 준비하는 수험생이 반드시 접해야 할 총 100개의 영문지문을 분야별로 나누어 제시하고, 독해 속에서 문법을 학습하도록 구성했습니다. 중요 구문의 경우 Sentence Analysis를 꼼꼼히 달았습니다. 각 영문 지문 뒤에는 문장성분 분석, 문장 끊어읽기, 일반적 문법지식을 묻는 문제, 순서배열, 문장배열, 문장전환, 문장결합과 같은 다양한 문제로 구성된 Quick Check을 두어 이미 학습한 문법지식을 십분 활용할 수 있도록 구성했습니다(책의 구성과 특징 참고).

영어 지문을 빠르고 정확하게 읽어 내는 방법으로 가장 좋은 것은 직독직해입니다. 한국어와 영어는 문장 구조나 어순 등이 다릅니다. 그래서 영어를 읽고 다시 한국어에 맞게 말을 맞추어 나가다 보면 시간도 많이 걸리고 그 과정에서 지문의 뜻을 잘못 읽어 내기도 합니다. 직독직해는 말 그대로 바로 읽고 바로 해석하는 것입니다. 이 방법은 익숙해지기까지는 시간이 걸리고 연습도 필요하지만, 익숙해지면 해석을 우리말 어순으로 재구성하지 않아도 읽으면서 바로 지문을 해석할 수 있어 영문을 독해하는 데에 있어 아주 유용합니다. Quick Check에 반복되어 출제되는 문장성분 분석, 문장 끊어 읽기 문제가 직독직해를 연습하는 데 있어 기본이 되는 스킬입니다. 많이 연습해 보시고, 익숙해지시기를 바랍니다.

이런 알찬 내용으로 구성된 이 책은 중·고등학생, 고3이지만 영어 기초가 부실해 마음고생을 하는 수험생, 그리고 각종 영어시험을 준비하는 수험생들에게 큰 힘이 되리라 확신합니다.

저자 박지성

〈반석 영문독해 실전다지기〉는 다양한 분야의 엄선된 주제를 바탕으로 정확한 해석능력을 배양할 수 있도록 의도한 책이다. 앞서 언급했듯이, 모든 지식은 적용할 수 있을 때 빛을 발한다. 문법 지식을 아는 것과 이를 실전 영문지문에 적용한다는 것은 별개의 것임을 감안할 때, 이 책은 기초적인 문법 지식을 막 뗀 수험생에게 더 없이 좋은 교재라 할 수 있다. 구성은 다음과 같다.

1. 구성

1) 본 책

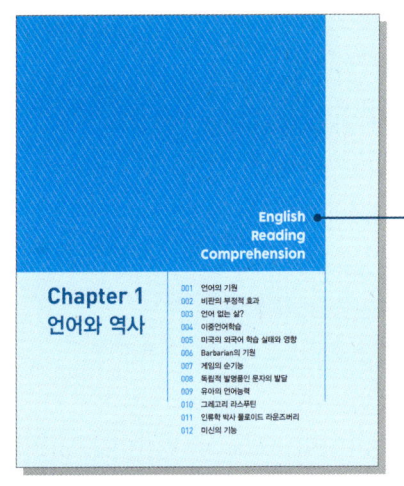

① 분야별 구성

Part 1에선 인문/사회, Part 2에선 자연/과학 지문을 각각 집중적으로 다뤘다. 공부를 하다 보면, 자연스럽게 좋아하는 분야의 글을 자주 보게 되어 익숙해서 잘 읽히는 반면, 자주 접하지 않은 분야의 글은 쉽게 읽히지 않는다. 이러한 '편식' 독해를 예방하기 위해 다양한 분야의 글을 실었다.

② 학습자 중심의 지문과 어휘 구성

각 지문 밑에 중요어구를 함께 배치해 영문지문을 읽다 모르는 단어를 찾는 수고를 없앴다. 이는 이 책의 궁극적인 목적이 정확한 해석 능력의 배양이기 때문에 단순히 어휘를 몰라서 해석을 못 하거나 학습 의욕이 저하되는 경우를 없애기 위한 의도이다. 물론, 수험생의 수준에 따라 아래 어휘를 최대한 보지 않고, 시도하는 것도 좋은 방법이다.

③ 구문분석

지문에 등장하는 어려운 구문은 상세한 해설을 달아 독학이 가능하도록 구성했다.

④ Quick Check

각 영문지문에는 모두 Quick Check을 통해서 학습 효과를 극대화할 수 있도록 문제를 배치했다. Quick Check의 구성은 정확한 해석을 위한 초석인 <u>문장별 구조 분석</u>, 끊어읽기 실전 적용 그리고 다양한 주관식 쓰기 구성을 통해 단순히 '보는 문법'이 아니라 실제 쓰고, 적용하는 '실전 문법능력'을 배양할 수 있도록 했다. 문장별 구조 분석과 끊어읽기에는 정답이 한 가지만 있지 않다. 뒤의 정답 부분에 실린 것은 하나의 예이다. 다양한 방법으로 연습하다 보면 자신에게 맞는 방법에 익숙해질 것이다.

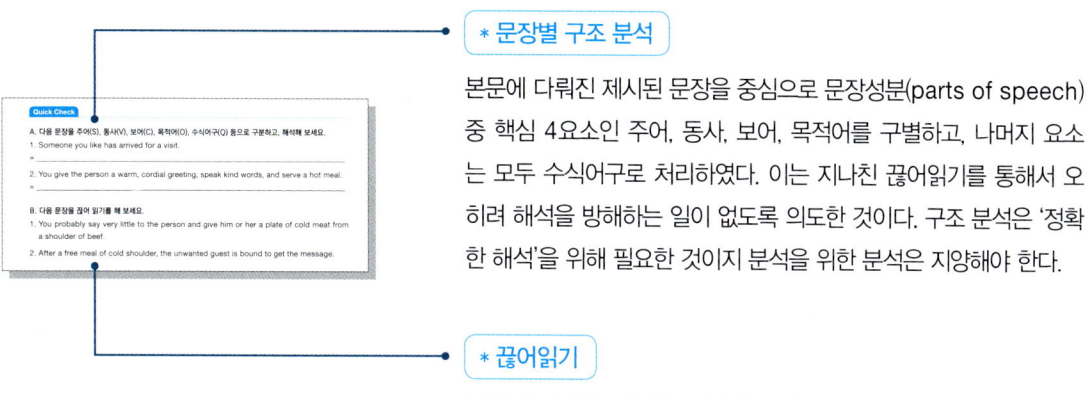

* 문장별 구조 분석

본문에 다뤄진 제시된 문장을 중심으로 문장성분(parts of speech) 중 핵심 4요소인 주어, 동사, 보어, 목적어를 구별하고, 나머지 요소는 모두 수식어구로 처리하였다. 이는 지나친 끊어읽기를 통해서 오히려 해석을 방해하는 일이 없도록 의도한 것이다. 구조 분석은 '정확한 해석'을 위해 필요한 것이지 분석을 위한 분석은 지양해야 한다.

* 끊어읽기

문장 구조분석을 통해서 적용한 문법을 바탕으로 정확한 해석능력을 확인할 수 있도록 끊어읽기를 구성했다.

* 다양한 주관식 대비 문제

각종 시험을 준비하는 초·중급 수험생을 위해 다양한 종류의 주관식 문제를 실었다. 물론, 객관식 시험을 준비하는 수험생이라도 '쓸 줄 아는 문법'은 객관식 문법을 한 단계 높여 학습하는 경우라 좀 더 완벽한 수험 준비가 가능함은 언급할 필요가 없다.

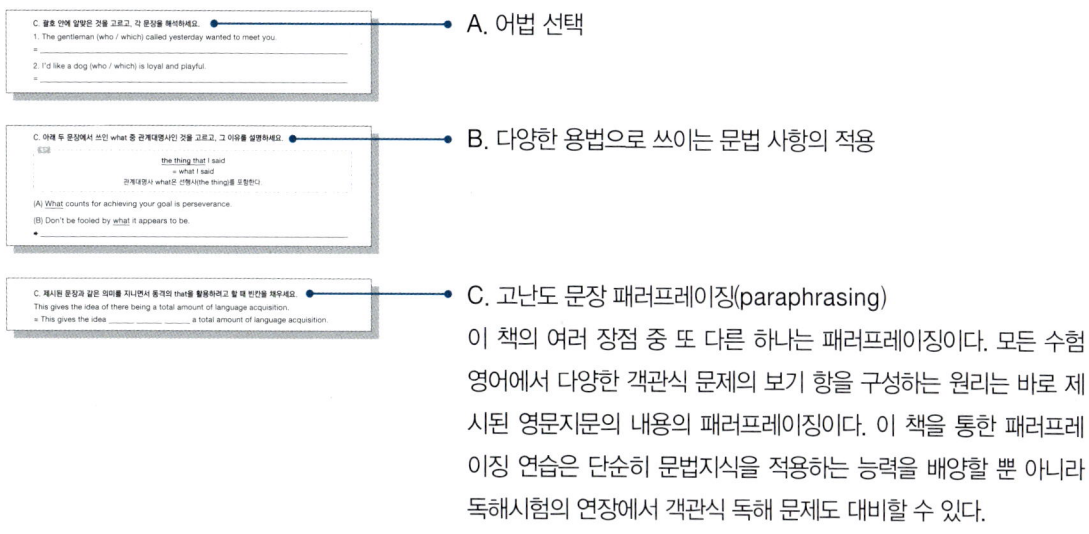

A. 어법 선택

B. 다양한 용법으로 쓰이는 문법 사항의 적용

C. 고난도 문장 패러프레이징(paraphrasing)

이 책의 여러 장점 중 또 다른 하나는 패러프레이징이다. 모든 수험 영어에서 다양한 객관식 문제의 보기 항을 구성하는 원리는 바로 제시된 영문지문의 내용의 패러프레이징이다. 이 책을 통한 패러프레이징 연습은 단순히 문법지식을 적용하는 능력을 배양할 뿐 아니라 독해시험의 연장에서 객관식 독해 문제도 대비할 수 있다.

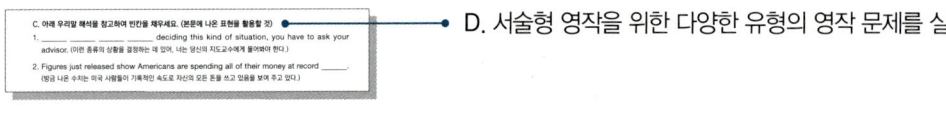

D. 서술형 영작을 위한 다양한 유형의 영작 문제를 실었다.

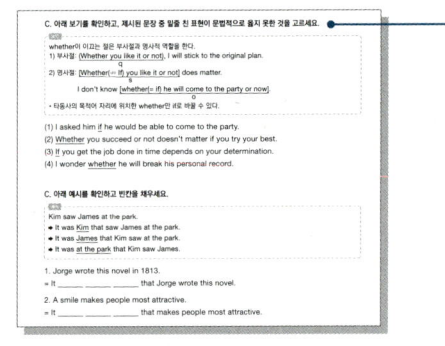

E. 보기 또는 조건 제시형
중상 난이도의 조건 제시형은 문법 지식의 단순 암기가 아니 이해를 바탕으로 특정 문법을 적용할 수 있는지를 묻는 최신 유형이다. 다양한 문법의 조건 제시형 문제를 담았다.

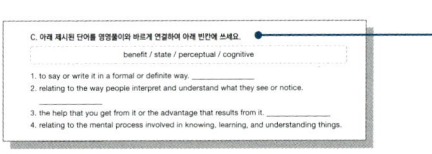

F. 영영풀이를 활용한 어휘문제

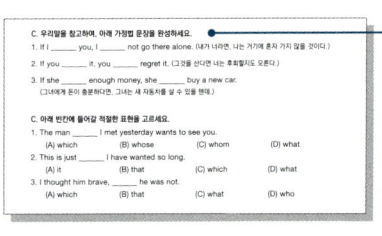

G. 객관식과 단답식 서술형 문제에 가장 많이 등장하는 빈칸 채우기 및 선택형 문제

2) 해설집

해설집은 독학이 가능하도록 학습자 중심으로 꼼꼼한 해석을 달았다.

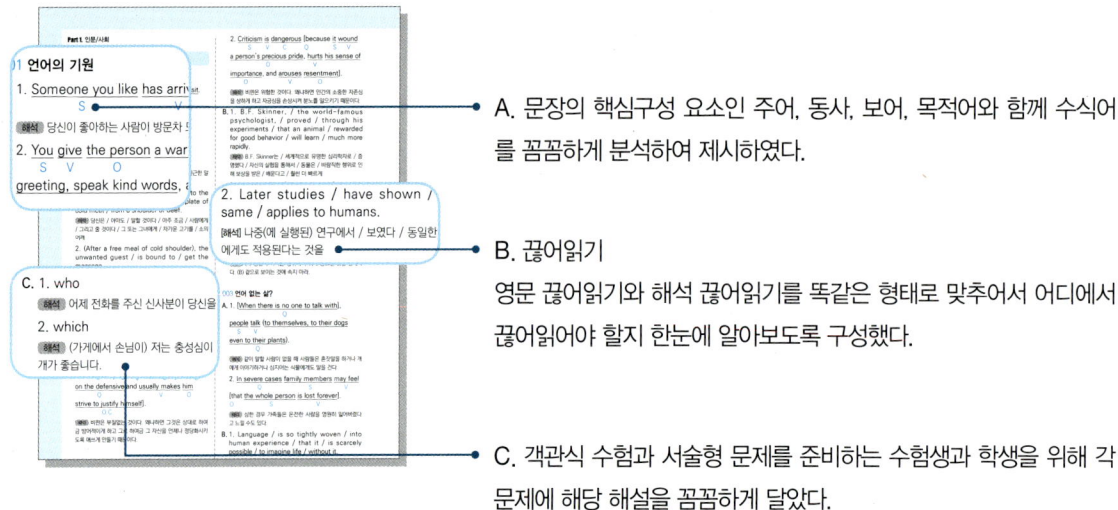

A. 문장의 핵심구성 요소인 주어, 동사, 보어, 목적어와 함께 수식어를 꼼꼼하게 분석하여 제시하였다.

B. 끊어읽기
영문 끊어읽기와 해석 끊어읽기를 똑같은 형태로 맞추어서 어디에서 끊어읽어야 할지 한눈에 알아보도록 구성했다.

C. 객관식 수험과 서술형 문제를 준비하는 수험생과 학생을 위해 각 문제에 해당 해설을 꼼꼼하게 달았다.

2. 활용

중급학습자라면 책에서 구성한 순서를 그대로 따라 Part 1부터 순차적으로 학습해도 무리가 없다. 학습에 어려움을 느낄 초급 학습자들은 다음과 같은 순서를 따르면 효율적 학습이 가능하다.

1) 영문지문 내용 파악
각 파트에서 제시되는 영문지문을 처음 읽을 때는 아래 단어의 뜻을 참고하면서, 글 전체의 내용을 파악하는 데 초점을 두도록 한다. 문법학습은 앞서 언급했듯이 독해로 이어지는 연장선에서 이해되어야 한다. 문법 학습의 궁극적 목적은 영문지문 읽기와 이해이다. 그러므로 처음에는 지나치게 문장 하나하나를 분석하려고 하지 말고, 내용 파악에 초점을 맞추도록 한다.

2) Quick Check을 통한 문법 지식의 적용
각 영문지문에 달린 Quick Check의 구성에서 초급 단계의 학습자는 우선 구문 분석과 끊어읽기를 먼저 학습할 것을 권한다. 분야별 또는 책 전체의 내용을 끝내고 난 후 마지막 C의 다양한 서술형 대비 문법을 푸는 것도 학습효과를 높이는 방법 중 하나이다.

3) Quick Check과 함께 기존의 문법서를 참고서로 활용할 것
이 책은 앞서 머리말에서 언급했듯이, 기초적인 문법이 어느 정도 정립되어 있다는 전제에서 구성한 책이다. 하지만, 문법이라는 것이 한 번 보았다고 바로 내 것이 되지는 않는다. 그러므로 Quick Check을 학습하는 동시에 학습한 문법 사항 중 기억이 가물거리는 것은 기존 문법서를 참고하여 재차 숙지하도록 한다.

본서는 TOEFL, TEPS, 공무원, 편입, 수능 등 각종 시험을 준비하는 수험생과 영어를 공부하는 중·고등학생들에게 더 없이 좋은 교재임을 자부한다.

Part 1

인문/사회

English
Reading
Comprehension

Chapter 1
언어와 역사

If you do not like someone, you might ignore or snub that person. This is called "giving the person the cold shoulder." This saying began during the Middle Ages, more than 500 years ago. Suppose you owned a castle during the Middle Ages. Someone you like has arrived for a visit. You give the person a warm, cordial greeting, speak kind words, and serve a hot meal. A few days later, someone you don't like comes to visit. You probably say very little to the person and give him or her a plate of cold meat from a shoulder of beef. In other words, you give the person "the cold shoulder." After a free meal of cold shoulder, the unwanted guest is bound to get the message. He or she will leave to visit someone else who might provide a warmer welcome.

Vocabulary

ignore ⓥ 무시하다 **snub** ⓥ 타박하다, 윽박지르다 **saying** ⓝ 속담, 격언 **the Middle Ages** 중세(= the Dark Ages) **suppose** ⓥ 가정하다 **castle** ⓝ 성 **arrive for a visit** 방문하기 위해 도착하다 **cordial** ⓐ 충심으로부터, 따뜻한 **meal** ⓝ 식사 **unwanted** ⓐ 원하지 않은, 탐탁지 않은 **be bound to** ~하지 않을 수 없다 **get the message** 의도를 알아차리다 **provide** ⓥ 제공하다

Analysis of Sentence

1. **If you do not like someone, you might ignore or snub that person.**

   [공통목적어] 등위접속사 or에 걸리는 ignore와 snub의 공통목적어는 that person이다. 이럴 경우 '그 사람을 무시하거나 냉대하다'와 같이 공통목적어와 두 동사를 함께 해석한다. '무시하다 또는 그 사람을 냉대하다'와 같이 해석하지 않도록 주의한다.

2. **He or she / will leave / to visit / [someone else who might provide a warmer welcome].**

   [주격관계대명사] 주격관계대명사 who가 선행사 someone else를 수식하는 구조다. 해석은 '~하는'으로 한다. 위 문장을 원래 두 문장으로 나누면 다음과 같다.
   - He or she will leave to visit someone else.
   - Someone else might provide a warmer welcome.

만약 당신이 누군가를 좋아하지 않는다면, 당신은 그 사람을 무시하거나 냉대한다. 이것은 '차가운 어깨를 준다'라 불린다. 이 말은 500년 그 이전 중세에 시작되었다. 당신이 중세에 성을 소유하고 있었다고 가정해 보자. 당신이 좋아하는 사람이 방문차 도착했다. 당신은 그 사람에게 따뜻하고, 다정한 인사와 친근한 말을 하고, 따뜻한 식사를 제공하려 할 것이다. 며칠 후, 당신이 싫어하는 사람이 방문하러 왔다. 당신은 아마도 그 사람에게 거의 말을 걸지 않고, 그 또는 그녀에게 차가운 소의 어깨 부위 고기 한 접시만을 내어 줄 것이다. 다시 말해, 당신은 그 사람에게 '차가운 어깨'를 준다는 말이다. 차가운 공짜 음식을 먹고 나면, 그 불청객은 의도를 알아차릴 수밖에 없다. 그 또는 그녀는 좀 더 환대하는 다른 사람을 방문하기 위해 떠날 것이다.

Quick Check

A. 다음 문장을 주어(S), 동사(V), 보어(C), 목적어(O), 수식어구(Q) 등으로 구분하고, 해석해 보세요.

1. Someone you like has arrived for a visit.

= _____

2. You give the person a warm, cordial greeting, speak kind words, and serve a hot meal.

= _____

B. 다음 문장을 끊어 읽기를 해 보세요.

1. You probably say very little to the person and give him or her a plate of cold meat from a shoulder of beef.

2. After a free meal of cold shoulder, the unwanted guest is bound to get the message.

C. 괄호 안에 알맞은 것을 고르고, 각 문장을 해석하세요.

1. The gentleman (who / which) called yesterday wanted to meet you.

= _____

2. I'd like a dog (who / which) is loyal and playful.

= _____

비판의 부정적 효과

Criticism is futile because it puts a person on the defensive and usually makes him strive to justify himself. Criticism is dangerous because it wounds a person's precious pride, hurts his sense of importance, and arouses resentment. B.F. Skinner, the world-famous psychologist, proved through his experiments that an animal rewarded for good behavior will learn much more rapidly and retain what it learns far more effectively than an animal punished for bad behavior. Later studies have shown that the same applies to humans. By criticizing, we do not make lasting changes and often incur resentment.

Vocabulary

futile ⓐ 헛된, 소용없는 **defensive** ⓐ 방어하는 **arouse** ⓥ ~을 일으키다, 자극하다, 일깨우다 **reward** ⓥ 보상하다 **precious** ⓐ 소중한 **lasting** ⓐ 지속적인 **incur** ⓥ ~을 유발시키다, 초래하다 **resentment** ⓝ 분노

Analysis of Sentence

Criticism **makes** him ~~to~~ **strive** to justify himself.

[5형식 사역동사] 5형식의 make(강제의 의미 내포)와 함께, have(부탁의 의미 내포)는 사역동사로 '~시키다, 만들다'로 해석하며 목적보어 자리에 to부정사를 생략하는 원형부정사를 사용한다.

ⓔ They <u>made</u> me drink that night. 그들은 그날 밤에 강제로 나에게 술을 먹였다.

ⓔ James <u>had</u> me carry his baggage. 제임스는 나에게 자신의 짐을 운반하도록 부탁했다.

비판은 부질없는 것이다. 왜냐하면 그것은 상대로 하여금 방어적이게 하고, 언제나 정당화시키도록 애쓰게 만들기 때문이다. 비판은 위험한 것이다. 왜냐하면, 인간의 소중한 자존심을 상하게 하고 자긍심을 손상시켜 분노를 일으키기 때문이다. 세계적으로 유명한 심리학자인 B. F. Skinner는 실험을 통해 선행으로 상을 받은 동물이 나쁜 행동으로 벌을 받은 동물보다 훨씬 더 빨리 배우고, 훨씬 더 효과적으로 배운 것을 기억한다는 사실을 증명했다. 그 이후의 연구는 같은 원리가 인간에게도 적용됨을 보여 준다. 비판을 통해서 우리는 지속적인 변화를 이룰 수 없으며, 종종 분노를 유발시키게 된다.

Quick Check

A. 다음 문장을 주어(S), 동사(V), 보어(C), 목적어(O), 수식어구(Q) 등으로 구분하고, 해석해 보세요.

1. Criticism is futile because it puts a person on the defensive and usually makes him strive to justify himself.

= _____

2. Criticism is dangerous because it wounds a person's precious pride, hurts his sense of importance, and arouses resentment.

= _____

B. 다음 문장을 끊어 읽기를 해 보세요.

1. B.F. Skinner, the world-famous psychologist, proved through his experiments that an animal rewarded for good behavior will learn much more rapidly.

2. Later studies have shown that the same applies to humans.

C. 아래 두 문장에서 쓰인 what 중 관계대명사인 것을 고르고, 그 이유를 설명하세요.

> 보기
>
> the thing that I said
> = what I said
> 관계대명사 what은 선행사(the thing)를 포함한다.

(A) What counts for achieving your goal is perseverance.

(B) Don't be fooled by what it appears to be.

➡ _____

17

언어 없는 삶?

Language is so tightly woven into human experience that it is scarcely possible to imagine life without it. Chances are that if you find two or more people together anywhere on earth, they will soon be exchanging words. When there is no one to talk with, people talk to themselves, to their dogs, even to their plants. Aphasia, the loss of language following brain injury, is devastating and in severe cases family members may feel that the whole person is lost forever.

Vocabulary

woven ⓐ 짜여진 **tightly** ⓐⓓ 밀접하게, 빽빽하게 **scarcely** ⓐⓓ 좀처럼 ~ 않은 **Chances are (that) S V** ~할 가능성이 크다 **aphasia** ⓝ 실어증 **brain injury** 뇌손상 **encouraging** ⓐ 용기(힘)를 북돋우는 **devastating** ⓐ 파괴적인, 황폐시키는 **in severe cases** 심각한 경우에 **be lost** 상실하다, 없어지다

Analysis of Sentence

Language is <u>so</u> tightly woven into human experience <u>that</u> it is scarcely possible to imagine life without it.

so ~ that은 '너무 ~해서 (그래서) …하다'라는 뜻이며, that절 이하는 가주어(it)·진주어(to imagine ~)구문이다.

언어는 인간의 생활 속에 너무나 밀접하게 엮여 있기 때문에, 언어 없는 삶이란 상상조차 할 수 없다. 아마 당신이 지구 어디선가 두 사람 이상이 모여 있는 것을 발견한다면, 그들은 곧 말을 주고받을 것이다. 같이 말할 사람이 없을 때 사람들은 혼잣말을 하거나 개에게 이야기하거나 심지어는 식물에게도 말을 건다. 실어증, 즉 뇌 손상에 뒤이은 언어 상실은 치명적이다. 그리고 심한 경우 가족들은 온전한 사람을 영원히 잃어버렸다고 느낄 수도 있다.

Quick Check

A. 다음 문장을 주어(S), 동사(V), 보어(C), 목적어(O), 수식어구(Q) 등으로 구분하고, 해석해 보세요.

1. When there is no one to talk with, people talk to themselves, to their dogs, even to their plants.

= _____

2. In severe cases family members may feel that the whole person is lost forever.

= _____

B. 다음 문장을 끊어 읽기를 해 보세요.

1. Language is so tightly woven into human experience that it is scarcely possible to imagine life without it.

2. Chances are that if you find two or more people together anywhere on earth, they will soon be exchanging words.

C. 아래 예문을 참고하여 빈칸을 채우세요.

> 예
>
> The books were <u>very</u> expensive. + I could not afford to buy them.
> ➡ The books were **so** expensive **that** I could not afford to buy them.

1. The universe is very vast. + No one knows where it ends.

➡ _____

2. The dog was very big. + It could not fit in the car.

➡ _____

It used to be thought that learning two languages was harmful to a child's cognitive abilities. This was due to the idea that the two languages were learned independently. It was thought that as more was learned in one language, less could be learned in the other. This gives the idea of there being a total amount of language acquisition. When we look at this theory today, it clearly does not make sense. The idea that knowledge in the two languages would be kept separate instead of influencing each other isn't logical. Rather, the knowledge of one language can accelerate our understanding of another.

Vocabulary

cognitive ⓐ 인지의 **acquisition** ⓝ 획득, 습득 **cultivate** ⓥ 기르다, 배양하다 **separate** ⓐ 분리된 **accelerate** ⓥ 촉진하다 **independently** ⓐⓓ 독립적으로 **make sense** 말이 되다, 이치에 맞다(= add up) **the idea that S V** ~라는 생각, 개념 **understanding** ⓝ 이해

Analysis of Sentence

<u>It used to be thought that</u> learning two languages was harmful to a child's cognitive abilities.

위 문장의 밑줄 친 표현은 다음과 같은 문장에서 변형된 것이다.

People thought that S V

→ It <u>was thought</u> (by people) that S V

→ It <u>used to be thought</u> that S V

People thought that ~에서 수동태로 변형되어 It was thought by people ~가 되고, 여기서 〈used to + 동사원형〉 조동사가 삽입되어 It used to be thought that S V로 표현되었다.

예전에는 두 가지 언어를 함께 배우는 것이 아동의 인지 능력에 해롭다고 생각되었다. 이는 두 가지 언어가 독립적으로 학습된다는 생각에서 비롯된 것이었다. 한 가지 언어에서 더 많은 것을 배우게 되면, 다른 언어로는 그만큼 덜 배우게 될 수 있다고 생각되었다. 이는 언어 습득에 전체량이 존재한다는 생각을 갖게 한다. 오늘날의 관점에서 이 이론을 보면, 이는 분명히 말도 안 된다. 두 가지 언어의 지식이 서로에게 영향을 주기보다, 따로 분리되어 유지될 것이라는 생각은 논리적으로 맞지 않는 얘기이다. 오히려, 한 언어를 알면 다른 언어를 이해하는 것이 더 쉬울 수 있다.

Quick Check

A. 다음 문장을 주어(S), 동사(V), 보어(C), 목적어(O), 수식어구(Q) 등으로 구분하고, 해석해 보세요.

1. Learning two languages was harmful to a child's cognitive abilities.

= _____

2. This gives the idea of there being a total amount of language acquisition.

= _____

B. 다음 문장을 끊어 읽기를 해 보세요.

1. The idea that knowledge in the two languages would be kept separate instead of influencing each other isn't logical.

2. The knowledge of one language can accelerate our understanding of another.

C. 제시된 문장과 같은 의미를 지니면서 동격의 that을 활용하려고 할 때 빈칸을 채우세요.

This gives the idea of there being a total amount of language acquisition.

= This gives the idea _____ _____ _____ a total amount of language acquisition.

The United States remains an underdeveloped country when it comes to language skills. Immigrants are importing their mother tongues at record rates. Yet the vast majority of Americans remain stubbornly monolingual. Ignorance of other languages and cultures handicaps the United States in dealing with the rest of the world. Today the language policies in the United States address this problem primarily with efforts to teach "foreign" languages to monolingual Americans.

Vocabulary

underdeveloped ⓐ 저개발의(참고) **underdeveloped country** 저개발국가 **developing country** 개발도상국 **developed country** 개발된 나라(developing과 advanced 사이) **advanced country** 선진국 **when it comes to** ~의 문제라면 **immigrant** ⓝ 이민자 **mother tongue** 모국어 **vast** ⓐ 엄청난, 막대한 **majority** ⓝ 대부분, 대다수 **stubbornly** ⓐ 완고하게, 완강히 **monolingual** ⓐ 한 개 국어를 사용하는 **handicap** ⓥ 방해하다 **policy** ⓝ 정책, 방책 **address** ⓥ 다루다, 처리하다 **primarily** ⓐ 우선, 주로

Analysis of Sentence

Today the language policies in the United States address this problem primarily with efforts ① **to teach** "foreign" languages ② **to monolingual Americans.**

[전치사 to와 to부정사] ①은 동사를 취하는 to부정사로 명사, 형용사, 부사적 용법 중 앞의 efforts를 수식하는 형용사 용법으로 쓰이고 있으며, ②의 to는 명사를 취하는 전치사이다.

언어능력에 있어서 미국은 여전히 저개발 국가이다. 이민자들이 기록적인 속도로 자신들의 모국어를 들여오고 있지만 대다수의 미국인들은 여전히 고집스럽게 한 개의 국어를 사용하고 있다. 다른 언어와 문화에 대한 무지는 세계의 다른 국가들을 다룰 때 미국을 방해하는 요소가 된다. 오늘날 미국의 언어 정책은 주로 한 개의 국어를 사용하는 미국인들에게 '외국'어를 가르치려는 노력으로 이 문제에 대처한다.

Quick Check

A. 다음 문장을 주어(S), 동사(V), 보어(C), 목적어(O), 수식어구(Q) 등으로 구분하고, 해석해 보세요.

1. The United States remains an underdeveloped country when it comes to language skills.

= _____

2. Immigrants are importing their mother tongues at record rates.

= _____

B. 다음 문장을 끊어 읽기를 해 보세요.

1. Ignorance of other languages and cultures handicaps the United States in dealing with the rest of the world.

2. The language policies in the United States address this problem primarily with efforts to teach "foreign" languages to monolingual Americans.

C. 아래 우리말 해석을 참고하여 빈칸을 채우세요. (본문에 나온 표현을 활용할 것)

1. _____ _____ _____ _____ deciding this kind of situation, you have to ask your advisor. (이런 종류의 상황을 결정하는 데 있어, 너는 당신의 지도교수에게 물어봐야 한다.)

2. Figures just released show Americans are spending all of their money at record _____.
(방금 나온 수치는 미국 사람들이 기록적인 속도로 자신의 모든 돈을 쓰고 있음을 보여 주고 있다.)

23

Barbarian의 기원

The Greek word "barbaros" does not mean "barbarian" in the modern sense; it is not a term of loathing or contempt; it does not mean people who live in caves and eat their meat raw. It means simply people who make noises like "bar bar" instead of talking Greek. If you did not speak Greek, you were a "barbarian," whether you belonged to some wild Thracian tribe, or to one of the luxurious cities of the East, or to Egypt, which, as the Greeks well knew, had been a stable and civilized country many centuries before Greece existed.

Vocabulary

barbarian Ⓝ 미개인 **loathing** Ⓝ 혐오, 증오 **contempt** Ⓝ 경멸, 멸시 **tribe** Ⓝ 부족 **dweller** Ⓝ 거주자 **savage** Ⓝ 야만적인 **luxurious** Ⓐ 사치스러운, 번영한

Analysis of Sentence

If you did not speak Greek, you were a "barbarian," [**whether** you belonged to some wild Thracian tribe, or to one of the luxurious cities of the East, or to Egypt, **which**, as the Greeks well knew, **had been** a stable and civilized country many centuries before Greece existed].

1) [whether 부사절;] 접속사 whether가 이끄는 절은 명사절과 부사절을 이끌며 각각 의미가 '~인지 아닌지'와 '~이든 아니든'으로 해석된다. 여기선 부사절을 이끄는 whether의 의미로 해석한다.

2) [계속적 용법의 관계대명사 which절;] which는 계속적 용법의 주격 관계대명사이다. 선행사는 Egypt이며 which는 '그리고 그것은 ~'으로 해석한다.

3) [과거완료] whether절의 주절이 과거시제이며 종속절을 이끄는 which절은 기준 시점인 과거보다 이전을 나타내는 과거완료 시제가 쓰이고 있다.

그리스어 '바바로스'는 현대 개념의 '야만인'을 가리키는 말이 아니었다. 이는 혐오나 경멸을 뜻하는 말 또한 아니었고, 동굴에 살며 날고기를 먹는 민족을 가리키는 말도 아니었다. 이 말은 그리스어로 말하는 대신에 '바바' 따위의 말로 웅얼거리는 사람을 가리키는 말이었다. 당신이 트라키아 부족이건 동부의 귀족이건, 아니면 그리스인이 잘 알고 있는 것처럼 그리스가 존재하기 몇 세기 전에 이미 안정되고 문명화된 나라였던 이집트인이건 간에 만일 그리스어를 말하지 못한다면 당신은 '바바리안'이다.

Quick Check

A. 다음 문장을 주어(S), 동사(V), 보어(C), 목적어(O), 수식어구(Q) 등으로 구분하고, 해석해 보세요.

1. It means simply people who make noises like "bar bar" instead of talking Greek.

= _____

2. The Greek word "barbaros" does not mean "barbarian" in the modern sense.

= _____

B. 다음 문장을 끊어 읽기를 해 보세요.

1. It does not mean people who live in caves and eat their meat raw.

2. If you did not speak Greek, you were a "barbarian," whether you belonged to some wild Thracian tribe, or to one of the luxurious cities of the East, or to Egypt, which, as the Greeks well knew, had been a stable and civilized country many centuries before Greece existed.

C. 아래 보기를 확인하고, 제시된 문장 중 밑줄 친 표현이 문법적으로 옳지 못한 것을 고르세요.

보기
whether이 이끄는 절은 부사절과 명사적 역할을 한다.
1) 부사절: (Whether you like it or not), I will stick to the original plan.
　　　　　　　　　　q
2) 명사절: [Whether(≠ If) you like it or not] does matter.
　　　　　　　　s
　　　　　　 I don't know [whether(= if) he will come to the party or now].
　　　　　　　　　　　　　　　　o
* 타동사의 목적어 자리에 위치한 whether만 if로 바꿀 수 있다.

(1) I asked him if he would be able to come to the party.
(2) Whether you succeed or not doesn't matter if you try your best.
(3) If you get the job done in time depends on your determination.
(4) I wonder whether he will break his personal record.

Despite popular belief, playing 15 hours of the video game, Call of Duty, may have its benefits. The U.S. Office of Naval Research recently discovered that regular video game players are better at facing enemies and threatening situations than non-players. Ray Perez, a program officer in the Office of Naval Research's warfighter performance department, stated that gamers perform "10% to 20% higher, in terms of perceptual and cognitive ability, than normal people that are non-gamers." In response to this study's findings, the ONR is in the process of developing "training technologies and training methods to improve performance on the battlefield." Many military officials believe that video game training will help U.S. soldiers face the many challenges that they encounter in high-risk areas.

Vocabulary

benefit ⓝ 이익, 혜택 **threatening** ⓐ 위협적인 **situation** ⓝ 상황 **state** ⓥ 말하다, 진술하다 **in terms of** ~라는 조건에서, ~의 관점에서 **perceptual** ⓐ 지각의 **cognitive** ⓐ 인식의 **in response to** ~에 응하여(답하여) **battlefield** ⓝ 싸움터, 전장 **official** ⓝ (고위) 공무원, 임원 **face** ⓥ 직면하다 **encounter** ⓥ 맞닥뜨리다

Analysis of Sentence

Many military officials **believe that** video game training will **help** / U.S. soldiers / **face** the many challenges that they encounter in high-risk areas.

1) [believe의 목적어 that절] believe that S V의 구조를 확인한다. believe는 타동사로 목적어를 취하는데, 목적어 자리에 that절이 이어지고 있다.

2) [5형식 동사 help의 목적보어] 동사 help는 5형식 구조에서 목적보어로 to부정사나 원형부정사(동사원형)을 취한다. 이때 목적어와 목적보어는 의미상 주술관계로 해석한다.

널리 알려진 신념과는 상관없이, 15시간 동안 비디오 게임인 '콜 오브 듀티'를 하는 것은 장점이 있을 수 있다. 미 해군 연구소는 정기적으로 비디오 게임을 하는 게이머가 비디오 게임을 하지 않는 사람들보다 적군이나 위협적인 상황에 직면했을 때, 더 낫다는 것을 알아냈다. 해군 연구소 전투력부 프로그램 장교인 레이 페레즈는 비디오 게이머들이 '지각과 인지적 능력 면에서 게임을 하지 않는 일반인들보다 10%에서 20% 더 높은 수행 능력을 보여 준다'고 말했다. 이러한 연구 결과에 응하여, 해군 연구소는 '전쟁터에서 전투력을 향상시킬 수 있는 훈련 기술과 훈련 방법'을 개발하는 과정에 있다. 많은 군 장교들은 비디오 게임 훈련이 미군들이 매우 위험한 지역에서 부딪히는 많은 어려움을 대하는 데 도움을 줄 것이라고 믿는다.

Quick Check

A. 다음 문장을 주어(S), 동사(V), 보어(C), 목적어(O), 수식어구(Q) 등으로 구분하고, 해석해 보세요.

1. Despite popular belief, playing 15 hours of the video game, Call of Duty, may have its benefits.

= _____

2. Many military officials believe that video game training will help U.S. soldiers face the many challenges that they encounter in high-risk areas.

= _____

B. 다음 문장을 끊어 읽기를 해 보세요.

1. The U.S. Office of Naval Research recently discovered that regular video game players are better at facing enemies and threatening situations than non-players.

2. Ray Perez, a program officer in the Office of Naval Research's warfighter performance department, stated that gamers perform "10% to 20% higher, in terms of perceptual and cognitive ability, than normal people that are non-gamers."

C. 아래 제시된 단어를 영영풀이와 바르게 연결하여 아래 빈칸에 쓰세요.

benefit / state / perceptual / cognitive

1. to say or write it in a formal or definite way. _____
2. relating to the way people interpret and understand what they see or notice.

_____

3. the help that you get from it or the advantage that results from it. _____
4. relating to the mental process involved in knowing, learning, and understanding things.

_____

독립적 발명품인 문자의 발달

The art of writing itself is a good example of what students of the past called independent invention, since systems of writing have evolved in isolation at different times in different parts of the world. For example, one system — the Chinese ideogram — can be traced to its origin in archaic signs engraved on the scapular bones of sheep or the shells of turtles in the second millennium B.C. as a means of asking questions of heaven. Roughly 1,000 years later an entirely independent system of writing arose halfway around the world in Mesoamerica. It combined a simple system of numerical notation with complex hieroglyphs and was principally used to indicate the dates of various events according to an elaborate calendarical system.

Vocabulary

isolation ⓝ 고립된 상태, 분리 **ideogram** ⓝ 표의문자, 기호 **archaic** ⓐ 고대의, 낡은 **scapular** ⓐ 어깨의 **numerical** ⓐ 숫자로 나타낸, 수와 관련된 **hieroglyph** ⓝ 상형문자 **elaborate** ⓐ 정교한

Analysis of Sentence

The art of writing itself is a good example of [<u>what</u> <u>students</u> (of the past) <u>called</u>
　　　　　　　　　　　　　　　　　　　　　　　　　O　　　S　　　　　　　　　V
<u>independent invention</u>], since systems of writing have evolved in isolation at different times in
　　　OC
different parts of the world.

[선행사를 포함한 관계대명사 what]

1) what은 선행사를 포함한 관계대명사이며, what절은 명사절로 전치사의 목적어 역할을 한다. 간접의문절 속의 동사 called는 5형식으로 목적어가 없는 불완전한 구조이다. 따라서 what은 목적격 관계대명사임을 알 수 있다. what의 해석은 '~한 것'으로 한다.

2) 관계대명사 what은 선행사인 명사를 포함하는 명사절이다. 그러므로 주어, 보어, 목적어(타동사와 전치사의 목적어) 자리에 올 수 있다.

⑩ [What I want for now] is just a piece of pizza. 지금 내가 원하는 것은 단지 피자 한 조각이다.
　　　주어

⑩ The flower that you sent me was just [what the doctor ordered]. 당신이 나에게 보낸 꽃은 바로 내가 정말 원했던 것이었다.
　　　　　　　　　　　　　　　　　　　　　　　보어

⑩ I didn't understand [what he said]. 나는 그가 말한 것을 이해하지 못했다.
　　　　　　　　　　　　타동사의 목적어

⑩ I am surprised at [what you did]. 나는 당신이 한 것을 보고 놀랐다.
　　　　　　　　　　전치사의 목적어

표기법 자체는 과거의 학생들이 독립적인 발명이라고 불렀던 것의 좋은 예인데, 이는 표기 시스템이 다른 시기에 다른 세계의 지역에서 고립된 상태에서 진화해 왔기 때문이다. 예를 들어, 한 (표기) 시스템 — 한자 — 은 B.C. 2,000 ~ 1,000년 하늘에게 묻는 수단으로써, 양의 어깨뼈 또는 거북이의 등껍데기 위에 새겨진 고대 기호에서 그 기원을 찾을 수 있다. 대략 1,000년 후에 전적으로 독립적인 표기 시스템이 지구 반대편 메소아메리카에서 발생했다. 그것은 숫자 표기법의 단순한 체계와 복잡한 상형문자를 결합한 것이었고, 정교한 연력 시스템을 따라 다양한 사건들의 날짜들을 가리키는 데 주로 사용되었다.

Quick Check

A. 다음 문장을 주어(S), 동사(V), 보어(C), 목적어(O), 수식어구(Q) 등으로 구분하고, 해석해 보세요.

1. The art of writing itself is a good example of what students of the past called independent invention, since systems of writing have evolved in isolation at different times in different parts of the world.

= _____

2. Roughly 1,000 years later an entirely independent system of writing arose halfway around the world in Mesoamerica.

= _____

B. 다음 문장을 끊어 읽기를 해 보세요.

1. For example, one system — the Chinese ideogram — can be traced to its origin in archaic signs engraved on the scapular bones of sheep or the shells of turtles in the second millennium B.C. as a means of asking questions of heaven.

2. It combined a simple system of numerical notation with complex hieroglyphs and was principally used to indicate the dates of various events according to an elaborate calendarical system.

C. 아래 빈칸에 들어갈 적절한 표현을 고르세요.

1. The man _____ I met yesterday wants to see you.
   (A) which   (B) whose   (C) whom   (D) what

2. This is just _____ I have wanted so long.
   (A) it   (B) that   (C) which   (D) what

3. I thought him brave, _____ he was not.
   (A) which   (B) that   (C) what   (D) who

유아의 언어능력

Infants, despite their inability to speak, are excellent communicators. Their primary means of communication is crying. Several things could be wrong with the baby to make him cry: he may be hungry, cold, tired, or want to be held. Parents learn quickly that their baby has different cries for different needs. For example, his hungry cry may be short and low-pitched. Babies are also receptive to speech, even if they cannot understand the words. They can distinguish between a human voice and other noises and tend to listen attentively to their parents' voice. In fact, many parents report that when their baby is crying, he begins to calm down as he hears his parent's voice approaching.

Vocabulary

despite pre ~임에도 불구하고 **inability** n 무능력 **primary** a 주된 **means** n 수단 **be wrong with** ~에 맞지 않다 **need(s)** n 욕구, 필요한 것 **low-pitched** a 저음의 **receptive** a 잘 받아들이는, 감수성이 예민한 **distinguish** v 구별하다 **attentively** ad 집중해서 **calm down** 진정하다

Analysis of Sentence

1. Infants, despite [their inability **to speak**], are excellent communicators.

   [to부정사의 형용사적 용법] to speak은 to부정사의 형용사적 용법으로 앞의 명사 their inability를 후치 수식하고 있다. 해석은 '~하는, ~한'으로 한다.

2. he begins **to calm down** as he hears his parent's voice approaching.

   [to부정사의 명사적 용법] to calm down은 타동사 begin의 목적어 자리에 위치해 명사적으로 쓰이고 있다. 해석은 '~하는 것'으로 한다.

유아들은 말을 할 수 없음에도 불구하고, 아주 뛰어난 의사소통자다. 이들의 제일 중요한 의사소통 수단은 울기이다. 몇몇 가지의 것들은 아기에게 좋지 않아 아기를 울게 만들 수 있다. 아이는 배가 고프거나, 추위를 느끼거나, 피곤하거나, 또는 안아 주기를 바랄 수도 있다. 부모들은 아기가 서로 다른 욕구들을 위하여 다양한 울음소리를 낸다는 것을 빠르게 학습한다. 가령, 아기가 배고플 때의 울음은 짧고 톤이 낮을 것이다. 아기들은 또한 말에 대하여 잘 받아들이는데, 그들이 단어들을 이해하지 못한다고 해도 그러하다. 아기들은 인간의 목소리와 다른 소음을 구별할 수 있으며, 부모의 목소리에 집중하여 듣는 경향이 있다. 실제로, 많은 부모들이 아기가 울다가도 부모의 목소리가 다가오는 것을 듣게 되면 울음을 그치기 시작한다고 보고한다.

Quick Check

A. 다음 문장을 주어(S), 동사(V), 보어(C), 목적어(O), 수식어구(Q) 등으로 구분하고, 해석해 보세요.

1. Infants, despite their inability to speak, are excellent communicators.

= _____

2. Babies are also receptive to speech, even if they cannot understand the words.

= _____

B. 다음 문장을 끊어 읽기를 해 보세요.

1. They can distinguish between a human voice and other noises and tend to listen attentively to their parents' voice.

2. In fact, many parents report that when their baby is crying, he begins to calm down as he hears his parent's voice approaching.

C. 우리말의 해석을 참조하여, 괄호 안의 단어의 형태를 바르게 고쳐 빈칸에 넣으세요.

1. Rules are not _____(make) to be broken. (규칙은 어기라고 만들어져 있는 것이 아니다.)

2. He can make himself _____(understand) in five languages. (그는 5개 국어를 알고 있다.)

3. This photo makes her _____(look) like a young lady.
(이 사진 속에서 그녀는 나이 어린 숙녀처럼 보인다.)

그레고리 라스푸틴

In the more than 80 years since his murder in 1916, the shadowy figure of Gregory Rasputin, the controversial "holy" man of the last days of Imperial Russia, has continued to titillate. In his day there were those who thought him a monster of deception and those who were convinced that he was a saint possessed of mysterious healing powers. The startling dichotomy of his personality, his exploits, and influence have inspired books, films, a famous lawsuit, and an opera.

Vocabulary

shadowy ⓐ 그림자 같은, 어슴푸레한 **controversial** ⓐ 논란이 되는, 말썽 많은 **titillate** ⓥ ~을 간질이다(= trickle), 기분 좋게 자극하다 **be possessed of** ~을 소유하다, 차지하다 **startling** ⓐ 깜짝 놀라게 하는, 놀라운(= surprising) **dichotomy** ⓝ 이분(법), 양분 **lawsuit** ⓝ 소송(사건)

Analysis of Sentence

(In his day) there were [those <u>who</u> thought him a monster of deception] <u>and</u> [those who were convinced (that he was a saint possessed of mysterious healing powers)].

those[people] who ~에서 those는 일반적으로 통칭대명사라고 하는데, '~하는 사람들'이라고 해석한다. 등위접속사 and를 중심으로 those who가 병치됨을 파악한다.

＊ 단수 형태의 통칭대명사는 he who ~가 있다.

㉮ Happy are <u>those who</u> are content with their jobs. 자신의 직업에 만족하는 사람들은 행복하다.

㉮ Happy is <u>he who</u> is content with his job. 자신의 직업에 만족하는 사람은 행복하다.

> 1916년에 그가 살해되고 80여 년이 지나는 동안에, 제정 러시아 말기에 논란이 되는 '성자' 그레고리 라스푸틴이라는 수수께끼 같은 인물은 계속해서 사람들의 흥미를 자극해 왔다. 그의 생전에는 그를 사기의 귀신이라고 여기는 사람도 있었고, 그가 신비로운 치료의 힘을 지닌 성인이라고 확신하는 사람도 있었다. 극명하게 나뉘는 그의 성격, 업적 그리고 영향력이 책, 영화, 유명한 법정 소송 그리고 오페라 등에 영감을 끼쳤다.

Quick Check

A. 다음 문장을 주어(S), 동사(V), 보어(C), 목적어(O), 수식어구(Q) 등으로 구분하고, 해석해 보세요.

1. The shadowy figure of Gregory Rasputin has continued to titillate.

= _____

2. In his day there were those who thought him a monster of deception.

= _____

B. 다음 문장을 끊어 읽기를 해 보세요.

1. There were those who were convinced that he was a saint possessed of mysterious healing powers.

2. The startling dichotomy of his personality, his exploits, and influence have inspired books, films, a famous lawsuit, and an opera.

C. 아래 예시를 보고, 빈칸에 들어갈 바른 표현을 고르세요.

> 예시
>
> 〈주격관계대명사 + be동사〉의 생략
> • The watch on the table is hers.
>   = The watch (which is) on the table is hers.
> • Look at the boy sleeping under the tree.
>   = Look at the boy (who is) sleeping under the tree.

He was a saint possessed of mysterious healing powers.

= He was a saint _____ _____ possessed of mysterious healing powers.

인류학 박사 플로이드 라운즈버리

It is with immense sadness that we must report the death of our friend and colleague, Floyd Lounsbury, on May 14, 1998. Born in Stevens Point, Wisconsin, April 25, 1914, he received his Ph. D. from Yale in anthropology and taught there for twenty years, retiring in 1979 as a Sterling Professor. With his indomitable spirit and active research agenda, he made outstanding contributions to linguistic theory and the study of American Indian Languages. His passing is a great loss to colleagues in anthropology and linguistics. Memorial contributions may be made to the Endangered Language Fund, Department of Linguistics, Yale University.

Vocabulary

immense ⓐ 막대한, 거대한 anthropology ⓝ 인류학 indomitable ⓐ 굴하지 않는 sterling ⓐ 진짜의, 신뢰할 만한 agenda ⓝ 의제, 안건 contribution ⓝ 기부, 기부금, 공헌 outstanding ⓐ 뛰어난 passing ⓝ 죽음, 사망

Analysis of Sentence

Born in Stevens Point, Wisconsin, April 25, 1914, he received his Ph. D. from Yale in anthropology and taught there for twenty years, **retiring** in 1979 as a Sterling Professor.

[분사구문] 절의 형태를 구의 형태로 바꾼 분사구문이 두 번 드러나는 문장이다. 원래 문장은 다음과 같다.

• After he was born in Stevens Point, Wisconsin, April 25, 1914, he received his Ph. D. from Yale in anthropology and taught there for twenty years, and (he) retired in 1979 as a Sterling Professor.

접속사 after와 주절과 같은 주어 he를 생략하고, after가 이끄는 문장과 주절의 시제가 같아 원형에 -ing를 붙여 Being born in ~의 형태를 취하는데, 수동태의 경우 Being이 생략되면 Born in ~만 남게 된다. 이어지는 분사구문의 경우 (등위)접속사 and와 동일주어를 생략하고, 앞뒤 동사의 시제가 동일하므로 원형에 -ing을 붙여 본문의 문장과 같은 형태가 나왔다.

1998년 5월 14일 우리의 친구이자 동료인 플로이드 라운즈버리의 사망을 알리게 되어 매우 유감입니다. 1914년 4월 25일 위스콘신의 스티븐스 포인트에서 태어난 그는 인류학으로 예일대에서 박사학위를 받았고, 거기서 20년간 교수 생활을 했으며, 1979년에 명예 교수로 퇴직하였습니다. 그는 불굴의 정신과 적극적인 연구 의제로 언어학 이론과 아메리카 인디언 언어 연구에 커다란 공헌을 하였습니다. 그의 사망은 인류학과 언어학에 종사하는 동료들에게 커다란 손실입니다. 조의금은 예일대 언어학과의 사라져 가는 언어 보호기금(Endangered Language Fund)에 기부될 것입니다.

Quick Check

A. 다음 문장을 주어(S), 동사(V), 보어(C), 목적어(O), 수식어구(Q) 등으로 구분하고, 해석해 보세요.

1. His passing is a great loss to colleagues in anthropology and linguistics.

= _____

2. Memorial contributions may be made to the Endangered Language Fund.

= _____

B. 다음 문장을 끊어 읽기를 해 보세요.

1. It is with immense sadness that we must report the death of our friend and colleague.

2. With his indomitable spirit and active research agenda, he made outstanding contributions to linguistic theory.

C. 아래 예시를 확인하고 빈칸을 채우세요.

> 예시
>
> Kim saw James at the park.
> ➡ It was Kim that saw James at the park.
> ➡ It was James that Kim saw at the park.
> ➡ It was at the park that Kim saw James.

1. Jorge wrote this novel in 1813.

= It _____ _____ _____ that Jorge wrote this novel.

2. A smile makes people most attractive.

= It _____ _____ _____ that makes people most attractive.

In ancient times, people often made up superstitious customs as a way of dealing with things that they did not understand. They followed superstitious customs in order to try to control the evil spirits. For instance, because they didn't know about many of the diseases that we are familiar with today, they thought that spirits and demons made people ill. In Greece long ago, mothers had a way of keeping witches and bad spirits away from their sleeping babies. When a mother put her baby down to sleep, she would sing a lullaby. Then she would stand in front of a fire and turn around three times. This was believed to keep the baby safe.

Vocabulary

ancient ⓐ 고대의 **make up** 지어내다 **superstitious** ⓐ 미신의, 미신적인 **deal with** 다루다, 처리하다 **be familiar with** ~에 익숙하다 **keep A away from B** B로부터 A를 멀리하게 하다(B를 A로부터 보호하다) **demon** ⓝ 악마 **put ~ (down) to sleep** ~을 잠재우다 **lullaby** ⓝ 자장가 **turn around** 돌다

Analysis of Sentence

This was believed to keep the baby safe.

[5형식 동사 believed의 수동태] 능동의 5형식 동사 believe가 수동태로 전환되면서 목적보어이였던 to부정사가 was believed 뒤에 남아 주격보어 역할을 하고 있다. to keep은 보어 역할을 하면서 동시에 5형식 동사의 구조를 이끌고 있다. 수동 전환 전의 능동 구조는 다음과 같다.

• People believed this to keep the baby safe.

고대 사람들은 종종 그들이 이해하지 못하는 것들을 알기 위한 방편으로 미신적인 관습들을 만들었다. 그들은 악령들을 지배하기 위한 시도로 미신적인 관습들을 따랐다. 예를 들어, 그들은 오늘날에는 잘 알려진 많은 질병들에 관하여 알지 못했기 때문에 영혼과 악마가 사람들을 아프게 만든다고 생각했다. 옛날 그리스에서는 어머니들이 잠자고 있는 아기들에게 마녀와 사악한 영혼들이 가까이 가지 못하도록 하는 방법을 알고 있었다. 어머니가 잠을 재우려고 아기를 내려놓았을 때, 그녀는 자장가를 불렀다. 그리고는 불 앞에 서서 세 번을 돌았다. 이것이 아기를 안전하게 한다고 여겨졌다.

Quick Check

A. 다음 문장을 주어(S), 동사(V), 보어(C), 목적어(O), 수식어구(Q) 등으로 구분하고, 해석해 보세요.

1. They followed superstitious customs in order to try to control the evil spirits.

= _____

2. In Greece long ago, mothers had a way of keeping witches and bad spirits away from their sleeping babies.

= _____

B. 다음 문장을 끊어 읽기를 해 보세요.

1. In ancient times, people often made up superstitious customs as a way of dealing with things that they did not understand.

2. This was believed to keep the baby safe.

C. 아래 빈칸에 들어갈 전치사와 같은 전치사가 들어갈 문장을 고르세요.

> They didn't know about many of the diseases that we are familiar _____ today.

(1) I will get rid _____ items of little use around the house.
(2) The company will expand its production facilities to keep pace _____ growing demand.
(3) I will see _____ it that he will get whatever he needs to make his dream come true.
(4) The situation soon turned _____ an lifetime opportunity.

Part 1

인문/사회

English
Reading
Comprehension

Chapter 2
문화와 건강

Chateaubriand devoted his life to the writing of novels. He marked the change from the old classical to the modern romantic French literature. He helped to continue the naturalism of Rousseau in two of his significant novels, Atala and Rene. Like so many others in the history of literature, he is little read today. He is important historically because he influenced so many later French writers, but his stories have lost their appeal to the reading public. They are to be found only on the shelves of the universities and not in the bookstores.

Vocabulary

devote A to B A를 B에 바치다 **mark** Ⓥ 표시하다 **change from A to B** A에서 B로의 변화 **classical** ⓐ 고전주의의 **romantic** ⓐ 낭만주의의 **naturalism** ⓝ 자연주의 **significant** ⓐ 중요한 **appeal** ⓝ 호소, 매력

Analysis of Sentence

They <u>are to be</u> found only on the shelves of the universities and not in the bookstores.

[be to 용법] 밑줄 친 are to be는 can be와 같은 의미다. 즉, They are to be found ~는 They can be found ~와 같은 의미로 볼 수 있다.

㉐ Water <u>was</u> nowhere <u>to be</u> found. (= Water <u>could</u> not <u>be</u> found anywhere.)

샤토브리앙은 그의 인생을 소설을 쓰는 데 바쳤다. 그는 이전의 고전주의에서 근대 낭만주의로 프랑스 문학이 변화하는 시기를 특징지었다. 그는 그의 중요한 두 소설 「아탈라」와 「르네」에서 루소의 자연주의가 존속하도록 도왔다. 문학사의 많은 다른 사람들처럼 그는 오늘날 거의 읽히지 않는다. 그는 후대의 많은 프랑스 작가들에게 영향을 끼쳤기 때문에 역사적으로 중요하지만, 그의 소설들은 책을 읽는 대중에겐 그 매력을 잃어버렸다. 그의 책들은 서점이 아니라 단지 대학 도서관들의 서가 위에서만 찾아볼 수 있다.

Quick Check

A. 다음 문장을 주어(S), 동사(V), 보어(C), 목적어(O), 수식어구(Q) 등으로 구분하고, 해석해 보세요.

1. Chateaubriand devoted his life to the writing of novels.

= _____

2. He marked the change from the old classical to the modern romantic French literature.

= _____

B. 다음 문장을 끊어 읽기를 해 보세요.

1. He is important historically because he influenced so many later French writers, but his stories have lost their appeal to the reading public.

2. They are to be found only on the shelves of the universities and not in the bookstores.

C. 아래 예시를 보고, 아래 빈칸을 채우세요.

> 예
>
> We are to be married in August.
> = We are expected to be married in August.
> = It is expected that we will be married in August.

Sam is to visit his mom at the end of the month.

= Sam is _____ _____ visit his mom at the end of the month.

= It _____ _____ _____ Sam _____ visit his mom at the end of the month.

014 야구경기의 효과

During a few hours in the ball park, city people saw plays that they could remember afterwards because of the way specific events built up to a memorable moment — the sudden skillful triumph over an adversary. By making intense competition against an opponent its essential feature, baseball seemed to legitimize and appreciate each spectator's daily struggle for success. Watching the rivalry on the diamond introduced standards of competition into the spectators' lives. The game also reduced their daily tensions because its ups and downs seemed more momentous than their lives.

Vocabulary

triumph ⓝ 승리 **adversary** ⓝ 적, (경기의) 상대자(팀) **opponent** ⓝ (경기의) 적수, 상대; 반대자 **essential** ⓐ 필수적인 **legitimize** ⓥ ~을 합법화하다 **spectator** ⓝ 구경하는 사람; 구경꾼, 관중 **struggle** ⓝ 투쟁; ⓥ 발버둥치다, 분투하다

Analysis of Sentence

	긍정	부정
셀 수 있는 명사	a few 몇 개의	few 거의 ~ 없는
셀 수 없는 명사	a little 약간의	little 거의 ~ 없는

- I bought him a few books. 나는 그에게 몇 권의 책을 사줬다.
- Few people understand the difference. 그 차이를 이해하는 사람은 많지 않다.
- **Quite a few** people are going to arrive early. **꽤 여러 명의** 사람들이 일찍 도착할 것이다.
- I little knew about the book. 나는 그 책에 대해서 거의 알지 못했다.

> 시민들은 야구장에서 몇 시간 동안 경기를 관람하였는데, 상대 팀을 누른 멋진 역전승같이 기념이 될 만한 특별한 사건으로 인해 훗날 그 경기를 두고두고 기억할 수 있었다. 야구의 본래 특징이 상대팀과 격렬하게 경쟁하는 것이므로, 야구는 관중(시민)들의 성공을 위한 매일의 투쟁을 정당화하고 인정하는 것처럼 보였다. 다이아몬드 구장에서 벌어지는 (양팀 간의) 경쟁을 지켜보는 것은 곧 경쟁의 기준을 관중들의 삶에도 도입하는 것이었다. 경기가 엎치락뒤치락하는 것이 그들의 실제 삶보다 더 중대하게 보였기 때문에 (야구) 경기는 또한 그들 삶에 긴장감을 덜어 주었다.

Quick Check

A. 다음 문장을 주어(S), 동사(V), 보어(C), 목적어(O), 수식어구(Q) 등으로 구분하고, 해석해 보세요.

1. During a few hours in the ball park, city people saw plays that they could remember afterwards.

= _____

2. Baseball seemed to legitimize and appreciate each spectator's daily struggle for success.

= _____

B. 다음 문장을 끊어 읽기를 해 보세요.

1. Watching the rivalry on the diamond introduced standards of competition into the spectators' lives.

2. The game also reduced their daily tensions because its ups and downs seemed more momentous than their lives.

C. 아래 우리말을 참고하여, 괄호 안의 단어를 바르게 나열하세요.

1. Baseball seemed to legitimize and appreciate (for / success / struggle / spectator's / daily / each).

➡ _____

야구는 관중(시민)들 각자의 성공을 위한 매일의 투쟁을 정당화하고 인정하는 것처럼 보였다.

2. The game also reduced their daily tensions because (downs / lives / and / than / more / momentous / their / ups / its / seemed).

➡ _____

경기가 엎치락뒤치락하는 것이 그들의 실제 삶보다 더 중대하게 보였기 때문에 (야구) 경기는 또한 그들 삶에 긴장감을 덜어 주었다.

015

Even the Press, that great organ which boasts of its freedom in all democratic countries, is not in reality free at all: it is oppressed under the heel of advertisements. For a proprietor or editor dare not offend the advertisers by anything he publishes in his paper. If he did, they would withdraw their advertisements and the paper would lose their financial backing. Every child knows that it is the advertisements that pay for a newspaper.

Vocabulary

the Press 언론 **organ** ⓝ 장기, 기관 **boast** ⓥ 자랑하다 **in reality** 현실적으로 **proprietor** ⓝ 소유자, 경영자 **withdraw** ⓥ 철회하다, 후퇴하다 **financial backing** 재정적 후원

Analysis of Sentence

1. **It is** the advertisements **that** pay for a newspaper.

   [it is ~ that 강조구문] 원래 문장은 The advertisements pay for a newspaper.이고, 주어인 the advertisements를 it is ~ that 사이에 넣어 강조한 문장이다.

   • It is <u>the advertisements</u> / that pay for a newspaper. 바로 광고이다 / 신문사에 돈을 지불하는 것이다

2. If he **did**, they **would** withdraw their advertisements.

   [가정법 과거] 현재 사실과 반대를 표현할 때 가정법 과거를 쓴다. If절에는 be동사일 경우 were, 일반동사일 경우 과거형을 쓰고, 주절에는 would/could/might를 쓴다.

   ⓔ If I <u>were</u> you, I wouldn't do it. (내가 너라면, 그거 안 할 텐데.)

   ⓔ If I <u>had</u> money, I could buy the house. (내가 돈이 있다면, 그 집을 살 수 있을 텐데.)

모든 민주주의 국가에서 누리는 자유를 자랑하는 위대한 기관인 언론조차 실제로는 전혀 자유롭지 못하다. 이것은 광고의 뒤꿈치에 짓밟힌다. 경영자든 편집자든 그가 자신의 신문에 게재하는 어떤 것으로도 감히 광고주의 마음을 상하게 하지 않는다. 만약 그가 그랬다면, 이들은 자신의 광고를 철회하고, 신문사는 자신의 재정적 지원을 잃게 된다. 모든 아이조차도 신문사에 돈을 지불하는 것이 광고임을 안다.

Quick Check

A. 다음 문장을 주어(S), 동사(V), 보어(C), 목적어(O), 수식어구(Q) 등으로 구분하고, 해석해 보세요.

1. It is oppressed under the heel of advertisements.

= _____

2. A proprietor or editor dare not offend the advertisers by anything he publishes in his paper.

= _____

B. 다음 문장을 끊어 읽기를 해 보세요.

1. Even the Press, that great organ which boasts of its freedom in all democratic countries, is not in reality free at all.

2. If he did, they would withdraw their advertisements and the paper would lose their financial backing.

C. 우리말을 참고하여, 아래 가정법 문장을 완성하세요.

1. If I _____ you, I _____ not go there alone. (내가 너라면, 나는 거기에 혼자 가지 않을 것이다.)

2. If you _____ it, you _____ regret it. (그것을 산다면 너는 후회할지도 모른다.)

3. If she _____ enough money, she _____ buy a new car.
(그녀에게 돈이 충분하다면, 그녀는 새 자동차를 살 수 있을 텐데.)

저작권

For centuries, music has borrowed from itself. Melodies and lyrics were handed down from generation to generation. Musicians would change the tune or substitute lyrics at will, adapting and modifying songs to fit their own circumstances. As a result, it became difficult or impossible for anyone to claim to have written a particular song. But these days artists who borrow a guitar riff or drum beat or take a digital sample to create something new risk getting sued for copyright infringement. Most songs would never exist if the artists had strictly adhered to copyright law. Because the vast majority of modern music refers to other music that has already been written or performed previously, plagiarism is part and parcel of the creative process.

Vocabulary

borrow ⓥ 차용하다 **lyrics** ⓝ (유행가 따위의) 가사 **hand down** (후세에) 전하다 **substitute** ⓥ 바꾸다 **adapt** ⓥ 편곡하다, 적응하다 **modify** ⓥ 변형시키다 **circumstance** ⓝ 상황, 환경 **riff** ⓝ 악절, 선율 **beat** ⓝ 박자 **infringement** ⓝ (특허권 등의) 침해 **adhere to** ~를 고수하다 **copyright law** 저작권법 **majority** ⓝ 다수 **plagiarism** ⓝ 표절 **part and parcel** 중요 부분, 요점

Analysis of Sentence

Most songs <u>would</u> never exist <u>if</u> the artists had strictly adhered to copyright law.

[혼합가정법] 과거와 현재에 반대되는 상황을 설명할 때 혼합가정법을 사용한다.

> If S had p.p. ~, S would/could/might (현재시제 부사)

- If I had gotten married to him then, I would live in America now. 만일 그때 내가 그와 결혼했더라면, 지금 미국에 살고 있을 텐데.
- If it had not rained yesterday, we would go out now. 만일 어제 비가 오지 않았더라면, 우리는 지금 나갈 텐데.

수 세기 동안 음악은 스스로를 차용해 왔다. 멜로디와 가사는 세대에서 세대로 전해져 내려왔다. 음악가들은 자신의 상황에 어울리도록 노래를 편곡하고 수정하면서 마음 내키는 대로 곡조를 바꾸고 가사를 대체하곤 했다. 결과적으로 특정한 하나의 곡을 썼다고 어느 누군가가 주장하는 것은 불가능하거나 어려운 것이 되었다. 하지만 요즘 기타의 반복 선율이나 드럼의 박자를 차용하거나 새로운 무언가를 만들기 위해 디지털로 된 샘플을 가져다 쓰는 예술가들이 저작권 침해로 고소를 당할 위험에 처해 있다. 만약 예술가들이 저작권법을 엄격하게 지켰다면 대부분의 노래들은 존재하지 않을 것이다. 현대 음악의 압도적인 다수는 이미 쓰여졌거나 이전에 공연된 적이 있었던 다른 음악과 관련이 있기 때문에 표절은 창의적 과정의 중요 부분이다.

Quick Check

A. 다음 문장을 주어(S), 동사(V), 보어(C), 목적어(O), 수식어구(Q) 등으로 구분하고, 해석해 보세요.

1. Melodies and lyrics were handed down from generation to generation.

= _____

2. Plagiarism is part and parcel of the creative process.

= _____

B. 다음 문장을 끊어 읽기를 해 보세요.

1. Artists who borrow a guitar riff or drum beat risk getting sued for copyright infringement.

2. The vast majority of modern music refers to other music that has already been written or performed previously.

C. 우리말을 참고하면서 괄호 안의 단어를 이용하여, 혼합가정법을 완성하세요.

3. If I _____ _____ (buy) by it last month, I _____ regret it now.
   (만약 지난달에 그것을 샀었다면, 지금 매우 후회할 텐데.)

4. If I _____ _____ (listen) to your advice then, I _____ have to deal with this problem now. (내가 그때 너의 충고를 들었더라면, 나는 지금 이 문제에 직면하지 않을 텐데.)

A movie set is the area where a motion picture is filmed. Most sets are built inside movie studios. These sets are built in large, windowless buildings, called "sound stages." Here, both the picture and the dialogue are recorded. Indoor sets on sound stages are convenient because all the necessary cameras, sound equipment, and wiring can be permanently installed. At other times, however, a movie set is built "on location," which means outside the studio. This enables the film makers to use actual physical landscape as the scenery. If the movie calls for rivers, mountains, or jungles, it may be cheaper to film in real places than to build imitation scenery.

Vocabulary

motion picture 활동사진, 영화 **convenient** ⓐ 편리한 **equipment** ⓝ 장비 **wiring** ⓝ 배선 **permanently** ⓐⒹ 영구적으로 **install** ⓥ 설치하다 **location** ⓝ 위치, 지역, 야외촬영지 **landscape** ⓝ 경치 **film maker** 영화제작자 **call for** 요구하다 **imitation** ⓝ 모방, 모의

Analysis of Sentence

1. A movie set is [the area (**where** a motion picture is filmed)].

   [관계부사] 장소의 선행사 the area를 수식하는 관계부사 where는 뒤에 완벽한 문장이 온다.

2. A movie set is built "on location," **which** means outside the studio.

   [계속적 용법의 which] 〈접속사 + 대명사〉로 표현하면 다음과 같다.

   = A movie set is built "on location," and it(= on location) means outside the studio.

영화 세트는 영화가 촬영되는 곳이다. 대부분의 영화 세트들은 영화 스튜디오 안에 설치된다. 이러한 세트들은 '사운드 스테이지'라고 불리는 창문이 없는 거대한 건물들 안에서 제작된다. 이곳에서는 영상과 대화가 함께 녹화된다. 사운드 스테이지에 설치된 실내 세트에는 필요한 모든 카메라, 음향 장비, 배선 등이 영구적으로 설치될 수 있으므로 편리하다. 하지만 다른 경우에는 영화 세트가 '야외에' 설치되기도 하며, 이는 세트가 스튜디오 밖에 설치된다는 것을 의미한다. 이로 인해 영화 제작자들은 실제 자연 경관을 영화의 장면으로 사용할 수 있다. 영화에서 강, 산, 혹은 정글 등의 장면이 필요한 경우, 장면을 본뜬 세트를 만드는 것보다 실제 장소에서 영화를 촬영하는 것이 돈이 덜 들 것이다.

Quick Check

A. 다음 문장을 주어(S), 동사(V), 보어(C), 목적어(O), 수식어구(Q) 등으로 구분하고, 해석해 보세요.

1. These sets are built in large, windowless buildings, called "sound stages."

= _____

2. Indoor sets on sound stages are convenient because all the necessary cameras, sound equipment, and wiring can be permanently installed.

= _____

B. 다음 문장을 끊어 읽기를 해 보세요.

1. At other times, a movie set is built "on location," which means outside the studio.

2. This enables the film makers to use actual physical landscape as the scenery.

C. 주어진 단어를 활용하여 우리말을 영작하세요.

1. 빡빡한 스케줄로 인해 나는 택시를 탈 수 밖에 없었다.

> a / forced / me / to / taxi / take / the tight schedule

= _____

2. 그의 적절한 조언으로 나는 그 프로젝트를 제시간에 마칠 수 있었다.

> to / the / me / his timely advice / enabled / finish / project / on time

= _____

건축과 방음제

In the twentieth century, architects in large cities designed structures in a way that reduced noise and yet made living as comfortable as possible. They used such techniques as making walls hollow and filling this wall space with materials that absorb noise. Thick carpets and heavy curtains were used to cover floors and windows. Air conditioners and furnaces were designed to filter air through soundproofing materials. However, after much time and efforts had been spent in making buildings less noisy, it was discovered that people also reacted adversely to the lack of sound. A silent home can cause feelings of anxiety and isolation. Now architects are designing structures that reduce undesirable noise but retain the kind of noise that people seem to need.

Vocabulary

architect ⓝ 건축가 **reduce** ⓥ 줄이다 **as comfortable as possible** 가능한 한 편안하게 **hollow** ⓐ 텅 빈, 구멍이 난 **absorb** ⓥ 흡수하다 **be used to V** ~하는 데 사용되다(use의 수동태로 '~하기 위해'라는 목적의 의미를 전달하는 to부정사의 용법이다. be used to V-ing의 '~하는 데 익숙하다'와 구별해야 한다.) **furnace** ⓝ 난방로, 아궁이, 화로 **soundproofing** ⓐ 방음의 **react to** ~에 반응하다 **adversely** ⓐ𝒹 역으로, 불리하게 **isolation** ⓝ 고립 **retain** ⓥ 보유하다

Analysis of Sentence

It was discovered [that people also reacted adversely to the lack of sound].

[It that 가주어 진주어 구문] 접속사 that이 이끄는 절이 진주어이며 it은 가주어이다. that절은 명사절이므로 주어 역할을 할 수 있으며 that 뒤에는 완전한 절이 온다.

20세기에, 대도시의 건축가들은 소음을 줄이고 가능한 한 편안하게 살 수 있도록 건물을 설계했다. 그들은 벽에 공간을 만들어 소음을 줄이는 물질을 채워 넣는 기술을 사용했다. 두꺼운 카펫과 무거운 커튼은 바닥과 창문을 덮었다. 에어컨과 난로는 공기를 방음성 소재를 통해 환기하도록 설계되었다. 그러나 건물 소음을 줄이는 데 많은 시간과 노력을 들였음에도 사람들은 소리가 없었을 때 더 부정적으로 반응한다는 것이 밝혀졌다. 조용한 집은 긴장과 고독함을 유발할 수 있다. 이제 건축가들은 불필요한 소음을 줄이되 사람들에게 필요한 소음을 유지하는 쪽으로 건물을 설계하고 있다.

Quick Check

A. 다음 문장을 주어(S), 동사(V), 보어(C), 목적어(O), 수식어구(Q) 등으로 구분하고, 해석해 보세요.

1. A silent home can cause feelings of anxiety and isolation.

= _____

2. They used such techniques as making walls hollow and filling this wall space with materials that absorb noise.

= _____

B. 다음 문장을 끊어 읽기를 해 보세요.

1. Now architects are designing structures that reduce undesirable noise but retain the kind of noise that people seem to need.

2. Air conditioners and furnaces were designed to filter air through soundproofing materials.

C. 아래 우리말을 참조하여 괄호 안의 단어를 바르게 배열하세요.

1. In the twentieth century, architects in large cities designed structures (a / way / in / noise / reduced / that) and yet made living (comfortable / as / possible / as).

= _____

(20세기에, 대도시의 건축가들은 소음을 줄이고 가능한 한 편안하게 살 수 있도록 건물을 설계했다.)

2. Thick carpets and heavy curtains (to / were / cover / used) floors and windows.

= _____

(두꺼운 카펫과 무거운 커튼은 바닥과 창문을 덮었다.)

TV의 영향

Forget the old expression, "Talk is cheap." Where parents and children are concerned, talk appears to be both rare and precious. Research has revealed that parents and children spend only about ten minutes a day in conversation. Not surprisingly, television appears to be the culprit. In a study of 1,500 households, researchers were surprised to find that parents and children spent a quarter of their total time together watching television. The same study showed that while they were watching TV, both parents and children tended to talk to the television set more than to each other.

Vocabulary

culprit ⓝ 범죄자, 범인 **household** ⓝ 가족 **a good deal** 많이 **expression** ⓝ 표현 **appear** ⓥ ~인 것 같다 **rare** ⓐ 드문 **precious** ⓐ 귀한 **reveal** ⓥ 드러내다 **quarter** ⓝ 4분의 1

Analysis of Sentence

Research has revealed [that parents and children spend only about ten minutes a day in conversation].

1) [명사절을 이끄는 접속사 that] 서술어 has revealed의 목적어는 접속사 that이 이끄는 절이다. that절은 명사절로 목적어 역할을 한다. that절 속의 구조는 완전하다.

2) [spend + 시간ㆍ노력 + V-ing] 'V하느라 시간이나 노력을 쓰다'의 의미이다.

> "말하는 것은 천한 것이다"라는 오랜 표현은 잊어라. 부모와 아이들이 서로 관계될 때, 말은 귀하고 소중한 것이 된다. 조사에 의하면 부모와 자녀들이 하루에 10분 정도밖에 대화하지 않는다는 것이 알려졌다. 놀랄 것도 없이, 텔레비전이 그 범인(요인)으로 나타났다. 1,500가구들의 조사에서, 연구자들은 부모와 아이들이 그들이 함께하는 시간의 4분의 1을 텔레비전을 보는 데 소비한다고 했다. 같은 조사는 그들이 텔레비전을 보는 동안, 부모와 자녀는 둘 다 서로 이야기를 나누기보다 TV수상기에 대고 얘기하는 경향이 있다는 것을 밝혔다.

Quick Check

A. 다음 문장을 주어(S), 동사(V), 보어(C), 목적어(O), 수식어구(Q) 등으로 구분하고, 해석해 보세요.

1. Where parents and children are concerned, talk appears to be both rare and precious.

= _____

2. The same study showed that while they were watching TV, both parents and children tended to talk to the television set more than to each other.

= _____

B. 다음 문장을 끊어 읽기를 해 보세요.

1. Research has revealed that parents and children spend only about ten minutes a day in conversation.

2. In a study of 1,500 households, researchers were surprised to find that parents and children spent a quarter of their total time together watching television.

C. 각 문장에 쓰인 밑줄 친 that의 용례를 다음 보기 중에서 골라 차례대로 번호를 쓰세요.

보기

(1) 대명사 that	지칭, 주어, 목적어, 보어 역할	
(2) 지시형용사 that	지칭, 명사 수식	
(3) 명사절 that	주어, 목적어, 보어 역할	완전구조
(4) 관계대명사 that	관계대명사 that	불완전구조
(5) 동격 that	동격 that	완전구조

1. I don't think that you're gonna let that happen. (,   )

2. Have you ever seen the magazine that your sister put on the desk? (   )

3. They have the belief that economy will get better. (   )

020 성형

Surgery that can improve the way a person looks is becoming more and more popular. This kind of surgery is called cosmetic surgery, and both men and women are turning to this treatment as a way of keeping their appearance young as well as keeping competitive in their jobs. Men especially are beginning to turn to face-lifts, liposuction, and implants to help them look younger. As companies downsize and move younger employees into higher position, older employees in their late forties and early fifties feel the need to look and act younger in order to stay competitive. A younger look through cosmetic surgery may give an older employee a few more years on the job. These operations are not without dangers, however.

Vocabulary

surgery ⓝ 수술 **the way a person looks** 어떤 사람이 보이는 모습 **more and more** 더욱더 **turn to** ~에 관심을 돌리다, 의존하다 **appearance** ⓝ 외모, 겉모습 **competitive** ⓐ 경쟁력 있는 **liposuction** ⓝ 지방흡입술 **implant** ⓝ 이식 **downsize** ⓥ 줄이다 **in one's late forties** 40대 후반 ('~대'라는 연령을 표현할 때는 반드시 기수가 아닌 서수로 twenties, thirties, forties와 같이 표현해야 하고, 소유격 대명사로 표시한다.) **cosmetic surgery** 성형수술

Analysis of Sentence

Surgery that can improve <u>the way a person looks</u> is becoming more and more popular.
목적어 the way는 '방법'의 의미이며 관계부사 how가 생략된 절의 후치 수식을 받고 있다. the way와 how는 나란히 같이 쓸 수 없고 아래와 같이 둘 중 하나만 써야 한다.
<u>the way</u> a person looks = <u>how</u> a person looks

사람의 외모를 향상시킬 수 있는 수술은 더욱더 인기가 많아지고 있다. 이런 종류의 수술은 성형수술이라고 불리고, 남녀 모두 직장에서 경쟁력을 유지하고 자신들의 외모를 젊게 유지하는 방법으로 이 치료에 의지하고 있다. 특히 남성들은 더 젊게 보이도록 도와줄 수 있는 주름 제거, 지방 흡입술, 그리고 임플란트에 의존하기 시작하고 있다. 회사들이 규모를 줄이고, 더 젊은 직원들을 더 높은 직위로 이동시킴에 따라, 40대 후반과 50대 초반의 나이 든 직원들은 경쟁력을 유지하기 위해서 더 젊게 보이고 행동해야 할 필요를 느낀다. 수술을 통한 동안은 나이 든 직원들을 몇 년 더 일하도록 해 줄지도 모른다. 그러나 이러한 수술은 위험성이 없지 않다.

Quick Check

A. 다음 문장을 주어(S), 동사(V), 보어(C), 목적어(O), 수식어구(Q) 등으로 구분하고, 해석해 보세요.

1. Surgery that can improve the way a person looks is becoming more and more popular.

= _____

2. A younger look through cosmetic surgery may give an older employee a few more years on the job.

= _____

B. 다음 문장을 끊어 읽기를 해 보세요.

1. This kind of surgery is called cosmetic surgery, and both men and women are turning to this treatment as a way of keeping their appearance young as well as keeping competitive in their jobs.

2. Men especially are beginning to turn to face-lifts, liposuction, and implants to help them look younger.

C. 아래 예시에 나온 문장 결합을 참고하여 빈칸을 채우세요.

> 예시
>
> ① This is the reason. They did such a thing for the reason.
> = This is the reason **why** they did such a thing.
> ② I don't know the day. He died on the day.
> = I don't know the day **when** he died.
> ③ Tell me the way. You solved the problem in the way.
> = Tell me the way **in which** you solved the problem. / Tell me **how** you solved the problem.

1. Do you know the time _____ Ann took some photographs?
2. Do you know the reason _____ he is carrying a box?
3. Tell me the way _____ _____ you solved the problem.

The school wall is repainted for the fourth time to get rid of graffiti. Creativity is admirable but people should find ways to express themselves that do not inflict extra costs upon society. Why do you spoil the reputation of young people by painting graffiti where it's forbidden? Professional artists do not hang their paintings in the street. Instead they seek funding and gain fame through legal exhibitions. Buildings, fences and park benches are works of art in themselves. It's really pathetic to spoil this architecture with graffiti. I can't understand why these criminal artists bother as their "artistic works" are just removed from sight over and over again.

Vocabulary

get rid of ~을 제거하다 **graffiti** ⓝ 낙서 **creativity** ⓝ 창조성 **admirable** ⓐ 존경스러운 **inflict** ⓥ 가하다, 부과하다 **inflict A on B** B에 A를 가하다, 부과하다 **reputation** ⓝ 평판 **hang** ⓥ 걸다(hang-hung-hung) [참고] **hang** ⓥ 목을 매달아 죽이다, 교수형에 처하다(hang-hanged-hanged) **pathetic** ⓐ 슬픈, 불쌍한, 애처로운 **exhibition** ⓝ 전시 **spoil** ⓥ 망치다, (아이를) 응석받이로 키우다 **remove** ⓥ 제거하다 **from sight** 시야에서, 눈에서 **over and over again** 반복적으로

Analysis of Sentence

It's really pathetic (to spoil this architecture with graffiti).

[〈It ~ to부정사〉의 가주어 · 진주어 구문] to부정사는 명사적 쓰임으로 진주어 역할을 하면서 동사로써 목적어와 수식어구를 이끌고 있다. 원래 문장은 다음과 같다.

[To spoil this architecture with graffiti] is really pathetic.
                    S

위의 문장에서 주부의 내용이 '무거워' 이를 뒤로 돌려 문장의 무게 중심을 뒤로 이동시킨 것이다. 빈자리에는 해석하지 않는 가주어 dummy "it"을 넣는다.

그 학교 벽은 낙서를 제거하느라 네 번째로 다시 페인트칠해졌다. 창조성은 존경스럽지만 사람들은 자신을 표현하는 데 있어 사회에 추가 비용을 부과하지 않는 방법을 찾아야만 한다. 왜 당신은 금지된 곳에 낙서를 함으로써 젊은 사람들의 평판을 훼손시키는가? 전문 예술가들은 그들의 그림을 길거리에 걸지 않는다. 대신 그들은 합법적인 전시를 통해 자금을 모으고 명성을 얻는다. 건물, 울타리, 그리고 공원 의자들은 그 자체로 예술 작품들이다. 이 건축물들을 낙서로 훼손하는 것은 정말 슬픈 일이다. 나는 왜 이 범죄자 예술가들이 번거로움을 감수하는지 이해할 수 없는데, 그들의 '예술적 작품들'은 반복해서 그저 시야에서 제거되기 때문이다.

인문
사회

Chapter 02 문화와 건강

Quick Check

A. 다음 문장을 주어(S), 동사(V), 보어(C), 목적어(O), 수식어구(Q) 등으로 구분하고, 해석해 보세요.

1. Professional artists do not hang their paintings in the street.

= _____

2. Instead they seek funding and gain fame through legal exhibitions.

= _____

B. 다음 문장을 끊어 읽기를 해 보세요.

1. Creativity is admirable but people should find ways to express themselves that do not inflict extra costs upon society.

2. Why do you spoil the reputation of young people by painting graffiti where it's forbidden?

C. 괄호 안의 단어를 사용하여 제대로 된 문장을 만들기 위해 필요한 부분을 채우세요.

1. We waited (him / appear) from the arrival gate.

= _____

2. It became impossible (a family / have) conversations during meals.

= _____

The most common reason for teaching stretching to athletes is that it increases flexibility. This ability to move joints through a full range of motion reduces the risk of injury. By increasing flexibility, one's personal sprint speed, power, and strength can be maximized. For example, if a soccer player is able to move his or her leg further back while preparing for a shot, more power can be created. Another example is increasing speed. Although an individual's sprint speed can only be changed a little bit, one way to help maximize speed is to increase the range of motion through stretching.

Vocabulary

athlete ⓝ 운동선수 **flexibility** ⓝ 유연성 **joint** ⓝ 관절 **sprint** ⓝ 단거리 경주 **maximize** ⓥ 극대화하다 **prepar for** ~을 준비하다 **a little bit** 약간 **range** ⓝ 범위 **motion** ⓝ 운동

Analysis of Sentence

Another example is increasing speed.

[동명사 보어] 동사 is의 보어는 동명사구인 increasing speed이며 이렇게 〈V-ing + 명사〉의 구조는 ① 〈동명사 + 동명사의 목적어〉 ② 〈현재분사 + 명사〉 중의 하나로 해석한다. ①은 '~하는 것'이라고 해석하고, ②는 '~하고 있는 중인'으로 해석한다. 여기선 ①의 경우이며 문맥과 해석을 통해 둘 중 하나의 의미를 파악하도록 한다.

ⓔ He is increasing the speed of work. 그는 작업 속도를 높이고 있다. (현재진행의 꼴로 ②에 해당하는 용법)

만성적 후회는 모든 도덕가들이 동의하는 것과 같이 가장 바람직하지 않은 감정 중 하나다. 만약 당신이 나쁘게 행동했다면, 반성하고, 바꿀 수 있는 것을 하고, 다음에는 더 나은 행동을 할 수 있도록 하라. 무슨 일이 있어도, 당신이 잘못한 일을 곰곰이 생각하지 마라. 흙에 뒹구는 것이 깨끗해지는 최상의 방법은 아니다.

Quick Check

A. 다음 문장을 주어(S), 동사(V), 보어(C), 목적어(O), 수식어구(Q) 등으로 구분하고, 해석해 보세요.

1. Chronic remorse is a most undesirable sentiment.

= _____

2. If you have behaved badly, make what amends you can.

= _____

B. 다음 문장을 끊어 읽기를 해 보세요.

1. On no account brood over your wrong doing.

2. Rolling in the muck is not the best way of getting clean.

C. 아래 지시사항을 바탕으로 괄호 안의 우리말을 영작하세요.

지시사항
주어, 보어, 목적어 자리에는 명사 또는 명사상당어구가 위치한다. 동사를 명사화하는 방법 중 하나는 -ing을 붙이는 것이다. 해석은 '~하는 것'으로 한다.

1. _____ lead to unexpected inventions. (아이디어를 공유하는 것은)

2. _____ each day helps you maintain the desirable body weight. (바른 음식을 먹는 것은)

생활안전

Clothing fires are a real kitchen hazard. Long, flowing sleeves have no place in a kitchen — they are too easily caught on pan handles, are easily ignited by range burners, and are generally in the way. Highly flammable synthetic fabrics can be most unsafe. If your range is near a window, you should avoid long curtains that might blow over the range and catch fire.

Vocabulary

ignite ⓥ ~에 불을 붙이다, 점화하다 **hazard** ⓝ 위험 **flammable** ⓐ 가연성의(= inflammable) **synthetic** ⓐ 합성의 **fabric** ⓝ 구조(= structure); 직물 **put out** (불) 끄다 **near** ⓟⓡⓔ 가까이에 **avoid** ⓥ 피하다 **blow** ⓥ 날리다 **catch fire** 불이 붙다

Analysis of Sentence

(If your range is near a window), you / should avoid / [long curtains **that might blow over the range and catch fire**].

[분석] 접속사 If가 이끄는 부사절과 사물을 선행사로 취하는 주격관계대명사 that을 확인한다. 또한, 등위접속사 and는 might에 걸리는 blow와 catch를 병렬로 연결하고 있다.

[해석] (가스레인지가 창가에 있다면,) 당신은 / 피해야 한다 / 레인지 위로 날려 불이 붙을 수 있는 긴 커튼을

옷에 불이 붙는 것은 부엌에서 아주 조심해야 할 부분이다. 길게 늘어뜨린 소매는 부엌일에 적합하지 않다. 냄비 손잡이에 너무나 쉽게 걸리고, 가스레인지에 의해 불붙기 쉽고, 보통 거치적거리기 마련이다. 불붙기 아주 쉬운 합성 섬유는 가장 위험하다. 가스레인지가 창가에 있다면, 레인지 위로 날려 불이 붙을 수 있는 긴 커튼은 피해야 한다.

Quick Check

A. 다음 문장을 주어(S), 동사(V), 보어(C), 목적어(O), 수식어구(Q) 등으로 구분하고, 해석해 보세요.

1. Long, flowing sleeves have no place in a kitchen.

= _____

2. Highly flammable synthetic fabrics can be most unsafe.

= _____

B. 다음 문장을 끊어 읽기를 해 보세요.

1. You should avoid long curtains that might blow over the range and catch fire.

2. They are too easily caught on pan handles, are easily ignited by range burners, and are generally in the way.

C. 빈칸에 들어갈 표현을 우리말 해석을 참고하고 박스 안에서 찾아 넣으세요.

> flammable / synthetic / hazard / place

1. Keep matches and other _____ materials out of reach of children.
   성냥이나 다른 인화성 물질은 아이들 손에 닿지 않게 하세요.

2. He uses gel in her hair to keep the style in _____.
   그는 머리를 고정하기 위해 젤을 사용한다.

There is nothing worse than driving on a two-lane road with a speed limit of 40 mph and coming up behind someone going 25. You have to slow down considerably, and it's frustrating when that driver will neither speed up nor pull over. On highways where there are more lanes, slow drivers should move to the right and let the faster drivers pass them. When you're stuck behind someone traveling at a snail's pace and there's no room to get around him, that's what causes road rage and accidents.

Vocabulary

come up 다가가다, 따라가다 **pull over** (차를) 도로 한쪽에 갖다 대다 **pull up** (차를) 세우다 **stick** ⓥ (수동형으로) (어떤 것이) 움직이지 못하게 하다, 진행하지 못하게 하다(= detain, obstruct) **lane** ⓝ 차선 **room** ⓝ 여지, 공간 **rage** ⓝ 분노

Analysis of Sentence

There is nothing worse than driving on a two-lane road with a speed limit of 40 mph and coming up behind <u>someone going 25.</u>

= someone (who is) going 25

[현재분사의 이해] 현재분사는 '~하는, ~하고 있는'의 뜻으로 주로 해석되는데, 뜻에서 알 수 있듯이 진행의 의미를 담고 있다. 〈주격관계대명사 + be〉의 생략과 현재분사를 함께 설명하는데 현재분사는 결국 문장을 연결하면서 형용사 역할을 하는 관계대명사와 〈be + V-ing〉의 현재 진행형의 의미가 함께 결합된 경우라 볼 수 있다.

제한속도 시속 40마일인 2차선 도로에서 25마일로 가는 차를 따라가며 운전하는 것보다 더 괴로운 일은 없다. 속도를 상당히 늦춰야 하는데, 그 운전자가 속도를 높이지도 않고, 옆으로 비키지도 않으면 짜증이 난다. 차선이 많은 고속도로에서는 저속 차량이 우측으로 비켜서 빠른 차량이 추월할 수 있게 해야 한다. 당신이 달팽이처럼 느리게 운전하는 사람 뒤에서 꼼짝달싹 못 하는데 그를 비켜갈 공간이 없게 될 때 그것은 바로 분노와 교통사고를 유발하는 원인이 되는 것이다.

Quick Check

A. 다음 문장을 주어(S), 동사(V), 보어(C), 목적어(O), 수식어구(Q) 등으로 구분하고, 해석해 보세요.

1. You have to slow down considerably.

= _____

2. Slow drivers should move to the right and let the faster drivers pass them.

= _____

B. 다음 문장을 끊어 읽기를 해 보세요.

1. There is nothing worse than driving on a two-lane road with a speed limit of 40 mph.

2. When you're stuck behind someone traveling at a snail's pace and there's no room to get around him, that's what causes road rage and accidents.

C. 우리말 해석을 참고하여, 아래 빈칸에 들어갈 표현을 본문에서 찾아 넣으세요.

1. My grandmother drove the car _____ _____ _____ _____.
   (나의 할머니는 아주 천천히 차를 운전하셨다.)

2. She did not say a word to _____ _____ the difficult situation.
   (그녀는 어려운 상황을 피하기 위해서 아무 말도 하지 않았다.)

026

삶의 모순

Not only do nice guys finish last in sports, but they don't do so well in real life. It's the bad guys I know who get the girls, the good jobs, and the respect of society. The nice, good guys are praised but not respected, are liked by women and employers but are passed up by both in favor of the more aggressive, ambitious guy who doesn't care what people think of him just so long as he gets what he wants. Nice guys finish last and are dopes.

Vocabulary

finish last 꼴찌가 되다 **respect** ⓝ 존중 ⓥ 존중하다 **pass up** 간과하다, 무시하다 **dope** ⓝ 마약, 마약 (중독) 환자; ⓥ 마약 중독이 되다 **in favor of** ~을 좋아하는, 선호하는

Analysis of Sentence

It's [the bad guys (that) I know who get the girls].
　　　　　　　　　　　　　　　　C

[이중관계대명사] 보어 자리에 위치한 명사구 the bad guys는 목적격 관계대명사 that과 주격 관계대명사 who의 수식을 함께 받고 있다.

[해석] 내가 알기로 여자를 얻는 사람은 나쁜 남자들이다.

착한 사람들은 운동을 해도 뒤처질 뿐만 아니라 실제 인생에서도 그리 잘해 내지 못한다. 내가 알기로 여자 친구들이 있고, 좋은 직업이 있으며 사회의 존경을 받는 사람은 못된 사람들이다. 착하고 좋은 사람들은 칭찬을 받으나 존경받지 못하고, 여자들과 고용주들이 좋아하나 그들 모두의 무시를 받는다. 여자들과 고용주들은 사람들이 어떻게 생각하건 자기가 원하는 것을 얻으면 상관하지 않는 공격적이고 야심 있는 사람의 편을 든다. 착한 사람들은 뒤처지게 되고, 마약 중독자가 된다.

Quick Check ---

A. 다음 문장을 주어(S), 동사(V), 보어(C), 목적어(O), 수식어구(Q) 등으로 구분하고, 해석해 보세요.

1. Nice guys finish last and are dopes.

= _____

2. They don't do so well in real life.

= _____

B. 다음 문장을 끊어 읽기를 해 보세요.

1. The nice, good guys are praised but not respected, are liked by women and employers but are passed up by both.

2. He doesn't care what people think of him just so long as he gets what he wants.

C. 아래 예시를 보고 빈칸을 채워 넣으세요.

> 예시
>
> S not only V ~ but S also V
> = Not only do S V ~ but S also V
> not only가 문두로 나가면서 주동의 도치가 발생한다.

1. He not only teaches us but also understands us well.

= _____ us but also understands us well.

2. Children not only actively attribute to interactions, but in so doing, they affect their own developmental outcomes.

= _____ to interactions, but in so doing, they affect their own developmental outcomes.

027

Attention to detail is something everyone can and should do — specially in a tight job market. Human-resources director Bob Crossley notices this in the job applications that come across his desk every day. "It's amazing how many candidates eliminate themselves," he says. "Resumes arrive with stains. Some candidates don't bother to spell the company's name correctly. Once I see a mistake, I eliminate the candidate," Crossley concludes. "If they cannot take care of those details, why should we trust them with a job?"

Vocabulary

detail ⓝ 세부사항 **tight** ⓐ 깐깐한, 경쟁이 심한 **notice** ⓥ 알아차리다 **job application** 지원서 **candidate** ⓝ 지원자 **eliminate** ⓥ 제거하다 **stain** ⓝ 오점, 얼룩 **take care of** ~을 처리하다

Analysis of Sentence

Some candidates / don't **bother to** spell / the company's name / correctly.

[bother to] '(굳이 하지 않아도 될 정도의 일을) 애써 ~하다, 수고스럽지만 ~하다'의 의미로 쓰이고, 조동사와 같이 동사원형을 취한다.

[해석] 어떤 지원자는 / 철자를 쓰고자 애쓰지 않는다 / 회사의 이름(조차) / 바르게

사소한 일에 주의를 기울이는 것은 누구나 할 수 있고 또 해야 할 일이지만, 치열한 취업시장에서 더욱 그러하다. 인사 관리 부장인 보브 크로슬리는 매일 책상에서 마주하는 취업 지원서들을 보며 이 점을 절감한다. "수많은 지망자들이 스스로를 탈락시키고 있다는 것은 놀라운 일입니다."라고 그는 말한다. "얼룩이 묻은 이력서를 보내오는 사람이 있는가 하면 어떤 지망자는 회사 이름을 올바르게 쓰려고 애쓴 것 같지도 않습니다. 나는 이런 실수가 눈에 띄면 즉시 그 지망자를 탈락시킵니다."라고 크로슬리는 말한다. "이런 사소한 일도 제대로 할 수 없는 사람에게 어떻게 믿고 일을 맡깁니까?"

Quick Check

A. 다음 문장을 주어(S), 동사(V), 보어(C), 목적어(O), 수식어구(Q) 등으로 구분하고, 해석해 보세요.

1. Attention to detail is something everyone can and should do.

= _____

2. Resumes arrive with stains.

= _____

B. 다음 문장을 끊어 읽기를 해 보세요.

1. Human-resources director Bob Crossley notices this in the job applications that come across his desk every day.

2. If they cannot take care of those details, why should we trust them with a job?

C. 아래 보기를 보고, 빈칸을 채우세요.

> 보기
>
> • Once I see a mistake, I eliminate the candidate.
>   = Seeing a mistake, I eliminate the candidate.
> • Because the guards blocked my way to the gate, I couldn't get in.
>   = The guards blocking my way to the gate, I couldn't get in.
> • As he didn't feel very well, James decided to lie down.
>   = Not feeling very well, James decided to lie down.

1. While she was reading a book, Laura fell asleep.

= _____ _____ _____, Laura fell asleep.

2. As soon as the man left the building, I called the cop.

= _____ _____ _____ _____ _____, I called the cop.

3. Since I didn't know what to do, I sat there without a word.

= _____ _____ _____ _____ _____, I sat there without a word.

028

부자의 비결: 근면과 검소

In short, the way to wealth, if you desire it, is as plain as the way to market. It depends chiefly on two words, industry and frugality; that is, waste neither time nor money, but make the best use of both. Without industry and frugality nothing will do, and with them everything. He that gets all he can honestly, and saves all he gets (necessary expenses excepted), will certainly become rich.

Vocabulary

in short 결론적으로, 간단히 말해서 **desire** ⓥ 원하다, 소망하다 **as plain as** ~만큼 뻔한, 쉬운 **depend on** ~에 의존하다 **industry and frugality** 근면과 검소 **expense** ⓝ 비용

Analysis of Sentence

[He **that gets** all he can honestly, and **saves** all he gets] will certainly become rich.
　　　　　　　　　　　S
[주격관계대명사와 등위접속사 and의 병치] 주격관계대명사 that은 gets와 saves가 이끄는 서술부를 병치하고 있다. 전체적으로 2형식 문장임을 파악하도록 한다.

간단히 말해서, 당신이 원하기만 한다면, 부자가 되는 길은 시장에 가는 길만큼이나 단순하다. 그것은 근면과 절약이라는 두 단어에 다 들어가 있다. 다시 말해, 시간과 돈을 낭비하지 말고 그것들을 잘 활용하라. 근면과 절약 없이는 아무것도 할 수 없으며, 근면하고 절약하기만 하면 무엇이든 할 수 있다. (필요한 비용은 제외하고) 그가 벌어들인 돈을 모두 저축하는 사람은 반드시 부자가 될 것이다.

Quick Check

A. 다음 문장을 주어(S), 동사(V), 보어(C), 목적어(O), 수식어구(Q) 등으로 구분하고, 해석해 보세요.

1. Waste neither time nor money, but make the best use of both.

= _____

2. It depends chiefly on two words.

= _____

B. 다음 문장을 끊어 읽기를 해 보세요.

1. Without industry and frugality nothing will do, and with them everything.

2. In short, the way to wealth, if you desire it, is as plain as the way to market.

C. 괄호 안의 우리말을 박스 안에 제시된 단어만을 사용하여 영작하세요.

1.
| is / plain / the / as / as / answer |

_____ _____ _____ _____ _____ _____ the nose on your face.
(그 답변은 아주 명백하다.)

2.
| stranger / a / industry / to |

Poverty is _____ _____ _____ _____.
(근면한 사람은 가난을 모른다.)

73

Prejudice means literally prejudgment, the rejection of a contention out of hand before examining the evidence. Prejudice is the result of powerful emotions, not of sound reasoning. If we wish to find out the truth of a matter, we must approach the question with as nearly open a mind as we can and with a deep awareness of our own limitations and predispositions. On the other hand, if after carefully and openly examining the evidence we reject the proposition, that is not prejudice. It might be called "post-judice." It is certainly a prerequisite for knowledge.

Vocabulary

prejudice Ⓝ 선입견 **literally** ⓐd 문자 그대로 **rejection** Ⓝ 거절, 거부 **out of hand** 즉석에서 **examine** Ⓥ 자세히 살펴보다 **sound** ⓐ 건전한, 합리적인 **reasoning** Ⓝ 추론, 생각 **find out** 알아내다 **awareness** Ⓝ 인식 **limitation** Ⓝ 한계(점) **predisposition** Ⓝ 경향, 성질 **prerequisite** Ⓝ 선행조건

Analysis of Sentence

Prejudice means literally prejudgment, the rejection of a contention out of hand before examining the evidence.

[**동격의 코마**] 위 문장에서 코마는 prejudgment를 부연하는 동격의 코마이다. 동격을 나타내는 방법은 다음과 같다.

① 코마
   ⓔⓧ Tedd, a cook, is very well-known. (Tedd는 요리사로 아주 유명하다.)
② to부정사 동격
   ⓔⓧ His ability to make others help each other led our team to win the prize.
      (사람들이 서로 돕게 만드는 그의 능력은 우리 팀이 우승하게 이끌었다.)
③ of + 동명사
   ⓔⓧ the habit of speaking English (영어를 말하는 습관)
④ 동격의 that절
   ⓔⓧ The fact that she was late again annoyed her boss. (그녀가 다시 늦었다는 사실은 그녀의 사장을 화나게 했다.)

편견의 의미는 문자 그대로 성급한 판단, 증거를 조사하기 전 즉석에서의 논쟁에 대한 거부를 의미하는 것이다. 편견은 근거 있는 추론이 아니고, 강력한 감정의 결과인 것이다. 만약 우리가 한 문제에 대한 진실을 찾으려 한다면, 우리는 할 수 있는 한 마음을 열고, 우리 자신의 한계와 성질을 주의 깊게 깨닫고 문제에 접근해야 한다. 반면에 주의 깊게 공공연히 증거를 조사한 후에 제안을 거절했다면, 그것은 편견이 아니다. 그것은 post-judice라고 불릴 수도 있다. 그것은 확실히 지식을 위한 선행조건이다.

Quick Check

A. 다음 문장을 주어(S), 동사(V), 보어(C), 목적어(O), 수식어구(Q) 등으로 구분하고, 해석해 보세요.

1. Prejudice is the result of powerful emotions.

= _____

2. Prejudice means the rejection of a contention.

= _____

B. 다음 문장을 끊어 읽기를 해 보세요.

1. We must approach the question with as nearly open a mind as we can.

2. After carefully and openly examining the evidence we reject the proposition.

C. 밑줄 친 우리말에 맞는 표현을 박스 안의 단어를 사용하여 영작하세요.

If we wish to find out the truth of a matter, we must approach the question (a) <u>거의 열린 마음으로</u> as we can and (b) <u>우리 자신의 한계에 대한 깊은 인식과 함께</u>.

(a) open / as / a / with / mind / nearly
(b) of / with / limitations / own / awareness / deep / a / our

(a) _____

(b) _____

030

가족 간 무분별한 신뢰

It is unfortunate that a lot of people find it extremely difficult to build trust in their created relationships, like in a spouse, and yet find it extremely natural and safe to trust their parents or siblings. Sometimes it is necessary to wonder if this trust stems from some biological connection in the blood or basically has been built over the years of growing up together. But then there are situations when people who may not have grown up together or even met before (as in cases of cousins and distant relatives) still find it easy to trust and depend upon each other as when they say, "Oh, but he is family," as if that is supposed to indicate a certain sense of togetherness to suspect entrusting one's faith even in a total stranger.

Vocabulary

unfortunate ⓐ 불행한 **build trust** 신뢰를 쌓다 **spouse** ⓝ 배우자 **sibling** ⓝ 형제·자매 **connection** ⓝ 연결, 연계(성) **as in cases of** ~의 경우와 마찬가지로 **distant relative** 먼 친척 **indicate** ⓥ 나타내다, 드러내다 **a sense of togetherness** 유대감 **suspect** ⓥ 의심하다 **entrust** ⓥ 맡기다 **stranger** ⓝ 모르는 사람

Analysis of Sentence

A lot of people find <u>it</u> extremely difficult **to build trust in their created relationships.**

[가목적어 · 진목적어] to부정사가 이끄는 구는 원래 find의 목적어 자리에 위치하는데, 목적어가 길어져 뒤로 옮기고 목적어 자리에 가목적어 it(dummy it)을 넣은 경우다. 5형식에서 find는 '여기다, 간주하다' 정도로 해석한다.

많은 사람들이 배우자와 같이 만들어진 관계에 신뢰를 형성하는 것을 극히 어렵게 여기면서 자신의 부모나 형제를 신뢰하는 것은 극히 자연스럽고 안전하다고 여기는 것은 불행하다. 때로 이러한 신뢰가 생물학적 혈연의 관계에서 유래하는지 근본적으로 함께 자라면서 수년에 걸쳐 형성된 것인지 생각해 보는 것이 필요하다. 그러나 같이 자라지 않았거나 만나기도 전의(사촌이나 먼 친척의 경우) 사람들이 마치 전혀 모르는 사람조차 믿는 것을 미심쩍어하는 유대감을 나타내기로 한 것처럼 "오 그래도 그는 가족이잖아."라고 말하면서 여전히 서로를 믿고 의지하는 경우들이 있다.

Quick Check

A. 다음 문장을 주어(S), 동사(V), 보어(C), 목적어(O), 수식어구(Q) 등으로 구분하고, 해석해 보세요.

1. A lot of people find it extremely difficult to build trust in their created relationships.

= _____

2. This trust stems from some biological connection in the blood.

= _____

B. 다음 문장을 끊어 읽기를 해 보세요.

1. It is necessary to wonder if this trust stems from some biological connection in the blood.

2. It is supposed to indicate a certain sense of togetherness to suspect entrusting one's faith even in a total stranger.

C. 위 글의 제목으로 가장 적절한 것은 무엇인가요?

(1) Ever Stronger Sense of Tie between Spouses

(2) Blood Getting Weaker than Water

(3) Trust Runs in the Family

(4) Trust Naturally Spreading from Inside to Outside

031

시간 관리

Many difficulties and much stress today come from our thinking that there is not enough time. Time itself remains unchanged in the sense that it carries on in the same way as it has for millions of years. We need to see that it is circumstances that are different and that our increased workloads put too much pressure upon us. However, most of us try to adjust our attitudes and behaviors to a rapid pace of living and working. The secret lies not in finding smart ways to do more, but in how we manage the relationship between the things we have to do and the time available to do them in.

Vocabulary

in the same way as it has 그래왔듯이 같은 방식으로 **circumstance** ⓝ 환경 **workload** ⓝ 일의 양 **adjust** ⓥ 적응하다 **lie in** ~에 있다 **put pressure on** ~에 압박을 가하다 **attitude** ⓝ 태도 **rapid** ⓐ 재빠른 **pace** ⓝ 속도 **things we have to** 우리가 해야 하는 것들

Analysis of Sentence

It is circumstances that are different.

[It is ~ that 강조용법] Circumstances are different.에서 주어를 강조하기 위해 It is ~ that 사이에 위치시킨 경우다.

오늘날의 많은 어려움들과 스트레스는 우리가 충분한 시간이 없다고 생각하는 데서 기인한다. 시간 그 자체는 관념적으로 변하지 않고 수백만 년 동안 그래왔듯이 같은 방식으로 흐르고 있다. 우리는 환경이 다르고, 우리에게 주어진 일의 양이 증가하면서 우리를 너무나 압박하고 있음을 깨달을 필요가 있다. 하지만 대부분의 사람들은 빠른 속도로 진행되는 일과 삶에 자신들의 태도와 행동을 적응시키려고 노력한다. 해결 방법은 우리가 더 많은 일을 할 수 있도록 더 나은 방법을 찾는 데 있는 것이 아니라, 우리가 해야만 하는 일과 그것들을 할 수 있도록 할당된 시간 사이의 관계를 잘 관리하는 데 있다.

Quick Check

A. 다음 문장을 주어(S), 동사(V), 보어(C), 목적어(O), 수식어구(Q) 등으로 구분하고, 해석해 보세요.

1. Most of us adjust our attitudes and behaviors to a rapid pace of living and working.

= _____

2. The secret lies in how we manage the relationship between the things we have to do and the time available to do them in.

= _____

B. 다음 문장을 끊어 읽기를 해 보세요.

1. Many difficulties and much stress today come from our thinking that there is not enough time.

2. Time itself remains unchanged in the sense that it carries on in the same way as it has for millions of years.

C. 박스 안의 문장을 아래 지시에 따라 it is ~ that 강조구문으로 영작하세요.

Tom met Jane on the street last week.
탐은 지난주 거리에서 제인을 만났다.

1. 목적어를 강조하여 표현하세요.

= _____

2. 장소의 부사를 강조하여 표현하세요.

= _____

인문사회

Chapter 03 심리와 생활

032

삶을 대하는 태도의 변화

Dr. William James said that the most important discovery of our time is that we can change our lives by changing our attitudes. So the question is, how do you do? First, count your blessings! If you have food, clothing, and a home, you have something to be grateful for. If you enjoy good health, you have much more to be grateful for. Simply start every day with a list of what you are grateful for. Do that, and even the grouchiest person will discover that their day starts in a more enthusiastic way. When you concentrate on what you have, you will be amazed — and so will your friends and family — at how you are changing.

Vocabulary

attitude ⓝ 태도 **count** ⓥ 세다 **blessing** ⓝ 복, 축복받는 것 **be grateful for** ~에 대해 감사하다 **enthusiastic** ⓐ 광적인 **concentrate on** ~에 집중하다(= focus on) **grouch** ⓥ 불평하다, 까다롭게 굴다 **in a way** 방식으로

Analysis of Sentence

(**When** you concentrate on what you have), you will be amazed - and so will your friends and family - at **how** you are changing.

[의문사가 이끄는 명사절] 첫 번째 when은 부사절을 이끄는 접속사 when인 반면, 두 번째 의문사 how는 전치사 at 뒤 목적어 자리에 위치한 명사절을 이끈다.

우리 시대의 가장 중요한 발견은 우리가 태도를 바꿈으로써 우리의 삶을 바꿀 수 있다는 것이라고 윌리엄 제임스 박사는 말했다. 그런데 문제는 어떻게 그렇게 하는가이다. 먼저, 당신이 축복받은 것들을 세어 봐라! 이 글을 읽을 수 있다면, 그것은 감사할 일이다. 음식과 옷과 집을 갖고 있다면, 감사할 것을 갖고 있는 것이다. 좋은 건강을 누리고 있다면, 감사할 것이 훨씬 더 많이 있는 것이다. 감사할 것의 목록을 갖고 매일 순수하게 시작해라. 그렇게 해라, 그러면 심지어 가장 기분이 언짢은 사람조차도 그들의 하루가 더 열정적으로 시작된다는 것을 발견할 것이다. 당신이 가지고 있는 것에 집중할 때, 당신은 당신이 어떻게 변화하고 있는가에 대해 놀랄 것이다 — 그리고 당신의 친구들과 가족들도 놀랄 것이다.

Quick Check

A. 다음 문장을 주어(S), 동사(V), 보어(C), 목적어(O), 수식어구(Q) 등으로 구분하고, 해석해 보세요.

1. Dr. William James said that the most important discovery of our time is that we can change our lives by changing our attitudes.
= _____

2. Even the grouchiest person will discover that their day starts in a more enthusiastic way.
= _____

B. 다음 문장을 끊어 읽기를 해 보세요.

1. Simply start every day with a list of what you are grateful for.

2. When you concentrate on what you have, you will be amazed – and so will your friends and family – at how you are changing.

C. 우리말을 참고하여 아래 빈칸에 들어갈 표현을 넣으세요.

1. _____ you did last night completely blew me away.
   (네가 지난밤에 한 것은 나를 완전히 놀라게 했다.)

2. I don't know _____ you are getting at. (나는 네가 지금 무엇을 의도하는지 모르겠어.)

Extensive research shows the dangers of distracted driving. Studies say that drivers using phones are four times as likely to cause a crash as other drivers, and the likelihood that they will crash is equal to that of someone with a .08 percent blood alcohol level, the point at which drivers in the U.S. are generally considered intoxicated. Research also shows that hands-free devices do not eliminate the risks, and may worsen them by suggesting that the behavior is safe.

Vocabulary

extensive ⓐ 광범위한 **distracted** ⓐ 주의가 산만한, 마음이 산란해진 **crash** ⓝ 충돌사고, 추락 **likelihood** ⓝ 가능성(possibility) **be equal to** ~와 동일하다 **blood alcohol level** 혈중 알코올 농도 **intoxicated** ⓐ 음주의, 술 취한 **eliminate** ⓥ 제거하다, 없애다, 죽이다 **device** ⓝ 장치

Analysis of Sentence

[The likelihood **that** they will crash] is equal to **that** of someone with a .08 percent blood
    S
alcohol level.

주어의 핵인 likelihood가 동격의 that으로 길어졌다. 두 대상의 비교에서 앞에 언급된 단수명사를 받을 때는 that을 쓴다. 앞의 that은 동격의 명사절을 이끌고, 뒤의 that은 앞에 언급된 대상을 지칭하는 지시대명사이다.

광범위한 조사는 산만한 운전의 위험성을 보여 준다. 연구결과들이 보여 주듯, 전화 통화를 하면서 운전하는 운전자는 다른 운전자들보다 4배나 충돌사고를 일으킬 가능성이 높으며, 그 가능성은 0.08%의 혈중 알코올 농도를 가진 운전자의 것과 같은데, 이는 일반적으로 미국에서 음주 운전자로 여겨지는 수준이다. 연구에 따르면, 또한 핸즈프리 장치도 그러한 위험성을 제거하지 못하며, 그러한 행동이 안전하다는 인식을 줌으로써 위험성을 더 악화시킬 수 있다고 한다.

Quick Check

A. 다음 문장을 주어(S), 동사(V), 보어(C), 목적어(O), 수식어구(Q) 등으로 구분하고, 해석해 보세요.

1. Extensive research shows the dangers of distracted driving.

= _____

2. Hands-free devices do not eliminate the risks, and may worsen them by suggesting that the behavior is safe.

= _____

B. 다음 문장을 끊어 읽기를 해 보세요.

1. Studies say that drivers using phones are four times as likely to cause a crash as other drivers.

2. The likelihood that they will crash is equal to that of someone with a .08 percent blood alcohol level.

C. 각 문장에 쓰인 that의 용례를 쓰세요.

1. She always says <u>that</u> I should study harder than now.

➡ _____

2. The earliest map is thought to have been made in 7000 B.C. in an ancient city <u>that</u> was in what is now present-day Turkey.

➡ _____

3. They have the belief <u>that</u> the remedy by the government will turn the economy around.

➡ _____

일의 긍정적 효과

Work is desirable, first and foremost, as a preventive of boredom, for the boredom that a man feels when he is doing necessary though uninteresting work is regarded as nothing in comparison with the boredom that he feels when he has nothing to do with his days. With this advantage of work another is associated, namely that it makes holidays more delicious when they come. Provided a man does not have to work so hard as to impair his vigor, he is likely to find more zest in his free time than an idle man could find.

Vocabulary

first and foremost 다른 무엇보다도 **preventive** ⓝ 예방책 **vigor** ⓝ 힘, 활력 **zest** ⓝ 열정, 열의 **desirable** ⓐ 바람직한 **boredom** ⓝ 지루함 **regard** ⓥ 간주하다 **associate** ⓥ 연결 지어 생각하다 **namely** ⓐⓓ 즉 **provided** ⓒⓞⓝ 만약 **impair** ⓥ (기능 등을) 해치다, 손상시키다 **idle** ⓐ 일하지 않는, 한가한

Analysis of Sentence

With this advantage of work another is associated, namely **that** it makes holidays more delicious when they come.

[동격의 that절] 접속사 that이 이끄는 that절은 주어인 another에 대한 동격 절이다. that절 속의 구조는 완전하다.

일은 다른 무엇보다도 지루함의 예방책으로 바람직한데, 이는 사람이 자신이 하루 종일 할 일이 아무것도 없을 때 느끼는 지루함과 비교해서 흥미 없는 일이지만 필요한 일을 하고 있을 때 느끼는 지루함을 아무것도 아닌 것으로 여기기 때문이다. 일의 이런 이점과 함께, 다른 이점이 관련되어 있는데, 즉, 일은 휴일이 다가올 때, 휴일을 더 즐겁게 만든다는 것이다. 만일 사람이 자신의 기력을 약화시킬 만큼 열심히 일하지 않아도 된다면, 그는 자신의 자유 시간에 게으른 사람이 찾을 수 있는 것보다 더한 열정을 찾을 수 있을 것이다.

Quick Check

A. 다음 문장을 주어(S), 동사(V), 보어(C), 목적어(O), 수식어구(Q) 등으로 구분하고, 해석해 보세요.

1. With this advantage of work another is associated, namely that it makes holidays more delicious when they come.

= _____

2. Provided a man does not have to work so hard as to impair his vigor, he is likely to find more zest in his free time than an idle man could find.

= _____

B. 다음 문장을 끊어 읽기를 해 보세요.

1. Work is desirable, first and foremost, as a preventive of boredom, for the boredom that a man feels when he is doing necessary though uninteresting work is regarded as nothing in comparison with the boredom that he feels when he has nothing to do with his days.

2. With this advantage of work another is associated, namely that it makes holidays more delicious when they come.

C. 우리말을 참고하여 아래 빈칸에 들어갈 표현을 넣으세요.

preventive / vigor / zest / desirable / idle

1. Work, when done with _____, is a wonderful tonic.

2. No one can overemphasize the importance of _____ efforts against the deadly virus.

3. He is too active to remain _____.

4. He is old in years, but young in _____.

5. It is _____ not to smoke in public places.

인문 사회

Chapter 03 심리와 생활

Part 1

인문/사회

Chapter 4
정치와 경제

Two great leaders in American history, Alexander Hamilton and Thomas Jefferson, differed in their view of the American people and the American government. Hamilton distrusted the people and thought they were naturally selfish, unreasonable, and violent. Jefferson, on the other hand, trusted people more and had more faith in their goodness. Hamilton believed in giving the federal government a great deal of power, while Jefferson favored a minimum amount of power in the federal government. Hamilton wanted local government to have very little power, while Jefferson favored strong local government.

Vocabulary

differ ⓥ 다르다 **in view of** ~를 바라보는 관점에서 **distrust** ⓥ 불신하다 **selfish** ⓐ 이기적인 **unreasonable** ⓐ 비이성적인 **goodness** ⓝ 선함 **favor** ⓥ 선호하다 **federal government** 연방정부 **local government** 지역정부

Analysis of Sentence

Hamilton / **wanted** / local government / **to have** very little power, / (while Jefferson / favored / strong local government).

[5형식 구문] 5형식은 〈S + V + O + O.C〉 구조이다. 동사 want의 목적보어 자리에 to have가 위치하고 있다.

[해석] 해밀턴은 / 원했다 / 지역정부가 / 아주 적은 권한을 가지기를 / 반면 제퍼슨은 / 선호했다 / 강한 지역정부를

미국 역사의 두 위대한 지도자인 알렉산더 해밀턴과 토머스 제퍼슨은 미국 국민과 정부에 대한 각자의 견해가 달랐다. 해밀턴은 국민을 불신하였고, 이들이 본성적으로 이기적이며, 비이성적이며, 폭력적이라 생각했다. 반면, 제퍼슨은 국민을 더 신뢰하고 이들의 선한 심성을 더 믿었다. 해밀턴은 연방정부에 많은 권한을 부여하는 것을 믿었던 반면, 제퍼슨은 연방정부의 권한이 최소한인 것을 선호했다. 해밀턴은 지역정부가 아주 적은 권한을 가지기를 원했던 반면, 제퍼슨은 강한 지역정부를 선호했다.

Quick Check

A. 다음 문장을 주어(S), 동사(V), 보어(C), 목적어(O), 수식어구(Q) 등으로 구분하고, 해석해 보세요.

1. Hamilton distrusted the people and thought they were naturally selfish, unreasonable, and violent.

= _____

2. Jefferson favored a minimum amount of power in the federal government.

= _____

B. 다음 문장을 끊어 읽기를 해 보세요.

1. Two great leaders in American history, Alexander Hamilton and Thomas Jefferson, differed in their view of the American people and the American government.

2. Hamilton distrusted the people and thought they were naturally selfish, unreasonable, and violent.

C. 우리말을 참고하여, 들어갈 표현을 넣으세요. (괄호 안의 동사 활용)

1. 나는 그가 거기에 가도록 시켰다. (get)

   I _____ him _____ _____ there.

2. 나는 그가 거기에 가도록 시켰다. (have)

   I _____ him _____ there.

인문
사회

Chapter 04 정치와 경제

89

세계화의 영향

As the impact of globalization spreads to every industry, business people around the world learn to expect tougher competition than they have ever faced before. Back when five or ten rivals could comfortably coexist in a single market, some would offer high-quality products at premium prices while others sold lesser goods for a discount. Today, most consumers and industrial buyers won't even consider low-quality goods, and it's hard to find a company that hasn't joined the quality movement.

Vocabulary

impact ⓝ 충격, 영향 **spread** ⓥ 퍼지다 **globalization** ⓝ 세계화 **industry** ⓝ 산업, 근면 **tough** ⓐ 거친 **comfort** ⓝ 평안함, 위안 **coexist** ⓥ 공존하다 **goods** ⓝ 상품 **at premium prices** 고가에 **for a discount** 할인된 가격에 (= at a discounted price)

Analysis of Sentence

[Business people around the world] / learn to / expect tough**er** competition / **than** they have ever faced before.

[비교급] 전치사구의 수식을 받는 주어와 함께 비교급이 쓰인 문장이다. 원래 두 문장은 다음과 같다.
• Business people around the world learn to expect tough competition.
• They have ever faced (competition) before.
위 두 문장에서 tough에 −er을 붙이고, 두 문장을 than으로 연결한 후 반복어인 competition을 생략한 형태다.

세계화의 영향이 모든 산업에 퍼져감에 따라, 세계의 사업가들은 예전에 직면했던 것보다 더 심한 경쟁을 예측할 수 있게 된다. 과거 다섯 내지 열 경쟁자가 편안하게 단 하나의 시장에서 공존했을 때, 일부 업체들은 고품질의 제품들을 고가에 내놓았고, 다른 업체들은 품질이 낮은 제품들을 할인 판매했다. 오늘날 대부분의 소비자들이나 산업 구매자들은 질 나쁜 상품을 고려조차 하지 않으며, 품질 향상 운동에 참여하지 않는 기업들도 찾아보기 어렵다.

Quick Check

A. 다음 문장을 주어(S), 동사(V), 보어(C), 목적어(O), 수식어구(Q) 등으로 구분하고, 해석해 보세요.

1. Some would offer high-quality products at premium prices while others sold lesser goods for a discount.

= _____

2. Most consumers and industrial buyers won't even consider low-quality goods.

= _____

B. 다음 문장을 끊어 읽기를 해 보세요.

1. As the impact of globalization spreads to every industry, business people around the world learn to expect tougher competition than they have ever faced before.

2. It's hard to find a company that hasn't joined the quality movement.

C. Analysis of Sentence를 참고하여, 아래 문장에 이어지는 두 문장을 비교급을 사용하여 연결하세요.

• They are probably overstretched.
• They have ever been overstretched.

= _____

The purpose of advertising is to sell products, but this does not mean that good advertisements must be funny or entertaining or sexually appealing. Humorously entertaining and sexy ads tend to win awards, but they seldom sell products. It is well known in the advertising industry that consumers respond to such ads by remembering the joke, the music, or the attractive model, but forget the product — or worse, they connect the ad with the rivals. Advertising is sales strategy, not entertainment.

Vocabulary

purpose ⓝ 목적 **appealing** ⓐ 매력적인, 호소력 있는 **award** ⓝ 상 **ad** ⓝ 광고 **rival** ⓝ 경쟁자, 경쟁사 **strategy** ⓝ 전략 **attractive** ⓐ 매력적인

Analysis of Sentence

<u>Advertising</u> <u>is</u> sales strategy, not entertainment.
  S

[동명사 주의] 동명사 주어는 언제나 단수 취급하고, 명사적 용법으로 주어, 보어 역할을 한다.

광고의 목적은 상품을 파는 것이다. 하지만 이 말은, 훌륭한 광고가 재미있다거나 즐거움을 준다거나 또는 성적으로 매력 있어야 한다는 뜻은 아니다. 유머가 넘치는 즐겁고 섹시한 광고들은 광고상을 받는 경향이 있지만, 좀처럼 상품을 판매하지는 못한다. 광고 산업에서 잘 알려진 대로, 소비자는 그런 광고에 대해 농담, 음악 또는 매력적인 모델은 잘 기억하지만 제품은 잊어버리며, 더욱 나쁜 경우에는 그 광고를 경쟁사 제품과 연관 짓는다. 광고는 판매전략이지, 오락물이 아니다.

Quick Check

A. 다음 문장을 주어(S), 동사(V), 보어(C), 목적어(O), 수식어구(Q) 등으로 구분하고, 해석해 보세요.

1. They connect the ad with the rivals.

= _____

2. Humorously entertaining and sexy ads tend to win awards.

= _____

B. 다음 문장을 끊어 읽기를 해 보세요.

1. It is well known in the advertising industry that consumers respond to such ads by remembering the joke, the music, or the attractive model.

2. The purpose of advertising is to sell products, but this does not mean that good advertisements must be funny or entertaining or sexually appealing.

C. 괄호 안의 단어의 바른 형태를 쓰세요.

1. (consume) food in public is illegal.

= _____

2. Love means not (have) to say being sorry.

= _____

3. I prefer having dinner at home to (eat) out at a restaurant.

= _____

인문
사회

Chapter 04 정치와 경제

038

Listening to your grandchild play your favorite song should be a wonderful moment. But if you can't hear properly, you may be missing out on some of that joy. Take a moment to consider: Are you missing parts of conversation? Do you often ask people to repeat themselves? Do you often find yourself turning up the volume on the TV? If so, don't let the problem spoil any more enjoyable times. More than six million Americans enjoy improved hearing with hearing aids. And the power source they rely on most is Rayovac. Rayovac batteries really do make a difference.

Vocabulary

miss out on ~의 기회를 놓치다 **properly** [ad] 적절하게 **repeat** [v] 반복하다 **turn up the volume** 소리를 키우다 **spoil** [v] 망치다 **improve** [v] 향상시키다 **hearing aid** 보청기 **rely on** ~에 의존하다 **make a difference** 차이를 만들어 내다, 변화를 이끌어 내다

Analysis of Sentence

Do you often <u>find yourself</u> turning up the volume on the TV?

[find oneself V-ing] 위 문장을 직역하면, '당신은 종종 TV 볼륨을 높이는 자신을 발견하는가?'이다. 〈find oneself 형용사/V-ing/V-ed/전명구〉는 우리말로 '나도 모르게 ~하다'의 의미로 볼 수 있다.

• He woke up to find himself absorbed in a happy thought. (그는 일어나 자신도 모르게 행복한 생각에 빠졌다.)
• You found yourself at the subway. (당신은 지하철역에 있었죠.)
• I found myself in a hospital when I woke up. (일어나 보니 병원 안이었습니다.)

94

당신의 손자가 당신이 좋아하는 곡을 연주하는 것을 듣는 것은 멋진 순간일 것입니다. 그러나 제대로 들을 수 없다면 당신은 그 즐거움의 일부를 놓치게 될지도 모릅니다. 잠깐 시간을 내어 생각해 보십시오. 당신은 대화의 일부를 놓치고 있습니까? 당신은 종종 사람들에게 다시 말해 달라고 부탁을 합니까? 당신은 종종 TV 볼륨을 높이고 있는 자신을 발견합니까? 그렇다면 그 문제가 당신의 즐거운 시간을 더 이상 망치지 않게 하십시오. 6백만 명 이상의 미국인들이 보청기로 더욱 잘 듣고 있습니다. 그리고 그들이 가장 의존하고 있는 전원(電源)은 레이요백입니다. 레이요백 배터리는 정말 다릅니다.

Quick Check

A. 다음 문장을 주어(S), 동사(V), 보어(C), 목적어(O), 수식어구(Q) 등으로 구분하고, 해석해 보세요.

1. You may be missing out on some of that joy.

= _____

2. You often ask people to repeat themselves.

= _____

B. 다음 문장을 끊어 읽기를 해 보세요.

1. More than six million Americans enjoy improved hearing with hearing aids.

2. The power source they rely on most is Rayovac.

C. 괄호 안의 동사를 바른 형태로 고치세요.

1. He found himself (stick) in the middle of the sea.

➡ _____

2. He found himself (surround) by fire.

➡ _____

3. I found myself (think) about you.

➡ _____

Your government declared that on July 4, 1946, you were leaving to let us run the country, but the U.S. left its boots in the form of military facilities like Clark Air Base. As long as U.S. bases are in the Philippines, its people will remain helplessly divided. Amid the continuing internal strife, whoever is in office will keep begging for U.S. aid to contain the social and political troubles, and the republic will sink deeper and deeper into indebtedness.

Vocabulary

facility ⓝ 시설 **internal** ⓐ 내부의 **strife** ⓝ 분쟁 **contain** ⓥ ~을 포함하다; (감정을) 억누르다; 견제하다 **indebtedness** ⓝ 부채

Analysis of Sentence

You were leaving to let us run the country.

[to부정사의 부사적 용법] to부정사는 명사적, 형용사적, 부사적 용법이 있다. 밑줄 친 to부정사는 부사적 용법으로 '~하기 위해, ~ 하도록'과 같이 해석한다.

- I think it difficult <u>to solve</u> the problem. (명사적 용법) 나는 그 문제를 푸는 것이 어렵다고 생각한다.
- I need a house <u>to live in</u>. (형용사적 용법) 나는 살 집이 필요하다.
- He went there <u>to meet</u> him in person. (부사적 용법) 나는 직접 그를 만나러 거기에 갔다.

귀국 정부(미국)는 1946년 7월 4일 우리 스스로 우리나라(필리핀)를 다스리도록 허용한다고 발표했지만, 미국은 (완전히 발을 빼지 않고) 클라크 공군기지와 같은 형태의 부츠(군사시설)를 남겨 두었다. 미국의 기지가 필리핀에 남아 있는 한, 필리핀 국민들은 어쩔 수 없이 분열된 채 남을 것이다. 계속되는 내분 가운데서 누가 권력을 잡더라도 사회적, 정치적 문제점들을 억제하기 위해 계속 미국에 도움을 요청할 것이며, 나라(필리핀)는 더욱 더 깊은 빚더미 속으로 가라앉게 될 것이다.

Quick Check

A. 다음 문장을 주어(S), 동사(V), 보어(C), 목적어(O), 수식어구(Q) 등으로 구분하고, 해석해 보세요.

1. Your government declared that on July 4, 1946, you were leaving to let us run the country.

= _____

2. The U.S. left its boots in the form of military facilities like Clark Air Base.

= _____

B. 다음 문장을 끊어 읽기를 해 보세요.

1. As long as U.S. bases are in the Philippines, its people will remain helplessly divided.

2. Amid the continuing internal strife, whoever is in office will keep begging for U.S. aid to contain the social and political troubles.

C. 아래 문장의 빈칸에 들어갈 단어를 박스에서 찾아 넣으세요. (변형 가능)

declare / run / remain / beg / contain

1. Germany _____ war on France on 1 August 1914.

2. Government forces have failed to _____ the rebellion.

3. The shareholders want more say in how the company is _____.

인문
사회

Chapter 04 정치와 경제

97

More repressive governments in Asia look toward Singapore with envious eyes. It is not hard to see why. Under pressure to liberalize, they see a nation that has grown rich while still maintaining tight social control and having the same ruling party for 36 years. When I asked a high-ranking Vietnamese official what country he looked to as a model, he replied without hesitation: "Singapore." To be sure, Singapore's relatively benign authoritarianism is a far cry from the totalitarian rule of China or Vietnam.

Vocabulary

repressive ⓐ 억압적인 **envious** ⓐ 부러운 **liberalize** ⓥ 민주화하다 **under pressure** 압박을 받고 **ruling party** 여당 **high-ranking** ⓐ 고위급 **without hesitation** 지체 없이 **benign** ⓐ 친절한, 자애로운 **authoritarianism** ⓝ 권위주의 **a far cry from** ~와는 거리가 먼

Analysis of Sentence

Singapore's relatively benign authoritarianism is a far cry from the totalitarian rule of China or Vietnam.

[a far cry] A is a far cry from B는 'A는 B와 거리가 멀다'라는 뜻이다.

- It's a far long cry from here to Seoul. 여기서 서울까지는 거리가 멀다.
- What he proposed was a far cry from what he really thought. 그가 제안한 것은 그가 실제로 생각한 것과 아주 달랐다.
- Prices today are a far cry from the peak. 요즘 물가는 성수기 때와는 격차가 난다.

싱가포르보다 더 억압적인 아시아 정부들은 싱가포르를 부러운 눈길로 보고 있다. 그 이유를 깨닫기란 어려운 일이 아니다. 민주화 요구 압박을 받고 있는 그들이 보기에 싱가포르는 여전히 엄격하게 사회를 통제하고 있고, 36년간이나 한 당이 계속 집권을 하고 있는데도 부유해졌기 때문이다. 내가 베트남의 한 고위 관리에게 어느 나라를 모델로 삼고 있는지를 물어봤을 때, 그는 주저 없이 '싱가포르'라고 대답했다. 비교적 유화적인 싱가포르의 독재는 중국이나 베트남 같은 나라들의 전체주의적 지배와 분명 큰 차이가 있다.

Quick Check

A. 다음 문장을 주어(S), 동사(V), 보어(C), 목적어(O), 수식어구(Q) 등으로 구분하고, 해석해 보세요.

1. More repressive governments in Asia look toward Singapore with envious eyes.

= _____

2. They see a nation that has grown rich.

= _____

B. 다음 문장을 끊어 읽기를 해 보세요.

1. When I asked a high-ranking Vietnamese official what country he looked to as a model, he replied without hesitation.

2. Singapore's relatively benign authoritarianism is a far cry from the totalitarian rule of China.

C. 괄호 안의 우리말을 참고하여 박스 안의 단어를 활용하여 빈칸의 내용을 영작하세요.

1.
without / India / to / hesitation

If this incident had happened now, the Sterns the Sterns would have traveled _____ _____ _____ _____. (이 사건이 지금 일어났더라면, 스턴 부부는 망설이지 않고 인도행을 택했을 것이다.)

2.
from / a / cry / a / far / car / modern

The first automobile was _____ _____ _____ _____ _____ _____ _____.
(최초의 자동차와 오늘날의 자동차는 큰 차이가 있다.)

인문 사회

Chapter 04 정치와 경제

부당한 개발에 제동 걸기

Local governments are busy inviting golf and race track, and ski resort developers in a bid to raise income as numerous restaurants and hotels are being erected in mountain and water source areas. Maybe soon, if the trend continues, Korea will be known as the "Republic of Pleasure." This could be expedited as the current "lame-duck" government is seen to lack authority and therefore it should immediately enact special measures. The central administration should strengthen their avowed function of preserving the natural environment. Unjustifiable development should be countered by a bolstering of environmental appreciation.

Vocabulary

race track 경마장 **numerous** ⓐ 많은, 무수한 **trend** ⓝ 동향 **erect** ⓥ ~을 똑바로 세우다 **expedite** ⓥ ~을 진척시키다 **preserving** ⓝ 보존 **current** ⓐ 현재의; ⓝ 흐름 **measure** ⓝ 조치, 처방 **lame-duck government** (선거에 지고) 남은 임기만 채우고 있는 정부 **avow** ⓥ ~을 공언하다, 언명하다; 고백하다 **enact** ⓥ ~을 제정하다, (법령으로) 규정하다 **unjustifiable** ⓐ 정당화될 수 없는, 이치에 맞지 않는 **bolster** ⓥ ~을 지지하다; ⓝ 베개, 받침대 **counter** ⓥ ~을 반대하다, 거스르다 **bid** ⓝ 입찰; ⓥ ~을 명령하다; (인사 등을) 말하다

Analysis of Sentence

Local governments **are busy inviting** golf and race track, and ski resort developers in a bid to raise income as numerous restaurants and hotels **are being erected** in mountain and water source areas.

be busy V-ing는 '~하는 데 분주하다'라는 뜻이며, be p.p의 수동태문에서 진행의 의미를 추가하려면 be being p.p으로 표현하면 된다.

지방정부들은 골프장과 경마장 유치에 매우 분주하며, 스키 휴양지 개발업자들은 많은 식당과 호텔들이 산과 수원지에 지어지자 수입을 올리기 위해 입찰에 참가하느라 바쁘다. 아마도 이러한 풍조가 계속되면 한국은 '오락과 유희의 나라'로 알려질지도 모른다. 이러한 상황은 현 정부의 레임덕 현상으로 인한 권력 누수로 가속화될 수 있다. 그러므로 정부는 특별 조치를 위한 법안을 즉각 제정해야만 할 것이다. 행정부는 그들이 공언한 자연환경 보존 기능을 강화해야만 할 것이다. (불법) 부당한 개발은 환경평가의 강화를 통해 반박되어야만 한다.

Quick Check

A. 다음 문장을 주어(S), 동사(V), 보어(C), 목적어(O), 수식어구(Q) 등으로 구분하고, 해석해 보세요.

1. Numerous restaurants and hotels are being erected in mountain and water source areas.

= _____

2. It should immediately enact special measures.

= _____

B. 다음 문장을 끊어 읽기를 해 보세요.

1. This could be expedited as the current "lame-duck" government is seen to lack authority.

2. The central administration should strengthen their avowed function of preserving the natural environment.

C. 우리말 해석을 참고해 빈칸에 들어갈 표현을 박스 안에서 골라 넣으세요. (동사변형 있음)

erect / expedite / lack / enact / strengthen / avow / counter / bolster

1. Anything you could do to _____ a solution would be very much appreciated.
   (신속히 처리하도록 선처해 주시면 감사하겠습니다.)

2. He has many views and plans he wants to _____.
   (그는 실현하고 싶은 견해와 계획을 가지고 있다.)

3. To contain the virus effectively, it may take a balance between drug therapy and a _____ immune system.
   (그 바이러스를 효과적으로 억제하려면, 약품 요법과 보강된 면역체계의 균형이 필요하다.)

인문
사회

Chapter 04 정치와 경제

101

The development of travel and tourism has been affected by economic factors. Until the twentieth century, for example, the cost of travel, the limited availability of holidays, and the absolute levels of incomes meant that tourism was essentially an exclusive privilege of the upper classes. The post-1950 era of mass consumption in the developed countries saw an increase not only in the number of goods that people owned but also in the number of leisure activities that they participated in. This was greatly facilitated by improvements in personal mobility, especially the extension of car ownership. At least of equal importance was a change in people's aspiration.

Vocabulary

tourism ⓝ 관광 **limited** ⓐ 제한된, 한정된 **availability** ⓝ 이용 가능성 **absolute** ⓐ 절대적인 **privilege** ⓝ 특권 **post-** ~ 이후의 **era** ⓝ 시대 **participate in** ~에 참가하다 **mobility** ⓝ 이동성, 기동력 **extension** ⓝ 확대 **ownership** ⓝ 소유

Analysis of Sentence

The post-1950 era of mass consumption in the developed countries saw an increase **not only** in the number of goods that people owned **but also** in the number of leisure activities that they participated in.

[not only A but also B] 'A뿐 아니라 B도'의 의미이며, A와 B의 형태를 맞추어 전치사구(in the number of goods)와 전치사구 (n the number of leisure activities)로 병렬구조를 취하고 있다.

여행과 관광의 발전은 경제적 요인들에 의해 영향을 받아 왔다. 예를 들어, 20세기까지 여행 비용, 휴가의 제한된 이용, 절대적인 수입 수준 등은 관광이 본질적으로 상류층의 배타적인 특권이었음을 의미한다. 1950년대 후반 선진국들에서의 대량 소비는 사람들이 소유했던 물건의 수뿐만 아니라, 그들이 참여할 수 있는 여가 활동들 수의 증가를 가져왔다. 이는 개인의 기동성 향상, 특히 자동차 소유 확대에 의해서 엄청나게 용이해졌다. 사람들의 열망의 변화도 적어도 비슷할 정도로 중요했다.

Quick Check

A. 다음 문장을 주어(S), 동사(V), 보어(C), 목적어(O), 수식어구(Q) 등으로 구분하고, 해석해 보세요.

1. The development of travel and tourism has been affected by economic factors.

= _____

2. Tourism was essentially an exclusive privilege of the upper classes.

= _____

B. 다음 문장을 끊어 읽기를 해 보세요.

1. This was greatly facilitated by improvements in personal mobility, especially the extension of car ownership.

2. At least of equal importance was a change in people's aspiration.

C. 아래 문장의 보어를 문두로 위치한 후, 주어를 도치한 문장을 만드세요.

1. Two packets of sugar were resting on the saucer.

= _____

2. He looked so tired that I couldn't ask him to help me.

= _____

인문
사회

Chapter 04 정치와 경제

In many plantations of the poor developing nations in the tropical regions, the laborers usually work for very low wages that keep them in poverty. Many of the plantations of Indonesia, Central America, and West Africa are owned by multinational corporations. They outgrew their national roots and identity as they became multinational with facilities in many poor countries and no overriding feeling of obligation or loyalty to any one of them. They are generally independent and beyond the control of any one national political system. Therefore, the net effect of this form of agriculture generally has been the flow of wealth from poor nations in the southern hemisphere to rich ones in the northern hemisphere.

Vocabulary

plantation ⓝ 대농장 **tropical** ⓐ 열대지방의 **loyalty** ⓝ 충성 **outgrow** ⓥ 벗어나다 **net** ⓐ 궁극의, 최종적인 **obligation** ⓝ 의무, 책임, **independent** ⓐ 독립한 **hemisphere** ⓝ 반구 **overriding** ⓐ 최우선의, 가장 중요한 **multinational corporation** 다국적 기업

Analysis of Sentence

They are generally (**independent** and **beyond the control of any one national political system**).
　　　　　　　　　　　C

[등위접속사] 등위접속사에는 and, or, but, yet, so, for가 있으며, 단어와 단어, 구와 구 그리고 문장과 문장을 연결한다. 연결되는 대상은 형태적 모습과 기능이 같아야 한다. 본문의 위 문장은 보어 자리에 형용사와 형용사 역할의 전명구가 병치되고 있다.

열대지방에 있는 가난한 개발도상국의 많은 대농장에서 노동자들은 보통 매우 낮은 임금을 받고 일하는데, 이는 그들을 지속적으로 가난에 허덕이게 한다. 인도네시아, 중앙아메리카, 서아프리카 등의 많은 대농장은 다국적 기업들이 소유하고 있다. 그 기업들은 가난한 많은 나라에 시설을 갖추고, 그 어떤 나라에 대해서도 가장 중요한 책임감이나 충성심을 느끼지 않으면서 다국적 기업이 되었기 때문에 국가적인 뿌리나 정체성에서 벗어나게 되었다. 그 기업들은 대체로 독립적이고 어느 한 국가의 정치 체제의 통제에서 벗어나 있다. 따라서 이러한 농업 형태의 최종 효과는 보통 남반구 지역의 가난한 나라로부터 북반구 지역의 부유한 나라로 부가 흘러가는 것이다.

Quick Check

A. 다음 문장을 주어(S), 동사(V), 보어(C), 목적어(O), 수식어구(Q) 등으로 구분하고, 해석해 보세요.

1. In many plantations of the poor developing nations, the laborers usually work for very low wages that keep them in poverty.

= _____

2. Many of the plantations of Indonesia, Central America, and West Africa are owned by multinational corporations.

= _____

B. 다음 문장을 끊어 읽기를 해 보세요.

1. They outgrew their national roots and identity as they became multinational with facilities in many poor countries.

2. The net effect of this form of agriculture generally has been the flow of wealth from poor nations in the southern hemisphere to rich ones in the northern hemisphere.

C. 빈칸에 들어갈 단어를 박스 안에서 찾아 넣으세요.

poverty / corporation / flow / facility / obligation / identity / hemisphere

1. People has taken a skeptical view on the endless _____ of refugees into the country.

2. I didn't want you to feel any _____.

3. A third of the population is living at or below the _____ line.

인문
사회

Chapter 04 정치와 경제

Convenience goods may be classified as staples and impulse goods. Staples are bought and used frequently without much consideration. Items such as bread, milk and aspirin are considered staples, and easy availability to consumers is important in their distribution. Impulse goods are items that customers buy on sight without having gone out specifically for their purchase. Their prices are usually low. Items that customers will buy on impulse are frequently placed near store doors or at cash registers. A good may be either a staple or an impulse item, depending on the purpose of the good's use and on whether the good was purchased because of an immediate felt need.

Vocabulary

convenience ⓝ 편의, 편리 **goods** ⓝ 상품 **classify** ⓥ 분류하다 **staple** ⓝ 기본 식료품 **impulse** ⓝ 충동 **frequently** ⓐⓓ 빈번하게, 자주 **such as** 가령 ~, ~ 같은(= like) **consumer** ⓝ 소비자 **distribution** ⓝ 분배, 배분 **specifically** ⓐⓓ 특히, 명확하게 **purchase** ⓥ 구매(하다) **cash register** 현금 등록기 **depend on** ~에 달려 있다, ~에 의존하다

Analysis of Sentence

(A) <u>Items such as bread, milk and aspirin</u> are considered staples.
　　S

(B) <u>Items that customers will buy on impulse</u> are frequently placed near store doors.
　　S

[수식어구가 달린 주어] (A)의 경우 전치사구 such as가 이끄는 형용사구가 주어의 핵인 Items를 수식하여 주어가 길어진 경우고, (B)의 경우 목적격 관계대명사 that이 Items를 수식하여 주어가 길어진 형태다.

편의점 상품은 기본 상품과 충동구매 상품으로 분류될 수 있다. 기본 상품은 많은 고민 없이 빈번하게 구입되고 사용되는 것들이다. 빵, 우유, 아스피린 같은 물건들은 기본 상품으로 생각될 수 있고, 소비자가 이용하기 쉽다는 것은 상품의 분배(판매)에 있어서 매우 중요하다. 충동구매 상품은 특별히 그 물품을 구입하기 위해 나가는 것이 아니라, 즉석에서 소비자가 사는 물건이다. 이러한 상품의 가격은 보통 싸다. 소비자가 충동적으로 사게 될 물건들은 주로 가게 문 근처나 계산대에 놓인다. 어떤 상품은 기본 상품이 될 수도 있고 충동구매 상품이 될 수도 있는데, 상품의 사용 목적에 따라, 또는 이 상품이 즉각적인 필요에 의해 구입된 것인가 아닌가에 달려 있다.

Quick Check

A. 다음 문장을 주어(S), 동사(V), 보어(C), 목적어(O), 수식어구(Q) 등으로 구분하고, 해석해 보세요.

1. Convenience goods may be classified as staples and impulse goods.

= _____

2. Items that customers will buy on impulse are frequently placed near store doors or at cash registers.

= _____

B. 다음 문장을 끊어 읽기를 해 보세요.

1. Impulse goods are items that customers buy on sight without having gone out specifically for their purchase.

2. A good may be either a staple or an impulse item, depending on the purpose of the good's use.

C. 아래 두 문장을 관계대명사를 활용하여 영작하세요.

1. The car didn't last long. I bought it last year.

= _____

2. The movie was very touching. Sandra Block was starring in the movie.

= _____

045

불황 중의 호황

The current economic recession has been a severe one, but not all businesses have been hurting. Some small businesses have seen increased sales because of the economic downturn, giving new life to the old saying, "One man's misfortune is another man's opportunity." Two businesses that have been booming are pawn shops and thrift stores. Pawn shops are stores where people sell their personal things, and thrift stores usually deal with used clothing.

Vocabulary

recession ⓝ 불황, 불경기 **downturn** ⓝ 침체, 하락 **pawn shop** ⓝ 전당포

Analysis of Sentence

(A) I do**n't always** go see a doctor when I had a cold.

(B) **Both** of my mom and dad are**n't** fat.

(C) They are**n't all** smart.

(D) **Every** girl does**n't** like me.

[all, both, every, always를 활용한 부분부정] (A)의 경우 '항상 ~하는 것은 아니다'라는 의미고, (B)는 '둘 다 뚱뚱한 것은 아니다'라는 말로 둘 중 한 명만 뚱뚱하다는 의미. (C)의 '그들 모두가 똑똑한 것은 아니다'라는 의미는 말 그대로 똑똑하지 않은 사람이 있다는 말이다. (D)의 경우 '모든 여자가 나를 좋아하는 것은 아니다'라는 부분부정의 의미를 전달하는 문장이다.

현재의 경제 불황이 상당히 심각하지만 모든 사업이 피해를 입고 있는 것은 아니다. 일부 소규모 사업들은 경기 침체로 인하여 판매가 증가하였으며, 이는 오래된 속담인 '한 사람의 불행이 다른 사람에게는 기회이다'에 새로운 생명을 불어 넣고 있다. 호황을 맞고 있는 두 가지 사업은 전당포와 알뜰가게이다. 전당포는 사람들이 개인적인 물건들을 판매하는 가게이며, 알뜰가게는 대개 중고 의류를 취급한다.

Quick Check

A. 다음 문장을 주어(S), 동사(V), 보어(C), 목적어(O), 수식어구(Q) 등으로 구분하고, 해석해 보세요.

1. The current economic recession has been a severe one, but not all businesses have been hurting.

= _____

2. Some small businesses have seen increased sales because of the economic downturn.

= _____

B. 다음 문장을 끊어 읽기를 해 보세요.

1. Two businesses that have been booming are pawn shops and thrift stores.

2. Pawn shops are stores where people sell their personal things, and thrift stores usually deal with used clothing.

C. 아래 빈칸에 들어갈 알맞은 관계부사(where, when, why, how)를 넣으세요.

1. 1977 was the year _____ I was born. (1977년은 내가 태어난 해였다.)

2. The spot _____ we will go for our vacation will not be far away from your place.
   (우리가 휴가차 갈 장소는 너의 집에서 그리 멀지 않을 거야.)

3. Could you tell me the reason _____ you did that to me?
   (왜 나에게 그런 짓을 했는지 말해 줄 수 있겠니?)

인문 사회 Chapter 04 정치와 경제

The purpose of rent control is to keep rents low for the poor. This sounds good, but apartment building owners argue that rent control should be abolished. Although they acknowledge that they would increase rents in the short term, owners argue that in the long term the rent increases would lead to greater profitability. Higher profits would lead to increased apartment construction. Increased apartment construction would then lead to a greater supply of residences and lower prices. Thus, abolishing rent control would ultimately reduce prices.

Vocabulary

purpose ⓝ 목적 **rent** ⓝ 임대(료) **abolish** ⓥ 없애다 **acknowledge** ⓥ 인정하다 **term** ⓝ 기간 **profitability** ⓝ 수익성 **construction** ⓝ 건설 **residence** ⓝ 주거, 주택 **ultimately** ⓐ 궁극적으로 **generate** ⓥ 산출하다, 발생시키다 **outnumber** ⓥ ~보다 수가 많다 **potential** ⓐ 잠재적인, 가능성 있는

Analysis of Sentence

(a) The purpose of rent control is **to keep rents low for the poor**.

C

(b) This sounds **good**.

C

[보어 자리의 품사] (a)는 보어 자리에 명사적 용법의 to부정사가 위치한 경우이며, (b)는 형용사가 위치한 경우이다. 보어 자리에 위치할 수 있는 품사는 명사와 형용사이며, 명사상당어구에 해당하는 것과 형용사상당어구에 해당하는 것은 모두 위치할 수 있다.

주택 임대료 통제의 목적은 가난한 사람들을 위해 임대료를 낮게 유지하는 것이다. 이것은 타당한 듯하지만, 아파트 건물 소유자들은 임대료에 대한 통제가 철폐되어야 한다고 주장한다. 그들은 단기적으로 임대료를 인상할 거라는 점을 인정하지만, 장기적으로 임대료의 인상이 더 많은 이익을 가져다줄 것이라고 주장한다. 이익이 많아지면 아파트 건설이 늘어날 것이다. 아파트 건설이 늘어나면 주택 공급이 더 많아지고 가격은 떨어지게 될 것이다. 따라서 임대료에 대한 통제를 철폐하면 궁극적으로 가격이 하락될 것이다.

Quick Check

A. 다음 문장을 주어(S), 동사(V), 보어(C), 목적어(O), 수식어구(Q) 등으로 구분하고, 해석해 보세요.

1. Apartment building owners argue that rent control should be abolished.

= _____

2. Increased apartment construction would then lead to a greater supply of residences and lower prices.

= _____

B. 다음 문장을 끊어 읽기를 해 보세요.

1. Although they acknowledge that they would increase rents in the short term, owners argue that in the long term the rent increases would lead to greater profitability.

2. Abolishing rent control would ultimately reduce prices.

C. 박스 안의 단어를 사용하여. 아래 우리말의 문장을 영작하세요.

1. 모든 길은 로마로 통한다.

all / to / Rome / roads / lead

➡ _____

2. 반도체 기술은 비용을 저렴하게 하는 데 도움을 준다.

keep / semiconductor technology / low / helps / costs

➡ _____

인문
사회

Chapter 04 정치와 경제

111

047

폴란드 경제의 위기

Like many of its formerly communist neighbors in Eastern Europe, Poland has turned into a country of capitalist gamblers. In recent years, as their economy boomed, millions of Poles became foreign-currency speculators, buying property, cars and consumer goods with loans denominated in low-interest Swiss francs. As the Polish currency, the zloty, soared in value, most borrowers found it cheaper to pay off their debts in Swiss money. Since then, however, the zloty has unexpectedly collapsed, losing nearly half its value against the Swiss franc. About two-thirds of all Polish mortgage holders now face skyrocketing payments. If the zloty continues to tumble, analysts fear the problem could lead to a wave of defaults in the region.

Vocabulary

gambler ⓝ 노름꾼, 투기꾼 **boom** ⓥ 갑자기 경기가 좋아지다, 인기가 좋아지다; 폭등하다 **speculator** ⓝ 투기꾼 **property** ⓝ 재산, 자산; 부동산 **denominate** ⓥ 액수를 매기다 **consumer goods** 소비재 **franc** ⓝ 프랑(프랑스·스위스 등의 유로화 이전 화폐 단위) **zloty** ⓝ 즐로티(폴란드의 화폐 단위) **pay off** 전액을 지불하다, 갚다, 청산하다 **mortgage** ⓝ (담보) 대출(금), 저당 융자(금) **skyrocketing** ⓐ 치솟는, 폭등하는

Analysis of Sentence

Most borrowers found <u>it</u> cheaper <u>to pay off their debts in Swiss money</u>.

[가목적어 진목적어의 it~to부정사] 동사 found가 목적어로 to부정사를 바로 취하지 못하고, 가목적어 it를 쓰고 있다. 진목적어인 to부정사는 목적보어 cheaper 뒤에 위치하고 있다.

예전에 공산국가였던 많은 동유럽 이웃국가들처럼, 폴란드는 자본주의 투기꾼들의 나라로 변모했다. 최근 몇 년간 나라의 경제가 갑자기 좋아짐에 따라, 수백만 명의 폴란드 사람들은 저금리의 스위스 프랑으로 액수가 매겨진 대출로 부동산과 자동차, 그리고 소비재들을 사들이면서 외화 투기꾼이 되었다. 폴란드 통화인 즐로티의 가치가 급등하면서, 대부분의 대출자들은 그들의 부채를 스위스 통화로 갚는 것이 더욱 저렴하다는 것을 알았다. 그러나, 그 이후로 즐로티는 갑작스럽게 폭락하여, 스위스 프랑 대비 가치를 거의 절반 정도 잃었다. 폴란드의 전체 담보 대출자들의 약 3분의 2가 이제는 치솟는 대출할부금에 직면하고 있다. 전문가들은 즐로티가 계속 하락하면, 그 문제가 그 지역의 채무 불이행의 물결을 일으킬 수 있다고 우려한다.

Quick Check

A. 다음 문장을 주어(S), 동사(V), 보어(C), 목적어(O), 수식어구(Q) 등으로 구분하고, 해석해 보세요.

1. Like many of its formerly communist neighbors in Eastern Europe, Poland has turned into a country of capitalist gamblers.

= _____

2. As the Polish currency, the zloty, soared in value, most borrowers found it cheaper to pay off their debts in Swiss money.

= _____

B. 다음 문장을 끊어 읽기를 해 보세요.

1. Since then, however, the zloty has unexpectedly collapsed, losing nearly half its value against the Swiss franc.

2. If the zloty continues to tumble, analysts fear the problem could lead to a wave of defaults in the region.

C. 아래 설명과 우리말 해석을 참고하여 괄호 안의 단어를 바르게 배열하세요.

설명

가목적어·진목적어 구문은 목적어 자리에 to부정사와 that S V의 형태가 위치하면서 이를 뒤로 후치하고, 그 자리에 가짜 목적어인 it을 넣은 문장으로 5형식에 활용된다.
S + Vt + it + O.C + to V / V-ing / that S V
ⓔ I found it difficult to make a full English sentence. 나는 완벽한 영어문장 만드는 것이 어렵다는 것을 알았다.
ⓔ I felt it weird that he said that to you. 나는 그가 너에게 그런 말을 했다는 것이 이상하다.

Nature has made (to / it / us / right / animals / kill / for) for food.
자연은 우리가 식량을 위해서 동물을 죽이는 것이 정당하게 만들었다(용인해 주었다).

➡ _____

048

전쟁과 인간의 본성

There are those who say: "War is part of human nature, and human nature cannot be changed. If war means the end of man, we must sigh and submit." But they forget that what is called "human nature" is, in the main, the result of custom and tradition and education, and in civilized men, only a very tiny fraction is due to primitive instinct. If the world could live for a few generations without war, war would come to seem as absurd as dueling has come to seem to us.

Vocabulary

human nature 인간의 본성 **sigh** ⓥ 한숨 쉬다, 탄식하다 **in the main** 대개는, 주로 **civilized** ⓐ 문명화된, 개화된 **fraction** ⓝ 파편, 단편 **submit** ⓥ 항복하다; 제출하다 **due to** ~에 기인하는, ~ 때문에 **primitive** ⓐ 원시 사회의 **instinct** ⓝ 본능 **absurd** ⓐ 우스꽝스러운, 터무니없는

Analysis of Sentence

If the world could live for a few generations without war, war would come to seem <u>as</u> absurd <u>as</u> dueling has come to seem to us.

[as + 형용사/부사 원급 + as 구문] 앞의 as는 원급을 수식하는 부사, 뒤의 as는 접속사이다. '~만큼 … 같은'으로 해석한다.

이렇게 말하는 사람들이 있다. "전쟁이란 인간 본성의 일부분이다. 그리고 인간의 본성은 변할 수 없다. 만일 전쟁이 인간의 종말을 의미하는 것이라면, 우리는 틀림없이 탄식하고 복종할 것이다." 그러나 이 사람들은 이른바 '인간의 본성'이라는 것이 대개는 관습과 전통과 교육의 결과물이며, 원시적인 본능에 어울릴 만한 부분이 문명인에게는 아주 작다는 사실을 잊고 있는 것이다. 만일 세상이 전쟁을 하지 않고서 몇 세대 동안만 살아갈 수 있다면, 결투에 대한 지금 우리의 느낌과 마찬가지로, 전쟁도 불합리한 것이 될 것이다.

Quick Check

A. 다음 문장을 주어(S), 동사(V), 보어(C), 목적어(O), 수식어구(Q) 등으로 구분하고, 해석해 보세요.

1. But they forget that what is called "human nature" is, in the main, the result of custom and tradition and education.

= _____

2. War is part of human nature, and human nature cannot be changed.

= _____

B. 다음 문장을 끊어 읽기를 해 보세요.

1. If war means the end of man, we must sigh and submit.

2. If the world could live for a few generations without war, war would come to seem as absurd as dueling has come to seem to us.

C. 아래의 원급 비교의 의미를 참조하여 밑에 주어진 우리말 해석에 맞게 단어를 바르게 배열하세요.

> 보기
>
> ▸Sam is 14 years old. (Sam은 14살이다.)
> ▸Mike is 14 years old, too. (Mike도 14살이다.)
> ➡ Sam is as old as Mike. (Sam은 Mike만큼 나이를 먹었다.)

1. [this toaster / as / good / you / bought / the one / as / at / the department store / is]
   (이 토스터기는 당신이 백화점에서 산 것만큼이나 좋다.)

➡ _____

2. [my / was / as / a / grandfather / busy / as / bee]
   (나의 할아버지는 벌만큼이나 분주하셨다.)

➡ _____

인문
사회

Chapter 04 정치와 경제

Another difference in the concept of justice lies in various societies' ideas of what laws are. In the West, people consider "laws" quite different from "customs." There is also a great contrast between "sins (breaking religious laws)" and "crimes (breaking laws of the government)." In many non-Western cultures, on the other hand, there is little separation of customs, laws, and religious beliefs; in other cultures, these three may be quite separate from one another, but still very much different from those in the West. For these reasons, an action may be considered a crime in one country, but be socially acceptable in others.

Vocabulary

justice Ⓝ 정의 **consider** Ⓥ 간주하다, 여기다 **custom** Ⓝ 관습, 풍습 **contrast** Ⓝ 차이, 대조, 대비 **sin** Ⓝ 죄악 **separation** Ⓝ 분리 **acceptable** Ⓐ 용인되는, 받아들여지는

Analysis of Sentence

Another difference in the concept of justice lies in various societies' ideas of <u>what laws are</u>.

[전치사의 목적어 역할을 하는 간접의문절과 의문사 what] 의문사가 이끄는 간접의문절은 전치사 of의 목적어 역할을 할 수 있는 명사절이다. 여기서 의문사 what은 간접의문절의 보어이며 의문사의 의미를 살려 '무엇인지'로 해석한다.

정의의 개념에 있어서 또 하나의 차이점은 법이란 무엇인가에 대해 여러 다양한 사회들이 갖고 있는 관념에 놓여 있다. 서양에서, 사람들은 '법'을 '관습'과는 전혀 다른 것으로 간주한다. 또한 '죄악(종교적 계율을 어기는 것)'과 '범죄(정부의 법률을 위반하는 것)' 사이에도 현저한 차이가 있다. 이에 반해, 많은 비(非)서양 문화들에서는, 관습과 법 그리고 종교적 신앙이 거의 분리되지 않는다; 또 다른 문화들에서, 이 세 가지가 완전히 분리될지도 모르지만, 여전히 서양에서의 그것들과는(세 가지와는) 매우 다르다. 이런 이유로 해서, 어떤 행위가 한 국가에서는 범죄로 간주될지도 모르지만, 다른 국가들에서는 사회적으로 용인될 수 있다.

Quick Check

A. 다음 문장을 주어(S), 동사(V), 보어(C), 목적어(O), 수식어구(Q) 등으로 구분하고, 해석해 보세요.

1. In the West, people consider "laws" quite different from "customs."

= _____

2. There is also a great contrast between "sins (breaking religious laws)" and "crimes (breaking laws of the government)."

= _____

B. 다음 문장을 끊어 읽기를 해 보세요.

1. In many non-Western cultures, on the other hand, there is little separation of customs, laws, and religious beliefs.

2. For these reasons, an action may be considered a crime in one country, but be socially acceptable in others.

C. 아래 예시를 확인하고, 샘플을 참조하여 두 문장을 연결하세요.

> 예시
>
> 직접의문문이 다른 문장의 일부분(목적어)으로 들어가서 명사절로 쓰이는 경우를 간접의문문이라 하며, 간접의문문은 〈의문사 + 주어 +동사〉 어순이 되는 것을 주의한다.
>
> ⓔ Do you remember + When is his birthday? ➡ Do you remember when his birthday is?

1. Can you tell me? + Where is the post office?

➡ _____

2. I don't know. + What am I doing now?

➡ _____

One of the most powerful indictments of capitalism is that it compels us to invest most of our creative energies in matters which are in fact purely utilitarian. The means of life becomes the end. Life consists in laying the material infrastructure for living. It is astonishing that in the twenty-first century, the material organization of life should bulk as large as it did in the Stone Age. The capital which might be devoted to releasing men and women, at least to some moderate degree, from the exigencies of labor is dedicated instead to the task of amassing more capital.

Vocabulary

one of Ns ~ 중의 하나 **indictment** ⓝ 고소 **capitalism** ⓝ 자본주의 **compel** ⓥ 강요하다 **purely** ⓐ𝖽 순수하게 **utilitarian** ⓐ 실리적인, 실용적인 **consist in** ~에 있다 **lay** ⓥ 놓다 **infrastructure** ⓝ 기반시설 **astonishing** ⓐ 놀라운 **bulk** ⓥ 크게 보이다 **exigency** ⓝ 긴급성, 급박 **moderate** ⓐ 적절한 **to some moderate degree** 어느 적절한 정도로 **amass** ⓥ 쌓다

Analysis of Sentence

One of the most powerful indictments of capitalism is [that it compels us to invest most of our creative energies in matters which are (in fact) purely utilitarian].

1) [접속사 that] 접속사 that은 명사절을 이끌고 보어 역할을 하고 있다. that절 속의 구조는 완전하다.

2) [to부정사를 목적보어로 취하는 5형식 동사 compel] that절 속의 동사 compel은 5형식에서 to부정사를 목적보어로 취하는 동사이다.

자본주의에 대한 가장 강력한 비난 중의 하나는, 우리의 창의적인 에너지 대부분을 사실상 순전히 실용적이기만 한 일에 투자하도록 강요당한다는 것이다. 삶의 수단이 목적이 된다. 삶이 생계를 위한 물질적 기반시설을 구축하는 데 있다. 21세기에 물질을 준비하는 일이 석기시대 때만큼이나 중요한 문제가 된다는 사실은 믿기 힘든 일이다. 노동이라는 일차적인 일로부터, 적어도 적당한 정도로라도 사람들을 해방시켜 주는 데 충당될 수도 있는 자본이 그 대신 더 많은 자본을 축적하는 일에 쏟아 부어진다.

Quick Check

A. 다음 문장을 주어(S), 동사(V), 보어(C), 목적어(O), 수식어구(Q) 등으로 구분하고, 해석해 보세요.

1. One of the most powerful indictments of capitalism is that it compels us to invest most of our creative energies in matters which are in fact purely utilitarian.

= _____

2. It is astonishing that in the twenty-first century, the material organization of life should bulk as large as it did in the Stone Age.

= _____

B. 다음 문장을 끊어 읽기를 해 보세요.

1. Life consists in laying the material infrastructure for living.

2. The capital which might be devoted to releasing men and women, at least to some moderate degree, from the exigencies of labor is dedicated instead to the task of amassing more capital.

C. 밑줄 친 부분을 바꾼 표현이 문법적으로, 의미적으로 어색한 것을 찾으세요.

One of the most powerful indictments of capitalism is that ① it compels us to invest most of our creative energies in matters ② which are in fact purely utilitarian. Life ③ consists in laying the material infrastructure for living.

① it compels us to ➡ it forces us to

② matters which are in fact purely utilitarian ➡ purely "practical" matters

③ consists in ➡ is consisted in

Part 2

자연/과학

English
Reading
Comprehension

Chapter 1
인체와 건강

Smoking is very dangerous and can cause great harm to your body, even endanger your life. When you smoke, your heart beats faster than it needs to and causes your blood pressure to rise, which, eventually, can cause a heart attack or heart disease. In addition, when you smoke, the essential oxygen in your bloodstream is replaced with poisonous carbon monoxide that comes from the tobacco in the cigarette. Finally, many people have fallen asleep while smoking and have set themselves and their homes on fire, endangering their lives.

Vocabulary

dangerous ⓐ 위험한 **cause harm to** ~에 해를 유발하다 **beat** ⓥ 뛰다 **blood pressure** 혈압 **heart attack** 심장마비 **in addition** 게다가 **essential** ⓐ 필수적인 **bloodstream** ⓝ 혈류, 대동맥 **be replaced with** ~와 교체되다 **poisonous** ⓐ 유독한 **carbon monoxide** 일산화탄소 **fall asleep** 잠들다 **set something on fire** ~에 불을 붙이다 **endanger** ⓥ 위험에 빠뜨리다

Analysis of Sentence

In addition, when you smoke, the essential oxygen in your bloodstream is replaced with poisonous carbon monoxide [that comes (from the tobacco in the cigarette)].

[주격 관계대명사] 주격 관계대명사 that이 이끄는 절이 선행사인 carbon monoxide를 수식하고 있다. 관계대명사 이전의 두 문장은 다음과 같다.

- The essential oxygen in your bloodstream is replaced with poisonous carbon monoxide.
- It comes from the tobacco in the cigarette. (it = poisonous carbon monoxide)

흡연은 매우 위험하며 당신의 몸에 커다란 해를 끼칠 뿐만 아니라 당신의 삶까지 위협한다. 당신이 담배를 피울 때 당신의 심장은 필요 이상으로 빠르게 뛰며 혈압을 높여, 결과적으로 심장 마비 또는 심장 질환을 초래할 수 있다. 게다가, 담배를 피울 때 혈액 속에 있는 필수 산소가 담배 안의 담뱃잎에서 온 독성의 일산화탄소로 대체된다. 마지막으로, 많은 사람들이 담배를 피우다 졸아서 그들의 집과 그 자신에게 불을 붙이고, 그들의 목숨을 위협한다.

Quick Check

A. 다음 문장을 주어(S), 동사(V), 보어(C), 목적어(O), 수식어구(Q) 등으로 구분하고, 해석해 보세요.

1. Smoking is very dangerous and can cause great harm to your body.

= _____

2. The essential oxygen in your bloodstream is replaced with poisonous carbon monoxide.

= _____

B. 다음 문장을 끊어 읽기를 해 보세요.

1. When you smoke, your heart beats faster than it needs to.

2. Smoking causes your blood pressure to rise, which can cause a heart attack or heart disease.

C. 아래 예시를 보고 두 문장을 연결하세요.

예시

She is the lady. + I spoke to her.
➡ She is the lady whom I spoke to.

The man is my teacher. + You met him yesterday.
➡ The man whom you met yesterday is my teacher.

1. This is the boy. + I wanted to meet him.

➡ _____

2. The boy is Tom. I wanted to meet him.

➡ _____

식단과 면역체계의 관계

Roy walford, a respected gerontologist at the UCLA, believes that we may be eating ourselves to death. His studies with mice have shown that diet restriction keeps the immune system younger and far longer and maintains the body's ability to repair its own DNA. One of the main factors involved in aging is our immune system. On the other hand, the thymus, the master gland controlling maturation of white blood cells, begins to shrink after puberty and almost disappears after age 60. So the body's ability to recognize foreign invaders deteriorates, and we become more susceptible to bacterial and viral infections, and to cancer.

Vocabulary

respected ⓐ 유명한, 명망 있는 **gerontologist** ⓝ 노인학 연구가 **restriction** ⓝ 억제 **immune system** 면역체계 **maintain** ⓥ 유지하다 **repair** ⓥ 고치다, 수리하다 **factor** ⓝ 요소 **aging** ⓝ 노화 **thymus** ⓝ 흉선 **maturation** ⓝ 성숙 **gland** ⓝ 분비선 **white blood cell** 백혈구 **shrink** ⓥ 수축하다 **puberty** ⓝ 사춘기 **recognize** ⓥ 인식하다 **foreign** ⓐ 외부의 **invader** ⓝ 침입자 **deteriorate** ⓥ 악화되다 **susceptible to** ~에 취약한 **infection** ⓝ 감염 **cancer** ⓝ 암

Analysis of Sentence

Roy walford, a respected gerontologist at the UCLA, / believes [that we / may be eating ourselves / to death].

코마는 Roy walford와 그에 대한 부연인 a respected gerontologist at the UCLA를 연결하는 동격의 기능이다. 해석은 '로이 왈포드라는 UCLA의 명망 있는 노인학 연구가'라고 한다. eat ourselves / to death는 쉬운 표현 같으나 전치사 to는 여기서 일반적 의미가 아니라 결과적 용법으로 '음식 섭취가 결국 죽음에 이르게 한다'로 해석한다.

[해석] UCLA의 명망 있는 노인학 연구가인 로이 왈포드는 / ~라고 믿는다 / 우리가 / 먹는 것이 스스로 / 죽음에 이르게 한다

UCLA의 명망 있는 노인학 연구가인 로이 왈포드는 먹는 것이 우리 스스로를 죽음에 이르게 할 수도 있다고 믿고 있다. 실험쥐를 통한 그의 연구에서 식단 제한은 면역 체계를 더 젊게 지켜 주고, DNA를 회복시킬 수 있는 신체 능력을 유지시켜 준다는 것을 보여 주었다. 노화와 관련된 주된 요소 중 하나가 우리 몸의 면역 체계이다. 반면, 백혈구의 성숙을 조절하는 주요 분비선인 흉선은 사춘기 이후에 줄어들기 시작하여, 60세 이후에는 거의 사라진다. 그래서 외부 침입자(병원균)를 식별할 수 있는 신체 능력이 퇴화되고, 우리는 박테리아나 바이러스 감염 또는 암에 더욱 취약해진다.

Quick Check

A. 다음 문장을 주어(S), 동사(V), 보어(C), 목적어(O), 수식어구(Q) 등으로 구분하고, 해석해 보세요.

1. Diet restriction keeps the immune system younger and far longer and maintains the body's ability to repair its own DNA.

= _____

2. One of the main factors involved in aging is our immune system.

= _____

B. 다음 문장을 끊어 읽기를 해 보세요.

1. On the other hand, the thymus, the master gland controlling maturation of white blood cells, begins to shrink after puberty and almost disappears after age 60.

2. So the body's ability to recognize foreign invaders deteriorates, and we become more susceptible to bacterial and viral infections, and to cancer.

B. 각 문장의 빈칸에 들어갈 적절한 단어를 박스 안에서 고르세요.

respected / restriction / immune system / factor /
aging / white blood cells / deteriorate / susceptible to

1. _____ are the cells of the _____ that are involved in protecting the body against both infectious disease and foreign invaders.

2. As a consumer, you become more _____ advertising messages and impulse buys.

3. Health issues can _____ by environmental problems.

If you do not eat sweets yourselves and your child has few older friends, you may be able to prevent him or her from even finding out what a sweet is until around the second birthday. It is probably worth trying. Provided the rest of the child's diet is sensible, even this short period without sweets will help those first teeth to get a good start. But however careful you are, you are bound to meet the sweet problem by the time of that second birthday. Children see the pretty packs in stores, see the advertisements so cleverly aimed at them on television, see other children munching and sharing. Your child will want to know what they have got. Once sweets are known and recognized, he or she will demand to have some too.

Vocabulary

sweet ⓝ 사탕, 달콤한 것 **prevent A from V-ing** A가 V 못하게 하다 **find out** 알아내다 **be worth V-ing** ~하는 것은 가치 있다 **Provided(=Providing) that S V** S가 V한다면 **sensible** ⓐ 분별 있는, 양식을 갖춘 **get a good start** 시작을 잘하다 **be bound to** ~하게 되어 있다 **munch** ⓥ 군것질하다 **demand** ⓥ 요구하다

Analysis of Sentence

(If you do not eat sweets yourselves and your child has few older friends), you / may be able to / <u>prevent</u> / <u>him or her</u> / <u>from</u> even find<u>ing</u> out / what a sweet is / until around the second birthday.

[분석] 조건의 부사절을 이끄는 접속사 If절을 파악한다. prevent A from V-ing는 'A가 V 못하게 하다'라는 의미의 숙어다. 전치사 from 뒤에 있는 동사 find out의 형태에 주의하자. 의문사가 이끄는 명사절 what S V가 find out의 목적어 자리에 위치하고 있다.

[해석] (만약 당신 자신이 사탕을 먹지 않고, 아이가 더 나이 든 친구가 없다면,) 당신은 / 할 수 있을 것이다 / 예방하다 / 그 또는 그녀가(아이가) / 알아내는 것조차 / 사탕이 무엇인지 / 두 돌이 될 때까지

만일 당신 자신이 사탕을 먹지 않고 당신의 아이에게 좀 더 나이 든 친구들이 거의 없다면, 당신은 아이가 두 돌이 될 때까지 사탕이 무엇인지 알지도 못하게 할 수 있다. 그것은 시도해 볼 만한 가치가 있을 것이다. 아이의 그 밖의 식단이 올바르다면 사탕 없이 지내는 이 짧은 기간은 처음 나는 젖니가 바르게 자라도록 도울 것이다. 그러나 당신이 아무리 주의해도, 두 돌이 지날 때쯤이면 사탕 문제에 직면하지 않을 수 없다. 아이들은 상점에서 예쁜 사탕봉지를 보고, 정확히 그들을 겨냥한 TV광고를 보게 되며, 다른 아이들이 (사탕을) 아작아작 나눠 먹는 것을 보게 된다. 당신의 아이는 그 애들이 갖고 있는 것이 무엇인지 알고 싶어 할 것이다. 한번 사탕이 무엇인지 알고 인식하게 되면 그 아이도 역시 달라고 졸라 댈 것이다.

Quick Check

A. 다음 문장을 주어(S), 동사(V), 보어(C), 목적어(O), 수식어구(Q) 등으로 구분하고, 해석해 보세요.

1. You may be able to prevent your children from even finding out what a sweet is until around the second birthday.

= _____

2. This short period without sweets will help those first teeth to get a good start.

= _____

B. 다음 문장을 끊어 읽기를 해 보세요.

1. However careful you are, you are bound to meet the sweet problem by the time of that second birthday.

2. Children see the pretty packs in stores, see the advertisements so cleverly aimed at them on television, see other children munching and sharing.

C. 윗글의 내용과 일치하도록 빈칸에 가장 알맞은 것은 무엇인가요?

> Keeping your child from finding out what a sweet is is _____.

(A) easy   (B) problematic

(C) cost-saving   (D) recommendable

Muscles produce heat when the body is in motion, but when the body is at rest, very little heat is generated except by the metabolic activity of the internal organs. In fact, the internal organs are the source of most body heat. The temperature of an organ such as the liver, for example, is much higher than the overall body temperature. The blood carries heat away from the internal organs to the lung and skin, and heat is then released by the lungs through respiration and by the skin through contact with the air.

Vocabulary

muscle ⓝ 근육 **in motion** 움직이고 있는 **except** ⓟⓡⓔ ~을 제외하고 **generate** ⓥ 생성하다, 발생시키다 **metabolic** ⓐ 변화의, 교대의, 신진대사의 **liver** ⓝ 간 **respiration** ⓝ 호흡

Analysis of Sentence

The temperature of an organ such as the liver is <u>much</u> higher than the overall body temperature.

[비교급 강조] much는 비교급 higher를 강조하는 부사로, '훨씬'으로 해석한다. 비교급을 강조하는 표현에는 much, a lot, even, still, far 등이 있다.

신체가 움직일 때 근육은 열을 발생시킨다. 그러나 신체가 쉬고 있을 때 체내의 여러 기관들의 신진대사활동에 의한 열 이외에는 거의 열이 발생되지 않는다. 사실상 체내의 기관들이 신체 열 대부분의 원천이다. 가령, 간 같은 기관의 온도는 전체적인 체온보다 훨씬 높다. 혈액은 열을 체내의 기관들로부터 폐와 살갗으로 운반하며, 폐는 호흡을 통해서 그리고 살갗은 공기와의 접촉을 통해서 열을 방출한다.

Quick Check

A. 다음 문장을 주어(S), 동사(V), 보어(C), 목적어(O), 수식어구(Q) 등으로 구분하고, 해석해 보세요.

1. Muscles produce heat when the body is in motion.

= _____

2. The blood carries heat away from the internal organs to the lung and skin.

= _____

B. 다음 문장을 끊어 읽기를 해 보세요.

1. Very little heat is generated except by the metabolic activity of the internal organs.

2. Heat is then released by the lungs through respiration and by the skin through contact with the air.

C. 괄호 안의 단어를 문맥에 맞게 바른 형태로 고치세요.

1. Two lungs are (locate) near the backbone on either side of the heart.

➡ _____

2. Respiration is (drive) by different muscular systems in different species.

➡ _____

감정과 면역체계

Margaret E. Kemeny, professor of psychiatry at the University of San Francisco, has for decades done extensive research exploring the connection between our emotional life and our immune system. She found that "negative" and "positive" feelings influence the immune system in exactly the same way, as long as these feelings are permitted and expressed spontaneously. Her research showed that each feeling, when spontaneously generated and allowed, increased the activity of the immune system in general. The idea that negative feelings are harmful to us clearly does not hold up. On the contrary, the immune system apparently reacts in the same way to spontaneously created and expressed sadness as it does to joy, to anger, and to fear.

Vocabulary

psychiatry Ⓝ 정신병학, 정신의학 **decade** Ⓝ 10년 **extensive** Ⓐ 광범위한 **explore** Ⓥ 탐험하다 **connection** Ⓝ 연결 **immune system** 면역체계 **permit** Ⓥ 허용하다 **spontaneously** ⒶⒹ 자발적으로, 자연스럽게 **be harmful to** ~에게 유해하다 **hold up** 유효하다 **apparently** ⒶⒹ 분명히

Analysis of Sentence

She <u>found</u> [<u>that</u> "negative" and "positive" feelings influence the immune system in exactly the same way].
    v   o

[명사절 접속사 that] 명사절 접속사에는 대표적으로 that, what, 의문사 등이 있다. that절의 경우 완벽한 문장이 따르는 반면, what은 불완전한 문장이 오고, 의문사는 종류에 따라 달라진다. that의 경우 '~하는 것'으로 해석하며, 주어, 보어, 목적어(전치사의 목적어는 안 됨) 자리에 위치한다.

샌프란시스코 대학의 정신의학 교수인 마거릿 E.케메니는 수십 년간 우리의 감정생활과 면역체계 사이의 관계를 연구하는 광범위한 연구를 행해 왔다. 그녀는 '부정적' 그리고 '긍정적' 감정이 자연스럽게 허용되고 표출되었을 때, 면역체계에 정확하게 동일한 방식으로 영향을 미친다는 것을 발견했다. 그녀의 연구는 각각의 감정이 자연스럽게 만들어지고 허용되었을 때, 일반적으로 면역체계의 활동을 증가시켰다는 것을 보여 주었다. 부정적 감정이 우리에게 해롭다는 생각은 유효하지 않다. 반대로, 면역체계는 분명 기쁨, 분노 그리고 두려움에 반응한 것처럼 자연스럽게 만들어지고 표현된 슬픔에 동일한 방식으로 반응했다.

Quick Check

A. 다음 문장을 주어(S), 동사(V), 보어(C), 목적어(O), 수식어구(Q) 등으로 구분하고, 해석해 보세요.

1. Margaret E. Kemeny has for decades done extensive research exploring the connection between our emotional life and our immune system.

= _____

2. "Negative" and "positive" feelings influence the immune system in exactly the same way.

= _____

B. 다음 문장을 끊어 읽기를 해 보세요.

1. Each feeling, when spontaneously generated and allowed, increased the activity of the immune system in general.

2. The immune system apparently reacts in the same way to spontaneously created and expressed sadness as it does to joy, to anger, and to fear.

C. 빈칸에 들어갈 표현을 괄호 안의 단어에서 골라 넣으세요.

deliberate / spontaneous / immune system / explore / export

1. The _____ is the body's defense against infectious organisms and other invaders.

2. Yale scientists apply new tools to _____ mysteries of the immune system.

3. Immune cells undergo "_____" changes on a daily basis that could lead to cancers if not for the diligent surveillance of our immune system.

During the early 1980s, a team of Italian scientists carried out a series of studies of the ticklishness of people under a variety of circumstances. The researchers found that people seem to have one foot that is more ticklish than the other — and for most people it is the right. The experiment was repeated in 1998 using a special way that a pointed nylon rod was stroked across the sole of the foot three times at intervals of a second. After applying it to thirty-four people the researchers confirmed the original finding and pushed back the frontiers of knowledge still further by showing that males were more ticklish than females. One suggested explanation is that the left side of the brain, which detects stimuli applied to the right foot, is associated with positive emotions, such as laughter.

Vocabulary

carry out 수행하다, 실생하다 **a series of** 일련의 **ticklishness** ⓝ 간지럼 **circumstance** ⓝ 상황 **pointed** ⓐ 뾰족한 **stroke** ⓥ 쓰다듬다, 어루만지다 **sole** ⓝ 발바닥 **interval** ⓝ 간격 **confirm** ⓥ 확인하다 **push back the frontier** 경계를 넓히다 **explanation** ⓝ 설명 **detect** ⓥ 감지하다 **stimulus** ⓝ 자극(pl. stimuli) **be associated with** ~와 연관되다

Analysis of Sentence

(After apply**ing** it to thirty-four people) the researchers confirmed the original finding and (**they**) pushed back the frontiers of knowledge still further by showing that males were more ticklish than females.

[분석] after는 전치사로 목적어를 취하기 때문에 V-ing을 취한다. 등위접속사로 인해 주어인 they가 생략되어 있다.

1980년대 초반에 이탈리아 과학자로 구성된 한 팀이 다양한 상황에서의 사람들의 간지럼에 대한 일련의 연구를 실행했다. 연구원들은 한 발이 다른 발보다 간지럼을 더 많이 타는 것으로 보이며, 대부분의 사람들에게 있어서 그것이 오른발이라는 것을 발견했다. 그 실험은 1998년에 뾰족한 나일론 막대로 1초 간격으로 사람들의 발바닥을 세 번 쓰다듬는 특별한 방식을 사용하여 재연되었다. 서른네 명의 사람들에게 그것을 적용한 후 연구원들은 원래의 발견이 옳음을 확인했고 남성들이 여성들보다 간지럼을 더 많이 탄다는 것을 보여 줌으로써 지식의 경계를 훨씬 더 넓혔다. 그들이 제시한 한 가지 설명은 뇌의 왼쪽 면이 오른쪽 발에 가해진 자극을 감지하는데, 그것이 웃음과 같은 긍정적 감정과 연관되어 있다는 것이다.

Quick Check

A. 다음 문장을 주어(S), 동사(V), 보어(C), 목적어(O), 수식어구(Q) 등으로 구분하고, 해석해 보세요.

1. A team of Italian scientists carried out a series of studies of the ticklishness of people under a variety of circumstances.

= _____

2. The left side of the brain, which detects stimuli applied to the right foot, is associated with positive emotions, such as laughter.

= _____

B. 다음 문장을 끊어 읽기를 해 보세요.

1. The researchers found that people seem to have one foot that is more ticklish than the other.

2. The experiment was repeated in 1998 using a special way that a pointed nylon rod was stroked across the sole of the foot three times at intervals of a second.

C. 괄호 안의 동사의 바른 형태를 쓰세요.

1. The experiment (repeat) in 1998 using a special way. ➡ _____

2. Recently, a team of Italian scientists (carry out) a series of studies. ➡ _____

3. A pointed nylon rod (stroke) across the sole of the foot. (과거형) ➡ _____

4. The left side of the brain detects stimuli (apply) to the right foot. ➡ _____

Recent statistics show convincingly that jogging is saving the lives of many Americans. Of the 12.5 million who jog at least 10 miles a week, 78 percent have a pulse rate and blood pressure lower than nonjoggers at the same age have. Estimates indicate that these joggers can expect to live to an average age of 77 more than three years longer than the average age of their contemporaries. Dr. Hans Corpuscle says that joggers are the healthiest single group of people in America today.

Vocabulary

convincingly [ad] 확실하게 **contemporary** [n] 동시대의 사람 **pulse** [n] 맥박 **blood pressure** 혈압 **indicate** [v] 나타내다, 드러내다

Analysis of Sentence

Recent statistics show convincingly [that jogging is saving the lives of many Americans].

[명사절 that절] 타동사 show의 목적어 자리에 명사절 that절이 위치하고 있다. that절 이후 완벽한 문장이 따르고, '~하는 것'으로 해석한다. 기본적으로 that절은 명사에 해당하므로 주어, 보어, 목적어(단, 전치사 다음의 목적어 자리에는 올 수 없음) 자리에 모두 위치할 수 있다.

최근의 통계는 조깅이 많은 미국인들의 수명을 연장시키고 있음을 설득력 있게 보여 준다. 일주일에 최소한 10마일을 조깅하는 1,250만 명의 사람들 중에서, 78퍼센트의 사람들이 조깅을 하지 않는 같은 나이의 사람보다도 맥박과 혈압이 더 낮다. (그 통계를 보면) 조깅을 하는 사람들은 평균적으로 동년배의 평균 연령보다 3살이나 더 많은 나이인 77세까지 살 수 있을 것으로 추정되고 있다. 한스 커퍼슬 박사는 조깅하는 사람들이 오늘날 미국에서 미혼 중에 가장 건강한 집단이라고 말한다.

Quick Check

A. 다음 문장을 주어(S), 동사(V), 보어(C), 목적어(O), 수식어구(Q) 등으로 구분하고, 해석해 보세요.

1. Recent statistics show convincingly that jogging is saving the lives of many Americans.

= _____

2. Of the 12.5 million who jog at least 10 miles a week, 78 percent have a lower pulse rate and blood pressure.

= _____

B. 다음 문장을 끊어 읽기를 해 보세요.

1. Estimates indicate that these joggers can expect to live to an average age of 77 more than three years longer than the average age of their contemporaries.

2. Dr. Hans Corpuscle says that joggers are the healthiest single group of people in America today.

C. 아래 우리말에 맞도록 비교급 문장을 영작하세요.

1. 그는 탐보다 3살 이상 많다.
= He is _____ _____ _____ _____ _____ than Tom.

2. 조깅을 하는 사람은 같은 나이대의 그렇지 않은 사람보다 평균 3살 더 오래 산다.
= Joggers live _____ _____ _____ _____ _____ than non-joggers at the same age.

People who must endure loud environments may risk more than their ears. Studies show they can suffer elevated levels of cholesterol and more stomach ulcers, high blood pressure and more heartbeat abnormalities than people who live and work in quieter environments. Loud noise triggers the body's "fight or flight" response — a rise in the level of adrenalin, and a subsequent increase in blood pressure and contraction of muscles.

Vocabulary

endure ⓥ 참다, 인내하다 **risk** ⓥ 위험하다, 위험에 처하다 **suffer** ⓥ ~을 받다, 당하다 **stomach ulcer** 위궤양 **abnormality** ⓝ 이상, 변칙, 비정상 **trigger** ⓥ 일으키다, 자극시키다 **flight** ⓝ 도망 **adrenalin** ⓝ 아드레날린 **subsequent** ⓐ 다음의, 연이어 일어나는 **contraction** ⓝ 수축

Analysis of Sentence

People [who must endure loud environments] may risk more than their ears.

[주격 관계대명사 who와 관계사절의 후치 수식] 주격 관계대명사 who가 이끄는 절은 형용사절로, 선행사 people을 후치 수식한다. 이때 관계사절 속의 구조는 주어가 없는 불완전한 구조이다.

시끄러운 환경을 견뎌야 하는 사람들은 자신들의 귀보다도 더 많은 위험에 처한 것일 수 있다. 연구에 의하면, 그들은 더 조용한 환경에서 살며 일하는 사람들보다 높은 콜레스테롤과 더 많은 위궤양, 고혈압 그리고 심장박동 이상을 보인다. 큰 소음은 신체의 '투쟁 혹은 도피' 반응(갑작스러운 반응에 맞설 것인지 도망칠 것인지에 대한 본능적인 반응)을 작동시키는데 이는 아드레날린 수치 상승, 이에 따른 혈압의 상승, 근육 수축을 가리킨다.

Quick Check

A. 다음 문장을 주어(S), 동사(V), 보어(C), 목적어(O), 수식어구(Q) 등으로 구분하고, 해석해 보세요.

1. People who must endure loud environments may risk more than their ears.

= _____

2. Studies show they can suffer elevated levels of cholesterol.

= _____

B. 다음 문장을 끊어 읽기를 해 보세요.

1. They can suffer more stomach ulcers, high blood pressure and more heartbeat abnormalities than people who live and work in quieter environments.

2. Loud noise triggers the body's "fight or flight" response — a rise in the level of adrenalin, and a subsequent increase in blood pressure and contraction of muscles.

C. 괄호 안의 관계사 중 적절한 것을 고르세요.

1. The man (who / which / whose) house we stayed in is my uncle.

= _____

2. At first, I couldn't tell (who / which / whose) he was, but then I recognized him.

= _____

3. His last book, (who / which / whose) I didn't read, was very successful.

= _____

Basic emotions, such as fear, are regulated in part of the brain called the limbic system. These emotions, along with the limbic system, are shared by all mammals. Social emotions such as compassion, shame and guilt, however, are confined to a small number of species. And they are most strongly expressed in man. They are associated with a particular part of the prefrontal cortex, an area of the brain that is much bigger in humans than in other mammal species.

Vocabulary

limbic system (생물) 대뇌 변연계(인체의 기본적인 감정. 욕구 등을 관장하는 신경계) **compassion** ⓝ 동정(심), 연민(shame) 치욕 **be confined to** ~에 틀어박혀 있다; ~에 국한되어 있다 **prefrontal cortex** 전두피질, 전전두엽

Analysis of Sentence

They are associated with a particular part of the prefrontal cortex, an area of the brain [that is **much bigger** in humans **than** in other mammal species].

[분석] 관계사절은 형용사절이므로 an area of the brain을 후치 수식하고 있으며 관계사 that절 속의 구조는 주어가 없는 불완전한 구조이다. 관계사절 속의 동사는 선행사의 수에 일치시켜 단수 동사인 is가 위치하고 있다. much는 비교급인 bigger를 강조하는 부사이다. 비교급 than에서는 전치사구 in humans와 in other mammal species가 병렬구조를 이루고 있다.

두려움과 같은 기본적인 감정들은 대뇌 변연계라 불리는 뇌의 부분에서 조절된다. 이러한 (기본적) 감정들은 대뇌 변연계와 더불어 모든 포유동물들에게서 공유된다. 그러나 동정심, 수치심 그리고 죄책감과 같은 사회적 감정들은 소수의 종들에게만 국한되어 있다. 그리고 인간에게서 가장 강하게 나타난다. 그것들은 다른 포유동물 종들보다 인간에게서 훨씬 더 큰 뇌의 한 영역인 전두피질이라는 특정 부분과 관련이 있다.

Quick Check

A. 다음 문장을 주어(S), 동사(V), 보어(C), 목적어(O), 수식어구(Q) 등으로 구분하고, 해석해 보세요.

1. These emotions, along with the limbic system, are shared by all mammals.

= _____

2. Social emotions such as compassion, shame and guilt, however, are confined to a small number of species.

= _____

B. 다음 문장을 끊어 읽기를 해 보세요.

1. Basic emotions, such as fear, are regulated in part of the brain called the limbic system.

2. They are associated with a particular part of the prefrontal cortex, an area of the brain that is much bigger in humans than in other mammal species.

C. 아래 제시문의 that과 같은 용법으로 쓰인 것은 무엇인가요?

They are associated with a particular part of the prefrontal cortex, an area of the brain that is much bigger in humans than in other mammal species.

(1) She warned me that I should be more careful.
(2) There was no hope that she would recover her health.
(3) This is the most interesting story that I have read.
(4) It was at the station that I met her.

Different regions of the brain have different jobs. If there is any damage to the part of the brain known as Broca's area, a person will have trouble pronouncing words. Similarly, if there is damage to the part of the brain called Wernicke's area, a person will have problems remembering certain words. The part of the brain called the cerebellum is concerned with controlling bodily position and motion.

Vocabulary

damage ⓝ 손해, 손상 **similarly** ⓐ유사하여, 비슷하여 **have trouble V-ing** ~하는 데 어려움을 겪다 **pronounce** ⓥ 발음하다 **cerebellum** ⓝ 소뇌 **region** 지역, 영역 **pronounce** ⓥ 발음하다, 선언하다 **be concerned with** ~와 관련되다

Analysis of Sentence

[If there **is** any damage to the part of the brain known as Broca's area], a person **will have** trouble pronouncing words.

[시간, 조건의 부사절은 현재가 미래를 대용한다] if절이 조건의 부사절을 이끌고 있다. 이때 주절의 시제가 미래라도 if절 속은 will 을 쓸 수 없다. 현재시제로 미래시제를 대용한다.

뇌의 서로 다른 영역은 각기 다른 일을 수행한다. 브로카의 영역으로 알려진 부위에 손상이 생기면, 단어를 발음하는 데에 문제가 생길 것이다. 마찬가지로 베르니케의 영역이라 불리는 부위에 손상이 있으면, 단어를 기억하는 데에 문제가 생길 것이다. 소뇌라 불리는 뇌의 한 부분은 신체의 위치와 운동을 조절하는 데 관여한다.

Quick Check

A. 다음 문장을 주어(S), 동사(V), 보어(C), 목적어(O), 수식어구(Q) 등으로 구분하고, 해석해 보세요.

1. Different regions of the brain have different jobs.

= _____

2. If there is any damage to the part of the brain known as Broca's area, a person will have trouble pronouncing words.

= _____

B. 다음 문장을 끊어 읽기를 해 보세요.

1. Similarly, if there is damage to the part of the brain called Wernicke's area, a person will have problems remembering certain words.

2. The part of the brain called the cerebellum is concerned with controlling bodily position and motion.

C. 아래 예시를 읽고, 괄호 안의 단어를 바른 형태로 고치세요.

> 예시
> 1. 주격보어
>   ① He stood leaning against the wall. (능동)
>   ② The news soon became widely known. (수동)
>   ①의 문장에서 주어인 He가 벽에 기대서 서 있는 능동의 개념이므로 V-ing을 취하고, ②의 경우 the news는 사람들에 의해서 들려지게 되므로 V-ed로 표현한다.
> 2. 목적격 보어
>   They kept me waiting long. (능동, 진행)
>   목적어 me와 목적보어 wait는 능동의 관계인 동시에 진행의 의미가 함께 있으므로 waiting이 정답이다.

1. An old man sat (surround) by the children. ➡ _____

2. I heard my name (call). ➡ _____

3. He wants it (do) at once. ➡ _____

The dengue virus is contracted through contact with mosquitoes, and nearly half of the world's population is at risk of infection. Symptoms of the disease can vary widely, including pain behind the eyes and in the joints, nausea, and rash. Most patients can recover with rest and by staying hydrated, but some develop a severe condition. Presently, there is no cure for the disease, and no vaccines exist to prevent infection.

Vocabulary

dengue ⓝ 뎅기열 **contract** ⓥ (병에) 걸리다; 수축하다 **nausea** ⓝ 메스꺼움 **rash** ⓝ 발진 **acute** ⓐ 격심한, 극심한 **endemic** ⓐ 풍토병 **at risk of** ~에 걸릴 위험이 있는 **infection** ⓝ 감염, 전염 **recover** ⓥ 회복하다 **stay hydrated** 탈수되지 않은 상태를 유지하다 **develop** ⓥ (병 따위가) 진전하다 **severe** ⓐ 심각한 **condition** ⓝ 상태 **cure** ⓝ 치료(책) **prevent** ⓥ 예방하다

Analysis of Sentence

Symptoms of the disease can vary widely, (including pain behind the eyes and in the joints, nausea, and rash).

[문미의 분사구문] 의미상 주어를 먼저 찾도록 한다. 주절의 주어, 앞의 명사, 앞 절, 일반인 순의 빈도수로 생각하고 해석으로 찾는다. 생략된 접속사의 의미는 동시동작이나 연속동작으로 생각하고 해석한다. including ~의 의미상 주어는 주절의 주어인 Symptoms of the disease이며 V-ing형 분사구문은 능동으로, p.p형 분사구문은 수동으로 해석한다.

뎅기열 바이러스는 모기와의 접촉으로 발발하며, 세계 인구의 절반 가까이 감염 위험에 놓여 있다. 이 질병의 증상은 다양한데, 눈 뒤쪽과 관절의 통증이나, 역겨움, 발진을 포함한다. 많은 환자들은 수산화된(탈수되지 않은) 상태에서 휴식을 취함으로써 회복할 수 있으나, 심각한 상황으로 진전되기도 한다. 현재로서는 치료책이 없으며, 감염을 예방할 어떤 백신도 없다.

Quick Check

A. 다음 문장을 주어(S), 동사(V), 보어(C), 목적어(O), 수식어구(Q) 등으로 구분하고, 해석해 보세요.

1. Symptoms of the disease can vary widely, including pain behind the eyes and in the joints, nausea, and rash.

= _____

2. Presently, there is no cure for the disease, and no vaccines exist to prevent infection.

= _____

B. 다음 문장을 끊어 읽기를 해 보세요.

1. The dengue virus is contracted through contact with mosquitoes, and nearly half of the world's population is at risk of infection.

2. Most patients can recover with rest and by staying hydrated, but some develop a severe condition.

C. 아래 문장의 빈칸에 들어갈 표현을 박스 안에 넣으세요.

at risk / with rest / to prevent / contact with

1. As with all diseases, certain groups will be more _____ than others.

2. Like AIDS, it is often transmitted through _____ the blood of infected persons.

3. The pain typically subsides _____.

4. Workers capped an oil well _____ oil from spilling.

Not everyone is sold on probiotics. The U.S. Food and Drug Administration is relatively neutral, using the growing popularity of the products as an opportunity to caution manufacturers not to pitch the foods as some sort of panacea for any specific disease. More important, some people should avoid the products altogether. Those with weakened immune systems or who are critically ill would be well advised to stay away from eating live bacteria. Certainly anyone in the hospital would also count.

Vocabulary

be sold on ~ 에 열광하다 **probiotic** ⓝ 생균제(살아 있는 박테리아 등을 넣어 만든 식품류) **neutral** ⓐ 중립적인 **caution** ⓥ 경고하다 **pitch** ⓥ 홍보하다, (상품 서비스 등이 특정 집단을) 겨냥하다 **panacea** ⓝ 만병통치약 **immune system** 면역체계 **stay away with** ~을 멀리하다 **count** ⓥ 포함하다

Analysis of Sentence

Not everyone is sold on probiotics.

[부분부정] all, every, both, always, necessarily 등의 앞에 not이 놓이면 부분부정의 의미를 갖는다. 〈Not everyone + 동사〉의 해석은 '모두가 ~한 것은 아니다'로 해석한다.

ⓔ Both of my parents could speak English. 나의 부모 둘 다 영어를 말할 수 있는 것은 아니었다. (한 분만 영어를 하셨다는 말)

모두가 생균제에 열광하는 것은 아니다. 미국 식약청(FDA)은 상대적으로 중립적인 입장에서, 생균제의 인기가 늘고 있는 것을 기회로 삼아, 생균제 제조업체들에게 그 식품(생균제)을 특정 질병에 대한 일종의 만병통치약으로 홍보하지 않도록 주의를 주고 있다. 더욱 중요한 것은 어떤 사람들은 생균제를 전혀 먹지 말아야 한다는 것이다. 면역체계가 약화되었거나 치명적인 질병을 앓고 있는 사람들은 살아 있는 박테리아를 멀리하도록 충고해 주는 것이 좋을 것이다. 분명 병원에 있는 사람들도 그런 충고를 받아야 할 사람에 포함될 것이다.

Quick Check

A. 다음 문장을 주어(S), 동사(V), 보어(C), 목적어(O), 수식어구(Q) 등으로 구분하고, 해석해 보세요.

1. Not everyone is sold on probiotics.

= _____

2. Those with weakened immune systems or who are critically ill would be well advised to stay away from eating live bacteria.

= _____

B. 다음 문장을 끊어 읽기를 해 보세요.

1. The U.S. Food and Drug Administration is relatively neutral, using the growing popularity of the products as an opportunity to caution manufacturers not to pitch the foods as some sort of panacea for any specific disease.

2. Certainly anyone in the hospital would also count.

C. 제시된 문장의 의미 해석이 올바르지 않은 것은 무엇인가요?

(1) Not everyone came to the party. ➡ 모든 사람이 파티에 온 것은 아니었다.
(2) I don't always go shopping on Sundays. ➡ 나는 일요일에 항상 쇼핑 가는 건 아니다.
(3) Both of my parents are not fat. ➡ 부모님 두 분 다 뚱뚱하시지 않다.
(4) None of them are smart. ➡ 그들 전부 똑똑하지 않다.

AIDS — acquired immune deficiency syndrome — was first reported in the United States in 1981 and has since become a major worldwide epidemic. AIDS is caused by the human immunodeficiency virus(HIV). By killing or impairing cells of the immune system, HIV progressively destroys the body's ability to fight infections and certain cancers. Individuals diagnosed with AIDS are susceptible to life-threatening diseases called opportunistic infections, which are caused by microbes that usually do not cause illness in healthy people.

Vocabulary

AIDS 후천성 면역 결핍증(= Acquired Immune Deficiency Syndrome) **acquired** ⓐ 후천적인 **immune** ⓐ 면역의 **deficiency** ⓝ 결핍, 부족 **syndrome** ⓝ 증상, 징후 **epidemic** ⓝ 풍토병, 전염병 **impair** ⓥ 손상시키다 **diagnose** ⓥ 진단하다 **threatening** ⓐ 위협하는 **opportunistic** ⓐ 기회주의적인 **microbe** ⓝ 세균, 병원균 **progressively** ⓐⅾ (꾸준히) 계속해서 **susceptible** ⓐ 민감한

Analysis of Sentence

By **killing** or **impairing** cells of the immune system), HIV progressively destroys the body's ability to fight infections and certain cancers.

[전치사의 목적어 동명사: 명사를 수식하는 현재분사] 〈전치사 + V-ing + 명사〉의 구조는 〈전치사 + 동명사 + 동명사의 목적어〉, 〈전치사 + 명사를 수식하는 현재분사 + 명사〉 중 하나이다. 해석을 통해서 V-ing의 정체를 파악하도록 한다. 여기서 By killing or impairing cells (of the immune system)는 〈전치사 + 동명사 + 동명사의 목적어〉이다.

에이즈, 즉 후천성 면역 결핍 증후군은 1981년 미국에서 처음으로 보고되었으며 그 후 전 세계적으로 주요 전염병이 되었다. 에이즈는 인간 면역결핍 바이러스인 HIV에 의해서 발생된다. HIV는 면역 시스템의 세포들을 죽이거나 손상시킴으로써 전염병을 퇴치하거나 암을 물리치는 신체의 능력을 파괴한다. 에이즈 진단을 받은 사람들은 기회감염이라 불리는 생명을 위협하는 질병에 걸리기 쉬운데, 이런 병들은 보통 건강한 사람에게서는 질병을 일으키지 못하는 세균에 의해서 발생한다.

Quick Check

A. 다음 문장을 주어(S), 동사(V), 보어(C), 목적어(O), 수식어구(Q) 등으로 구분하고, 해석해 보세요.

1. AIDS — acquired immune deficiency syndrome — was first reported in the United States in 1981 and has since become a major worldwide epidemic.

= _____

2. By killing or impairing cells of the immune system, HIV progressively destroys the body's ability to fight infections and certain cancers.

= _____

B. 다음 문장을 끊어 읽기를 해 보세요.

1. AIDS — acquired immune deficiency syndrome — was first reported in the United States in 1981 and has since become a major worldwide epidemic.

2. Individuals diagnosed with AIDS are susceptible to life-threatening diseases called opportunistic infections, which are caused by microbes that usually do not cause illness in healthy people.

C. 아래 문장의 빈칸에 들어갈 표현을 박스 안에 넣으세요.

acquired / deficiency / epidemic / impair / threatening

1. Cats are _____ the lives of the birds there.

2. he has _____ considerable reputation by his lecture.

3. Alcohol can _____ your driving ability.

4. Vitamin _____ can lead to illness.

5. The _____ resulted in a great loss of life.

Fewer kids are getting antibiotic prescriptions these days. In fact, children with colds are considerably less likely to be given an antibiotic than they were just seven years ago, reports David Nash, a pediatrician with the University of Pittsburgh School of Medicine. The report discusses the emergence of resistant bacteria from ever-prescribing and inappropriate antibiotic use. Efforts are now focused on cutting back on prescribing antibiotics for conditions that are not likely to respond to them. Nash found that in 1998, almost half of the children with respiratory infections were treated with antibiotics even though the conditions are known to be caused by viruses rather than bacteria. Physicians, parents, and patients need to dampen their enthusiasm.

Vocabulary

antibiotic ⓝ 항생제 **pediatrician** ⓝ 소아과 전문의(= a doctor who treats children) **resistant** ⓐ ~에 견딜 수 있는, 내성이 생긴 **respiratory** ⓐ 호흡기의 **dampen** ⓥ 줄이다 **considerably** ⓐ 상당히 **emergence** ⓝ 출현 **inappropriate** ⓐ 부적절한 **infection** ⓝ 감염 **cut back** 축소하다, 삭감하다 **enthusiasm** ⓝ 열정

Analysis of Sentence

In fact, children with colds are considerably <u>less likely</u> to be given an antibiotic <u>than</u> they were just seven years ago.

[비교급 구문에서 than 뒤의 생략] 접속사 than은 '~보다'의 의미이며 than 뒤는 앞의 내용과 중복되는 내용의 생략이 발생한다. 생략되기 전은 아래와 같다.

than they were (likely to be given an antibiotic) just seven years ago

요즘 들어, 항생제 처방을 받는 아이들이 더욱 줄어들고 있다. 사실 7년 전과 비교하면 감기에 걸린 아이들이 항생제 처방을 받을 확률은 현저히 낮아졌다고 피츠버그 약학대학교의 데이빗 내시 소아과 의사가 보고한다. 내시의 보고서는 항생제의 과다 처방과 부적절한 사용에 따른 내성 박테리아 출현에 대해 다루고 있다. 요즘은 항생제에 반응하지 않는 질병에 대한 항생제 처방을 줄이는 데 많은 노력을 기울이고 있다. 내시의 보고서에 따르면, 1998년에는 호흡기 감염 증상을 보이는 아동의 절반 정도가 박테리아가 아닌 바이러스 때문에 감염되었는데도 불구하고 항생제 치료를 받았다고 한다. 의사와 부모, 환자들은 항생제에 대한 열정을 줄여야 한다.

Quick Check

A. 다음 문장을 주어(S), 동사(V), 보어(C), 목적어(O), 수식어구(Q) 등으로 구분하고, 해석해 보세요.

1. The report discusses the emergence of resistant bacteria from ever-prescribing and inappropriate antibiotic use.

= _____

2. Efforts are now focused on cutting back on prescribing antibiotics for conditions that are not likely to respond to them.

= _____

B. 다음 문장을 끊어 읽기를 해 보세요.

1. In fact, children with colds are considerably less likely to be given an antibiotic than they were just seven years ago, reports David Nash, a pediatrician with the University of Pittsburgh School of Medicine.

2. Nash found that in 1998, almost half of the children with respiratory infections were treated with antibiotics even though the conditions are known to be caused by viruses rather than bacteria.

C. 다음 영영풀이에 맞는 단어를 보기에서 골라 괄호 안에 쓰세요.

보기

antibiotic / resistant / respiratory / dampen / emergence / inappropriate

1. relating to breathing (   )
2. not useful or suitable for a particular situation or purpose (   )
3. medical drugs used to kill bacteria and treat infections (   )

065 인공수정

Though old enough to be grandmas, there's no medical reason why healthy women in their 50s should be prevented from having babies with donated eggs, according to a recent study. The study looked at 77 women who participated in the University of Southern California's assisted-reproduction program between 1991 and 2001. It found that there were no infant or mother deaths and no serious health problems in the babies. The older women were likely to have Caesarean births and faced high rates of pregnancy-induced diabetes and high blood pressure. But, those conditions are temporary, treatable and not reason enough to exclude them from trying to get pregnant, the researchers said.

Vocabulary

egg ⓝ 난자, 난세포 **menopause** ⓝ 폐경 **post menopausal** 폐경 이후의 **reproduction** ⓝ 생식(작용), 번식 **cesarean birth** 제왕절개 **natural childbirth** 자연분만 **high blood pressure** 고혈압 **silent killer** 특정 자각 증상이 없어서 **donated** ⓐ 기증된 **participate** ⓥ 참여하다 **assisted-reproduction** 인공수정 **infant** ⓝ 아기, 유아 **diabetes** ⓝ 당뇨병 **temporary** ⓐ 일시적인

Analysis of Sentence

Though old enough to be grandmas, there's no medical reason [why healthy women (in their 50s) should be prevented (from having babies) (with donated eggs)], according to a recent study.

[관계부사 why가 이끄는 관계사절] 형용사절 역할을 하므로 선행사 no medical reason을 후치 수식하고 있다. 관계부사는 관계 사절 속의 부사이므로 관계사절 속의 구조는 완전하다.

50대는 할머니가 될 수 있는 나이지만, 건강한 여성이라면 난자를 기증받아 임신하는 데는 의학적으로 아무런 문제가 없다고 한 연구에서 밝혀졌다. 이 연구는 1991년부터 2001년까지의 남캘리포니아 대학교의 인공수정 프로그램에 참가한 77명의 여성들을 대상으로 이루어졌다. 연구 결과, 유아나 산모 사망이 한 건도 없었으며, 아기들에게도 심각한 건강상의 문제가 없었던 것으로 나타났다. 산모의 나이가 많은 경우에는 제왕절개로 출산하는 경우가 많았으며, 임신성 당뇨와 임신성 고혈압에 걸릴 가능성도 높았다. 하지만 이 같은 문제들은 일시적이고 치료가 가능하기 때문에, 나이 많은 여성들이 임신하지 못할 이유는 되지 않는다고 연구진은 말했다.

Quick Check

A. 다음 문장을 주어(S), 동사(V), 보어(C), 목적어(O), 수식어구(Q) 등으로 구분하고, 해석해 보세요.

1. It found that there were no infant or mother deaths and no serious health problems in the babies.

= _____

2. The older women were likely to have Caesarean births and faced high rates of pregnancy-induced diabetes and high blood pressure.

= _____

B. 다음 문장을 끊어 읽기를 해 보세요.

1. Though old enough to be grandmas, there's no medical reason why healthy women in their 50s should be prevented from having babies with donated eggs, according to a recent study.

2. The study looked at 77 women who participated in the University of Southern California's assisted-reproduction program between 1991 and 2001.

C. 아래 예시를 확인하고, 다음 두 문장을 관계부사를 이용하여 보기와 같이 한 문장으로 만드세요.

예시

He showed me the place. He had hidden there for an hour.
➡ He showed me the place where he had hidden for an hour.

1. Bill asked me the reason. I was moving to another town for that reason.

= _____

2. They found a wounded dolphin in the sea. People were swimming there.

= _____

Some people become blind because a part of the eye called the cornea doesn't let in enough light. The cornea becomes clouded over. These people can be made to see again, however, if they are able to get clear corneas to let in the light. The blind must get the corneas from people with healthy eyes — people who agree to let blind people use their eyes after they die.

Vocabulary

blind ⓐ 눈이 먼 **cornea** ⓝ 각막 **healthy** ⓐ 건강한(참고 healthful 기후, 토양 등이 건강한, 좋은) **cloud over** 구름이 끼다, 흐리게 만들다

Analysis of Sentence

people who agree (to let blind people use their eyes) after they die.

[to부정사와 사역동사 let] to let ~은 to부정사의 명사적 쓰임으로 목적어 역할을 하고 있다. 또한, to let은 동사 역할을 하므로 사역동사의 구조를 이끌고 있다. 사역동사 let은 5형식 구조를 이끌 때 목적보어로 동사원형 use를 취하고 있다. 목적보어 use their eyes의 의미상 주어는 목적어인 people이다.

어떤 사람들은 각막이라고 불리는 눈의 부위가 충분한 빛을 흡수하지 못하기 때문에 눈이 멀어버린다. 각막이 뿌예진다. 그러나 이러한 사람들도 빛을 흡수할 수 있는 각막을 얻을 수 있다면 다시금 시력을 회복할 수 있다. 눈이 먼 사람들은 건강한 눈을 가진 사람들 — 자신들이 죽었을 때 눈이 먼 사람들이 자신들의 눈을 사용하도록 동의한 — 로부터 각막을 얻어야 한다.

Quick Check

A. 다음 문장을 주어(S), 동사(V), 보어(C), 목적어(O), 수식어구(Q) 등으로 구분하고, 해석해 보세요.

1. Some people become blind because a part of the eye called the cornea doesn't let in enough light.

= _____

2. The cornea becomes clouded over.

= _____

B. 다음 문장을 끊어 읽기를 해 보세요.

1. These people can be made to see again, however, if they are able to get clear corneas to let in the light.

2. The blind must get the corneas from people with healthy eyes — people who agree to let blind people use their eyes after they die.

C. 아래 설명을 참고하고, 우리말에 해당하는 문장을 주어진 단어를 활용하여 영작하세요.

> **설명**
>
> ※ 사역동사: S + V + O + OC에서 목적보어 자리에 능동이면 동사원형, 수동이면 p.p(let은 be p.p)가 쓰인다.
> * let: (상대가 바라는 것을) ~하게 하다 ➡ 허락의 의미
> * have: (상대에게 부탁하여) ~하게 하다 ➡ 중립적 의미
> * make: (상대에게 강압적으로) ~하게 하다 ➡ 강제적 의미

1. I / row / had / boat / him / the. (나는 그에게 배를 젓도록 시켰다.)

= _____

2. it / to / others / makes / help / good / me / feel. (다른 사람들을 도우면 나는 기분이 좋아진다.)

= _____

3. her / father / let / to / will / the / not / her / go / dance.
   (그녀의 부친은 그녀를 댄스파티에 가게 하지 않을 거야.)

= _____

일란성 쌍둥이

When Oskar and Jack arrived to participate in a psychologist's study of identical twins reared apart, they were both wearing blue shirts, mustaches, and wire-rimmed glasses. Identical twins separated at birth, the two men, in their late 40's, had met only once before. Nonetheless, Oskar, raised as a Catholic in Germany, and Jack, reared by his Jewish father in the West Indies, proved to have much in common in their tastes and personalities, including hasty tempers and special senses of humor. They both enjoyed surprising people by sneezing in elevators.

Vocabulary

participate Ⓥ 참여(참가)하다, 관여하다(in, with) **psychologist** Ⓝ 심리학자 **identical twins** 일란성 쌍둥이 **rear** Ⓥ ~을 기르다, 재배하다; 길들이다 **mustache** Ⓝ 코밑수염, 콧수염; 동물의 수염 **rimmed** ⓐ (복합어로) ~의 테를 두른, 테의 참고 **gold-rimmed glasses** 금테 안경 **rim** Ⓝ 가장자리, 변두리; 테두리 **separate** Ⓥ ~을 분리하다, 가르다 **at birth** 태어났을 때에는 **have in common** 공통으로 ~을 가지고 있다, ~한 점에서 같다 **taste** Ⓝ 미각, 맛; 풍미; 기호 **hasty** ⓐ 성급한 **temper** Ⓝ 성격 **a sense of humor** 유머감각 **sneeze** Ⓥ 재채기하다

Analysis of Sentence

Identical twins (separated at birth), the two men, (in their late 40's), had met only once before.

1) [동격의 comma] 주어 Identical twins는 동격의 comma로 the two men과 연결되어 있다.

2) [형용사구] separated at birth는 과거분사구로 앞의 명사를, in their late 40's는 전명구로서 앞의 명사를 후치 수식하는 형용사구 역할을 하고 있다.

따로 자란 일란성 쌍둥이들에 대한 심리학자들의 연구에 참여하기 위해 오스카와 잭이 도착했을 때, 그들 둘은 모두 푸른색 셔츠를 입고 있었고, 콧수염을 기르고 있었으며, 금속 테 안경을 쓰고 있었다. 태어나면서 헤어진 일란성 쌍둥이인 두 사람은 40대 후반까지 이전에 단 한 번밖에는 만나지 않았다. 그렇지만, 독일에서 가톨릭 신자로 자란 오스카와 서인도제도에서 유태인 아버지 밑에서 자란 잭은 조급한 성격과 특별한 유머감각을 포함하여 그들의 기호와 성격에 있어 많은 공통점이 있다는 것을 보여 주었다. 그들 두 사람은 모두 엘리베이터 안에서 재채기를 하여 사람들을 놀라게 하는 것을 좋아했다.

Quick Check

A. 다음 문장을 주어(S), 동사(V), 보어(C), 목적어(O), 수식어구(Q) 등으로 구분하고, 해석해 보세요.

1. Identical twins separated at birth, the two men, in their late 40's, had met only once before.

= _____

2. They both enjoyed surprising people by sneezing in elevators.

= _____

B. 다음 문장을 끊어 읽기를 해 보세요.

1. When Oskar and Jack arrived to participate in a psychologist's study of identical twins reared apart, they were both wearing blue shirts, mustaches, and wire-rimmed glasses.

2. Nonetheless, Oskar, raised as a Catholic in Germany, and Jack, reared by his Jewish father in the West Indies, proved to have much in common in their tastes and personalities, including hasty tempers and special senses of humor.

C. 아래 문장의 빈칸에 들어갈 표현을 보기에서 골라 넣으세요. (필요 시 변형 가능)

identical twins / rear / sneeze / separate

1. No one is exactly the same not even _____.

2. The mother penguin and father penguin share the responsibility of _____ their chicks.

3. She has an allergy to cats that makes her _____.

4. Police tried to _____ the two boys who were fighting.

Evolutionary psychology, on the other hand, dwells less on genetic differences than on commonality. In this view, the world is already full of virtual clones. My next-door neighbor, or the average male anywhere on the globe, is 99.9%-accurate genetic copy of me. And paradoxically, many of the genes we share empower the environment to shape behaviour and thus make us different from one another. Natural selection has preserved these "malleability genes" because they adroitly tailor character to circumstance.

Vocabulary

emphatic ⓐ 어조가 강한, 단호한 **esoterically** [ad] 비밀스럽게, 이해하기 어렵게 **incidentally** [ad] 우연히, 부수적으로 **dwell on** ~을 찬찬히 생각해 보다, ~을 강조하다 **empower** [v] 할 수 있게 하다(= enable), 권력을 부여하다 **malleability** [n] 가소성, 가단성 **adroitly** [ad] 솜씨 좋게, 교묘하게 **tailor A to B** A를 B에 맞추어 재단하다

Analysis of Sentence

And paradoxically, many of the genes [we share] **empower** the environment to shape behaviour and thus **make** us different from one another.

1) [목적격 관계대명사의 생략] we share는 목적어가 없는 불완전한 구조이며 앞에 목적격 관계대명사가 생략된 관계사절로 선행사 many of the genes를 후치 수식하고 있다. 목적격 관계대명사는 생략 가능하다.

2) [5형식 동사 empower와 make] 동사 empower와 make는 5형식 구조를 이끌고 있다. empower는 to부정사 목적보어 to shape behaviour를, make는 형용사 목적보어 different from one another를 취하고 있다.

알아두기!

1. 5형식 구조에서 각각의 동사가 취하는 목적보어의 형태는 동사에 따라 다르다.
* to부정사 – want, ask, allow, advise, permit, urge, request, encourage, enable, expect, order, force, compel, remind, recommend, cause, lead, tell, teach, empower
* 형용사 – make, find, leave, keep, paint
* 명사 – make, call, name, elect
2. 5형식 구조에서 각각의 동사가 취하는 목적보어의 형태는 동사에 따라 다르다.
* 사역동사 – make, have, let
* 지각동사 – see, watch, observe, hear, listen to, feel, notice
* get – to부정사, ~ing
* help – (to)부정사

반면 진화론적 심리학은 유전적인 공통점보다는 그 차이점들에 대해서 덜 강조한다(즉, 공통점을 보다 중시한다). 이러한 관점에서는, 세상에는 언제나 사실상의 복제생물들로 가득 차 있다(사람들이 유전학적으로 닮았다는 말). 나의 이웃집 사람, 혹은 평균적인 이 세상 어디에 살던 모든 남성은 99.9%가 나를 유전학적으로 정확히 복사해 놓은 존재들이다. 그리고 역설적인 이야기지만, 우리가 함께 공유하는 유전자들 중 많은 것들로 인해서 환경이 우리의 행동을 형성하게 만들고 그리하여 우리를 서로서로 다르게 만든다. '가소성 유전자'들이 인간의 성격을 환경에 맞도록 솜씨 있게 재단하기 때문에 자연도태현상은 이들 가소성 유전자들을 보존해 왔던 것이다.

Quick Check

A. 다음 문장을 주어(s), 동사(v), 보어(c), 목적어(o), 수식어구(q) 등으로 구분하고, 해석해 보세요.

1. In this view, the world is already full of virtual clones.

= _____

2. Natural selection has preserved these "malleability genes" because they adroitly tailor character to circumstance.

= _____

B. 다음 문장을 끊어 읽기를 해 보세요.

1. Evolutionary psychology, on the other hand, dwells less on genetic differences than on commonality.

2. My next-door neighbor, or the average male anywhere on the globe, is 99.9%-accurate genetic copy of me.

C. 다음 중 어법상 적절한 표현을 고르세요.

1. Staying outside in the cold weather can make you (hiccup / to hiccup).

2. He forced them (bring / to bring) John to his office.

3. I heard a strange sound (coming / to come) from the box.

4. The man opened the dam and let the water (flow / to flow).

5. It enables people (exercise / to exercise) at home.

With the demand for healthy organs for transplantation growing worldwide, one social media site has already become a popular channel for people soliciting kidneys, livers, and other organs. According to recent research in which 91 pages of the website regarding kidney donations were studied, 12 percent reported receiving a kidney transplant, and 30 percent reported that potential donors had been in the process. In terms of personal information, many pages provided great details about patients who needed kidneys, including explicit medical histories and family photos. The research findings also raised ethical concerns: People who received offers to buy kidneys are mostly from Third World countries even though selling organs is illegal in most countries.

Vocabulary

demand ⓝ 수요 **organ** ⓝ 장기 **transplantation** ⓝ 이식(한 것), 이식 (수술) **worldwide** ⓐ 전 세계적인 **channel** ⓝ 경로 **solicit** ⓥ 간청하다, 얻으려고 하다 **kidney** ⓝ 신장 **liver** ⓝ 간 **regarding** ⓟⓡⓔ ~에 관하여 **donation** ⓝ 기부, 기증 **transplant** ⓝ 이식, 이식하다 **potential** ⓐ 잠재적인 **donor** ⓝ 기증자 **in terms of** ~ 면에서, ~에 관하여 **explicit** ⓐ 분명한, 솔직한 **ethical** ⓐ 윤리적인, 도덕에 관계된 **concern** ⓝ (특히 많은 사람들이 공유하는) 우려, 걱정 **offer** ⓥ 제안, 제안하다 **mostly** ⓐⓓ 주로, 일반적으로 **illegal** ⓐ 불법적인

Analysis of Sentence

With the demand for healthy organs for transplantation growing worldwide, one social media site has already become a popular channel for people soliciting kidneys, livers, and other organs.

[with 부대상황] 〈with +목적어 +현재분사〉의 형태로 목적어와 현재분사는 의미상 주술관계이며, 주절의 상황과 동시에 일어나는 상황을 나타내는 부대상황의 의미이다.

전 세계적으로 이식을 위한 건강한 장기에 대한 수요가 늘어나면서, 한 소셜 미디어 사이트는 이미 사람들이 신장, 간, 그리고 다른 장기들을 구하는 인기 있는 통로가 되었다. 그 웹사이트에서 신장 기증에 대한 91 페이지를 조사한 최근 연구에 따르면, 12%는 신장이식을 받았다고 보고했고, 30%는 잠재적인 기증자가 진행 중이었다고 말했다. 개인 정보 측면에서는 많은 페이지에서 신장을 필요로 하는 환자들에 대해 명시된 병력과 가족사진을 포함하여 세세한 정보를 아주 많이 제공하고 있었다. 그 연구 결과는 또한 윤리적인 염려도 불러일으켰다. 신장을 산다는 제안을 받아들인 사람들은 대부분 제3세계 국가 사람들이었는데, 대부분의 국가에서 장기를 파는 것은 불법이었다.

Quick Check

A. 다음 문장을 주어(S), 동사(V), 보어(C), 목적어(O), 수식어구(Q) 등으로 구분하고, 해석해 보세요.

1. The research findings also raised ethical concerns.

= _____

2. People who received offers to buy kidneys are mostly from Third World countries even though selling organs is illegal in most countries.

= _____

B. 다음 문장을 끊어 읽기를 해 보세요.

1. According to recent research in which 91 pages of the website regarding kidney donations were studied, 12 percent reported receiving a kidney transplant, and 30 percent reported that potential donors had been in the process.

2. In terms of personal information, many pages provided great details about patients who needed kidneys, including explicit medical histories and family photos.

C. 아래 설명을 참고하여 주어진 문장에서 맞는 표현을 고르세요.

> 설명
>
> ※ with 부대상황: 동시동작이나 이유를 나타낸다. with의 목적어의 행위가 능동이면 현재분사, 수동이면 과거분사, 상태인 경우 앞에 being이 생략되었다고 보고 형용사/부사(구)를 쓴다.
> ① with + O + 현재분사: ◉ She stood still with her hair flying in the wind.
> ② with + O + 과거분사: ◉ She was standing with her arms folded.
> ③ with + O + 형용사/ 부사(구): ◉ Don't stand with your hands in your pockets.

1. The man recollected the past and his parents, with his eyes (closing / closed).

2. The bride came into the room with everyone (staring / stared) at her.

3. Don't speak with your mouth (full / fully).

070

임신기간이 두뇌에 미치는 영향

Even for infants born full term, a little more time in the womb may matter. The extra time results in more brain development, and a study suggests perhaps better scores on academic tests, too. Full term is generally between 37 and 41 weeks; infants born before 37 weeks are called premature and are known to face increased chances for health and developmental problems. The children in the study were all full term, and the vast majority did fine on third-grade math and reading tests. The differences were small, but the study found that more kids born at 37 or 38 weeks did poorly than kids born even a week or two later. The finding also raises questions about hastening childbirth by scheduling caesarean deliveries for convenience rather than for medical reasons.

Vocabulary

infant ⓝ 아기 **term** ⓝ 기간 **womb** ⓝ 자궁 **matter** ⓥ 중요하다 **result in** ~를 초래하다 **development** ⓝ 발달 **developmental** ⓐ 발달단계의 **premature** ⓐ 정상보다 이른 **majority** ⓝ 대다수 **hasten** ⓥ 서둘러 하다, 재촉하다 **caesarean delivery** 제왕절개 분만 **convenience** ⓝ 편의

Analysis of Sentence

The differences were small, but the study found <u>that</u> more kids (<u>born</u> at 37 or 38 weeks) did poorly than kids (born even a week or two later).

1) [접속사 that] 접속사 that이 이끄는 명사절이 동사 found의 목적어 역할을 하고 있다. 절 속의 구조는 완전하다.

2) [과거분사구의 형용사적 쓰임] born ~이 이끄는 과거분사구가 앞의 명사를 후치 수식하고 있다. 과거분사는 수동의 의미를 갖는다.

임신기간을 꽉 채우고 태어난 아기들에게조차, 자궁 속에서 보낸 시간이 조금 더 길다는 것은 중요할 수 있다. 그 추가 시간이 더 많은 두뇌 발달을 가져오고, 한 연구에 따르면 더 나은 학업성적으로 나타난다. (자궁 속의) 충분한 시간은 일반적으로 37주에서 41주 사이이다; 37주 이전에 태어난 신생아는 미숙아라 불리며, 이후 건강 및 발달과 관련된 문제를 겪을 확률이 높은 것으로 알려져 있다. 이번 연구의 아이들은 모두 (자궁 속에서) 충분한 시간을 채우고 태어난 아이들이었으며, 이들 중 상당수는 3학년 수학 및 독해 시험에서 좋은 성적을 거두었다. 차이는 작았지만, 연구 결과 37주 혹은 38주에 태어난 아이들은 자신들보다 1주 혹은 2주 더 나중에 태어난 아이들에 비해 조금 더 낮은 점수를 기록했다. 또한, 이 결과는 의학적인 이유가 아닌 편의를 위해 제왕절개를 통해 출산일정을 앞당기는 관행에 대한 의문을 제기했다.

Quick Check

A. 다음 문장을 주어(S), 동사(V), 보어(C), 목적어(O), 수식어구(Q) 등으로 구분하고, 해석해 보세요.

1. Even for infants born full term, a little more time in the womb may matter.

= _____

2. The extra time results in more brain development, and a study suggests perhaps better scores on academic tests, too.

= _____

B. 다음 문장을 끊어 읽기를 해 보세요.

1. The children in the study were all full term, and the vast majority did fine on third-grade math and reading tests.

2. The finding also raises questions about hastening childbirth by scheduling caesarean deliveries for convenience rather than for medical reasons.

C. 아래 제시문의 that과 같은 용법으로 쓰인 것은 무엇인가요?

The study found that more kids born at 37 or 38 weeks did poorly than kids born even a week or two later.

(1) Do you drink low fat milk so that you do not gain weight?
(2) There is no doubt that he was wrong from the start.
(3) I believe that she will get on in the world.
(4) Traditional breakfasts consist of several small dishes that are both nutritious and filling.

071

In analyzing factors to induce depression, it is useful to distinguish between "life events" and "life circumstances," both of which promote stress in different ways. Stressful "life events" include divorce or loss of a spouse and loss of employment. Stress-inducing "life conditions" include single parenthood, low income, and responsibility for young children, circumstances that most often afflict the single-parent family head, who is nearly always a woman. Any particular incident of depression is likely to include elements from both categories.

Vocabulary

induce ⓥ 유발하다 **depression** ⓝ 우울(증) **distinguish** ⓥ 구분하다 **promote** ⓥ 촉진하다 **circumstance** ⓝ 환경, 상황 **stress-inducing** ⓐ 스트레스를 유발하는 **parenthood** ⓝ 어버이로서의 신 **spouse** ⓝ 배우자 **particular** ⓐ 특정한 **afflict** ⓥ 괴롭히다 **element** ⓝ 요소

Analysis of Sentence

In analyzing factors to induce depression, it is useful to distinguish between "life events" and "life circumstances," **both of which** promote stress in different ways.

[전치사의 목적격 관계대명사 which와 계속적 용법] both of which는 관계사절의 주어이며 which는 계속적 용법의 관계대명사로 of의 목적격이다. which는 "life events" and "life circumstances" 를 선행사로 하고 있다.

우울증을 유발하는 요소들을 분석함에 있어, '삶의 사건'과 '삶의 환경'을 분별하는 것이 중요한데, 이 두 가지는 다른 방식으로 스트레스를 촉진시킨다. 스트레스를 일으키는 '삶의 사건'은 이혼, 배우자의 사망, 그리고 실직을 포함한다. 스트레스를 유발하는 '삶의 조건'은 편부모, 낮은 임금, 그리고 어린 아이들에 대한 책임을 포함하는데, 이러한 환경들은 대부분 편부모 가장을 종종 괴롭히는 조건들이고, 이러한 편부모 가장은 거의 항상 여성이다. 어떠한 특정 우울증 사건이라도 이 두 가지 범주의 요소들을 포함할 가능성이 높다.

Quick Check

A. 다음 문장을 주어(S), 동사(V), 보어(C), 목적어(O), 수식어구(Q) 등으로 구분하고, 해석해 보세요.

1. Stressful "life events" include divorce or loss of a spouse and loss of employment.

= _____

2. Any particular incident of depression is likely to include elements from both categories.

= _____

B. 다음 문장을 끊어 읽기를 해 보세요.

1. In analyzing factors to induce depression, it is useful to distinguish between "life events" and "life circumstances," both of which promote stress in different ways.

2. Stress-inducing "life conditions" include single parenthood, low income, and responsibility for young children, circumstances that most often afflict the single-parent family head, who is nearly always a woman.

C. 아래 예시를 참고하여, 두 문장을 하나로 만드세요.

예시

The woman did not appear. I was waiting for her.
= The women whom I was waiting for did not appear.
= The women for whom I was waing did not appear.

The house is a very old one. I live in the house.

= _____

= _____

Part 2

자연/과학

English
Reading
Comprehension

Chapter 2
환경과 생물

Wind power is the ability to capture the wind in a way to propel the blades of wind turbines. When the blades rotate, this movement is switched into electrical current with the help of an electrical generator. In older windmills, wind energy turned mechanical machinery to do the physical work like crushing grain to make bread or pumping water to get water. Wind towers are built on wind farms, and usually there are several towers built together. In 2005, the worldwide use of wind-powered generators was less than 1% of all of the electricity use combined. There are several advantages of this energy source: there is no pollution, it never runs out, farming and grazing can still take place on the same land as the wind turbines, and wind farms can be built anywhere.

Vocabulary

capture ⓥ 잡다, 담아내다 **in a way to V** ~하는 방식으로 **propel** ⓥ 추진하다, 몰아대다 **blade** ⓝ 날개 **turbine** ⓝ 터빈 **rotate** ⓥ 돌다 **movement** ⓝ 운동 **A is switched into B** A가 B로 전환되다 **electrical current** 전류 **with the help of** ~의 도움으로 **electrical generator** 발전기 **windmill** ⓝ 풍차 **mechanical machinery** 기계장비 **crush** ⓥ 뭉개다 **grain** ⓝ 곡식 **wind farm** 풍력발전지역 **worldwide** ⓐ 전 세계의 **wind-powered** ⓐ 바람에 의해 전력이 공급되는 **pollution** ⓝ 오염 **grazing** ⓝ 방목 **take place** 발생하다, 일어나다

Analysis of Sentence

Wind towers / are built / on wind farms, / and (usually) there are several towers / **(which are)** **built together.**

[수동태와 〈주격관계대명사 + be동사〉의 생략] 주어인 wind towers는 세워지는 대상이 되므로 be built의 수동태 표현이 활용되었고, which are의 주격관계대명사와 be동사가 생략되었다. several towers를 수식하는 과거분사 형태의 built에 주의한다.
[해석] 풍력탑은 / 지어진다 / 풍력발전지역에 / 그리고 (일반적으로) 여러 탑이 있다 / 함께 지어진

풍력은 특정한 방식으로 바람을 모아 터빈의 날개를 돌리는 능력이다. 날개가 돌아갈 때, 이 움직임은 발전기의 도움을 받아 전기로 전환된다. 더 오래된 풍차에서 바람 에너지는 기계가 빵을 만들기 위해 곡식을 빻거나 물을 얻기 위해 물을 펌프하는 것과 같은 물리적 운동을 하도록 기계를 움직였다. 풍력탑은 풍력발전지역(wind farm)에 세워지고, 일반적으로 여러 개의 타워가 함께 지어진다. 2005년에 전 세계의 풍력발전기의 사용량은 모든 전기사용량의 1퍼센트에 미치지 못했다. 이 에너지원은 다양한 이득이 있다. 공해가 없으며, 절대 고갈되지 않는다. 농사와 방목이 터빈이 지어진 동일한 땅에 가능하며, 풍력발전지역은 어디서든 지을 수 있다.

자연
과학

Chapter 02 환경과 생물

Quick Check

A. 다음 문장을 주어(S), 동사(V), 보어(C), 목적어(O), 수식어구(Q) 등으로 구분하고, 해석해 보세요.

1. When the blades rotate, this movement is switched into electrical current with the help of an electrical generator.

= _____

2. Farming and grazing can still take place on the same land as the wind turbines.

= _____

B. 다음 문장을 끊어 읽기를 해 보세요.

1. Wind power is the ability to capture the wind in a way to propel the blades of wind turbines.

2. In older windmills, wind energy turned mechanical machinery to do the physical work like crushing grain to make bread or pumping water to get water.

C. 지시사항을 참고하여 괄호 안의 바른 표현을 고르세요.

> 지시사항
>
> There + be동사 + 주어 ~. (동사의 수는 be동사 뒤의 주어와 일치시킨다)
> ⓔ There are lots of books on the table.　　ⓔ There is no water left in the bottle.

1) There (is / are) no predicting what will happen in the future.

2) There (is / are) many deep holes on the Moon called craters.

073

The tropical hardwoods are being used more and more in the manufacture of a wide variety of products. In the process, say scientists and environmentalists, manufacturers are abetting in the destruction of the rain forests of Asia and Africa. International groups like World Wildlife Fund (WWF) and friends of the earth have been calling in recent months for the boycott of products made with exotic hardwoods.

Vocabulary

hardwood ⓝ 경목, 경재; 활엽수 **manufacture** ⓥ ~을 제조하다 **abet** ⓥ ~을 부추기다, 선동하다 **rain forest** 열대 우림 **boycott** ⓝ 불매운동 **exotic** ⓐ 외래의, 외국산의, 이국적인

Analysis of Sentence

The tropical hardwoods / **are being used** / more and more / in the manufacture of a wide variety of products.

[수동태] 수동태의 기본 표현은 〈be + p.p〉이다. '사용되다'의 표현은 be used이다. 반면, 진행수동의 경우 〈be being p.p〉로 표현하므로 '사용되고 있다'는 be being used가 된다.

[해석] 열대산 경목은 / 사용이 되고 있다 / 더욱 더 / 아주 다양한 상품을 제조하는 데

열대산 경목들은 다양한 제품들의 제조에 더욱 더 많이 사용되고 있다. 그 과정 중에 제조업자들이 아시아와 아프리카의 열대 우림의 파괴를 부추기고 있다고 과학자들과 환경문제 전문가들은 말한다. 세계 야생동물보호기금(WWF)과 지구를 보호하고자 하는 사람들 같은 세계적인 단체들은 최근 몇 달 동안 외국산 경목으로 만들어진 제품에 대한 불매운동을 벌여 왔다.

Quick Check

A. 다음 문장을 주어(S), 동사(V), 보어(C), 목적어(O), 수식어구(Q) 등으로 구분하고, 해석해 보세요.

1. Manufacturers are abetting in the destruction of the rain forests of Asia.

= _____

2. The tropical hardwoods are being used more and more in the manufacture of a wide variety of products.

= _____

B. 다음 문장을 끊어 읽기를 해 보세요.

1. International groups have been calling in recent months for the boycott of products made with exotic hardwoods.

2. In the process, say scientists and environmentalists, manufacturers are abetting in the destruction of the rain forests.

C. 괄호 안의 표현을 수동진행형으로 고치세요.

1. Inwardly we (renew) day by day. (현재형)

= _____

2. A man (carry) to the temple gate. (과거형)

= _____

074

낙지의 짝짓기

When a male octopus spots a female, his normally grayish body suddenly becomes striped. He swims above the female and begins caressing her with seven of his arms. If she allows this, he will quickly reach toward her and slip his eighth arm into her breathing tube. A series of sperm packets moves slowly through a groove in his arm, finally to slip into the mantle cavity of the female.

Vocabulary

spot ⓥ ~을 발견하다 **grayish** ⓐ 회색의 빛이 도는 **stripe** ⓥ ~을 줄무늬로 장식하다 **groove** ⓝ 홈 **caress** ⓥ ~을 애무하다, 어루만지다 **sperm** ⓝ 정액, 정자 **cavity** ⓝ 움푹 패인 곳, 구멍 **mantle** ⓝ 외피

Analysis of Sentence

A series of sperm packets moves slowly through a groove in his arm, (finally) to slip into the mantle cavity of the female.

[결과적 용법의 to부정사] '(마침내) ~하다'로 해석한다.

◉ Augustus is said to have wondered whether she was unfaithful, only to be reassured when all her children resembled their father.
(어거스터는 그녀가 부정한 아내가 아니었는지 의심했다고 여겨지는데, 그녀의 모든 자녀가 아버지를 닮았을 때 마침내 안심하게 되었다.)

수컷 낙지가 암컷을 발견하면, 평소 회색빛이던 몸에 갑자기 줄무늬가 생긴다. 수컷은 암컷 위로 헤엄쳐 가서 7개의 다리로 암컷을 어루만지기 시작한다. 암컷이 이를 허락하면, 수컷은 재빨리 다가가 여덟 번째 다리를 숨통에 밀어 넣는다. 잇단 정액 다발들이 천천히 팔에 있는 홈을 따라 내려가, 마침내 암컷의 외투막 구멍으로 들어간다.

Quick Check

A. 다음 문장을 주어(S), 동사(V), 보어(C), 목적어(O), 수식어구(Q) 등으로 구분하고, 해석해 보세요.

1. When a male octopus spots a female, his normally grayish body suddenly becomes striped.

= _____

2. He swims above the female and begins caressing her with seven of his arms.

= _____

B. 다음 문장을 끊어 읽기를 해 보세요.

1. If she allows this, he will quickly reach toward her and slip his eighth arm into her breathing tube.

2. A series of sperm packets moves slowly through a groove in his arm, finally to slip into the mantle cavity of the female.

C. 각 문장의 빈칸에 알맞은 표현을 박스 안에서 찾아 넣으세요.

strip / caress / sperm / groove / cavity

1. His fingers _____ the back of her neck. (과거형 동사)

2. While other businesses are attracting new customers, this one seems to be stuck in a _____, and has been losing money for the last two years.

Another type of aging is cosmetic aging, which consists of changes in outward appearance with advancing age. This includes changes in the body and changes in other aspects of a person's appearance, such as the style of clothing and hair, the type of eyeglasses, and the use of a hearing aid. Like chronological aging, it is frequently used to estimate the degree to which other types of aging have occurred. However, it is an inaccurate indicator for either purpose because of variation among individuals and because a person's appearance is affected by many factors that are not part of aging, including illness, poor nutrition, and exposure to sunlight.

Vocabulary

cosmetic ⓐ 미용의, 표면적인 **aging** ⓝ 노화 **consist of** ~로 구성되다 **outward** ⓐ 외적인 **appearance** ⓝ 외모 **aspect** ⓝ 측면 **hearing aid** 보청기 **chronological** ⓐ 연대순의 **estimate** ⓥ 예측하다, 측정하다 **degree** ⓝ 정도 **variation** ⓝ 차이 **exposure** ⓝ 노출

Analysis of Sentence

Another type of aging is cosmetic aging, **which** consists of changes in outward appearance with advancing age.

[관계대명사의 계속적 용법] 추가적 정보를 제공하는 관계대명사 which는 코마와 함께 계속적 용법으로 다음과 같이 바꾸어 쓸 수 있다.

Another type of aging is cosmetic aging, <u>and it</u> consists of changes in outward appearance with advancing age. 《(등위)접속사 + 대명사》로 바꾸어 순차적으로 해석할 수 있다. '또 다른 종류의 노화는 외적 노화로 이것은 나이가 들어가면서 (발생하는) 외적 모습의 변화로 구성된다.'와 같이 순차적으로 해석한다.

또 다른 종류의 노화는 외적 모습의 노화로, 이는 나이가 들어가면서 (발생하는) 외적 모습의 변화로 구성된다. 이는 몸의 변화와 옷과 머리 스타일, 안경의 종류, 그리고 보청기 사용과 같은 한 사람의 외적 모습의 여러 측면의 변화를 포함한다. 연대적 노화와 같이, 이는 종종 다른 종류의 노화가 발생하는 정도를 측정하는 데 종종 사용된다. 하지만 이는 어떠한 목적이든 간에 부정확한 요소이다. 왜냐하면 개인 간의 차이 때문이기도 하고, 사람의 외모가 질병, 영양 부족, 햇빛 노출 등 노화의 일부에 속하지 않는 많은 요소의 영향을 받기 때문이기도 하다.

Quick Check

A. 다음 문장을 주어(S), 동사(V), 보어(C), 목적어(O), 수식어구(Q) 등으로 구분하고, 해석해 보세요.

1. This includes changes in the body and changes in other aspects of a person's appearance.

= _____

2. A person's appearance is affected by many factors that are not part of aging.

= _____

B. 다음 문장을 끊어 읽기를 해 보세요.

1. Like chronological aging, it is frequently used to estimate the degree to which other types of aging have occurred.

2. It is an inaccurate indicator for either purpose because of variation among individuals.

C. 각 문장의 빈칸에 들어갈 표현을 박스 안에서 찾아 넣으세요.

appearance / aging / variation / exposure

1. Her new movie has had a lot of _____ in the media.

2. Currency exchange rates are always subject to _____.

076

생태계 보호

Protected area policy and practice have changed dramatically over the past century. Public enjoyment and scenic beauty were once the highest priority in U.S. national park. At the start of the twentieth century, only the "desirable" native species were protected, while others were exterminated; "undesirable" ecosystem element, such as fire, were controlled wherever possible. But by the latter half of the twentieth century, parks and wilderness began to embrace all native species and ecosystem processes, and protected areas became increasingly viewed as critical cornerstones of biodiversity conservation. At the same time, active management should be kept to a minimum, to allow nature to take its course free from human intervention.

Vocabulary

protected area 보호구역 **policy** ⓝ 정책 **dramatically** ⓐⓓ 급격하게 **scenic** ⓐ 경치의; 경치가 좋은 **priority** ⓝ 우선순위 **species** ⓝ 종 **wilderness** ⓝ 자연, 황야 **exterminate** ⓥ 제거하다 **ecosystem** ⓝ 생태계 **such as** ~와 같은 **cornerstone** ⓝ 주춧돌 **biodiversity** ⓝ 생물의 다양성 **conservation** ⓝ 보전 **keep something to a minimum** 무언가를 최소한으로 유지하다 **intervention** ⓝ 개입

Analysis of Sentence

1. Protected area policy and practice **have changed** dramatically **over the past century**.

[현재완료] over the past century는 100년이란 '기간'을 나타내므로 과거부터 현재라는 일정 기간의 경과를 나타내기 때문에 have changed와 같은 현재완료가 쓰였다.

2. At the same time, active management should be kept to a minimum, to allow nature to take its course (which is) free from human intervention.

[분석] course와 free 사이에는 〈주격관계대명사 + be동사〉가 생략되어 있다.

보호구역정책과 관행은 지난 세기 동안 극적으로 변했다. 대중의 즐거움과 경치의 아름다움은 한때 미국의 국립공원의 최우선 순위였다. 20세기 초에 '바람직한' 자연 종만이 보호되었던 반면, 다른 것(종)들은 제거되었다. 불과 같은 '바람직하지 않은' 생태계 요소는 가능한 곳에선 통제되었다. 그러나 20세기 후반쯤에 공원과 야생은 모든 지역 종과 생태계 과정을 받아들이기 시작했고, 보호구역은 점차적으로 생물다양성 보호의 중요한 기반으로 간주되었다. 동시에 적극적 경영은 최소한으로 줄여, 자연이 인간의 간섭에서 자유로운 길을 택할 수 있도록 허용해야만 한다.

Quick Check

A. 다음 문장을 주어(S), 동사(V), 보어(C), 목적어(O), 수식어구(Q) 등으로 구분하고, 해석해 보세요.

1. Protected area policy and practice have changed dramatically over the past century.

= _____

2. Public enjoyment and scenic beauty were once the highest priority in U.S. national park.

= _____

B. 다음 문장을 끊어 읽기를 해 보세요.

1. Parks and wilderness began to embrace all native species and ecosystem processes.

2. At the same time, active management should be kept to a minimum, to allow nature to take its course free from human intervention.

C. 박스 안의 표현에서 아래 빈칸에 들어갈 단어를 고르세요.

cornerstone / embrace / intervention / priority / ecosystem / desirable

1. Without adult _____, there is a great possibility that school violence may continue.

2. Its _____ was laid and construction began in 1163.

3. Food safety is a _____ issue.

077

생물의 진화

On the other hand, in the course of the evolution of birds from reptiles, there was a succession of changes from the bone, muscle, to the skin structures of the animals. This whole restructuring of some reptiles over a period of thousands of years helped the new animals to escape their predators and to find food more easily. But the evolutionary process did not stop there. Once adapted to filght, some birds continued to change and the process seemed to reverse itself. As penguins adapted to marine life, their wings changed to flippers and their feathers to a waterproof covering, thus suiting the birds for a semi-aquatic existence.

Vocabulary

evolution ⓝ 진화 **reptile** ⓝ 파충류의 동물 **succession** ⓝ 연속, 계속 **predator** ⓝ 약탈자, 포식 동물 **adapt** ⓥ 적응시키다, 적합하게 하다 **reverse** ⓥ 거꾸로 하다 **marine** ⓐ 바다의, 해양의 **flipper** ⓝ 물갈퀴 **waterproof** ⓐ 방수의 **suit** ⓥ 적응시키다, 적합하게 하다 **semiaquatic** ⓐ 반-수생의, 물 근처에서 **existence** ⓝ 존재; 생존, 생활

Analysis of Sentence

This whole restructuring of some reptiles over a period of thousands of years **helped** the new animals (to escape their predators) and (to find food more easily).

[5형식 동사 help와 목적보어 to부정사] 동사 help가 5형식 구조를 이끌면서 목적보어로 to부정사를 취하고 있다. help는 목적보어로 to부정사나 원형부정사(동사원형)을 취한다. 여기선 두 개의 to부정사 목적보어가 and로 연결된 병렬구조를 이루고 있다.

다른 한편, 파충류에서 조류로 진화하는 과정에서 동물의 뼈, 근육에서부터 피부 구조에 이르는 변화가 있었다. 수천 년 동안 몇몇 파충류가 대대적인 구조 변화를 겪음으로써, 그 새로운 동물들(파충류에서 조류로 진화한 동물들)은 포식 동물을 피하고 먹이를 더 쉽게 구할 수 있었다. 그러나 진화과정은 거기서 멈추지 않았다. 일단 나는 것에 적응하고 나서 몇몇 새들은 변화를 계속했고 그 과정은 역행하는 것 같아 보였다. 펭귄이 해양 생활에 적응해 가면서, 그들의 날개는 물갈퀴로 변하고 깃털은 방수용 보호막으로 변해서 물 근처에서 생활하기에 적합하게 되었다.

자연
과학

Chapter 02 환경과 생물

Quick Check

A. 다음 문장을 주어(S), 동사(V), 보어(C), 목적어(O), 수식어구(Q) 등으로 구분하고, 해석해 보세요.

1. Once adapted to flight, some birds continued to change and the process seemed to reverse itself.

= _____

2. As penguins adapted to marine life, their wings changed to flippers and their feathers to a waterproof covering, thus suiting the birds for a semi-aquatic existence.

= _____

B. 다음 문장을 끊어 읽기를 해 보세요.

1. This whole restructuring of some reptiles over a period of thousands of years helped the new animals to escape their predators and to find food more easily.

2. Once adapted to flight, some birds continued to change and the process seemed to reverse itself.

C. 각 문장의 빈칸에 들어갈 가장 적절한 단어를 박스 안에서 골라 넣으세요.

> restructuring / evolutionary / escape / adapted / waterproof / suit / successive

1. The camel's feet, well _____ for dry sand, are useless on mud.

2. We must reduce the size of the company by _____ it.

3. Ethiopia has endured four _____ seasons of drought.

078

The dweller in northern countries goes into raptures over the fresh green leaves of the trees in spring. The desert dweller, on the other hand, composes poems about green trees and grass and running water whatever the season. Yet the dweller in the tropics, who is constantly surrounded by luxuriant vegetation, sees nothing remarkable or interesting about green trees, and still less about running water. He cannot understand why poets trouble to write about them. It seems to be a fact that familiarity breeds contempt, and that those who seek excitement and romance cannot see it at home, under their noses, but only in distant lands.

Vocabulary

dweller ⓝ 거주자 **tropical** ⓐ 열대지역의 **rapture over** ~에 열광하다 **luxuriant** ⓐ 울창한 **vegetation** ⓝ 식물, 초목 **remarkable** ⓐ 놀라운 **barrier** ⓝ 장벽 **contempt** ⓝ 경멸 **trouble to V** 수고스럽게 ~하다 **familiarity** ⓝ 친밀함 **breed** ⓥ 낳다 **seek** ⓥ 추구하다

Analysis of Sentence

He cannot understand [why poets trouble to write about them].

[의문사 why가 이끄는 간접의문절의 명사적 역할] 의문사 why가 이끄는 간접의문절이 문장 내에서 목적어 역할을 하고 있다. 간접의문절은 명사절이므로 목적어 자리에 올 수 있다. 의문사 why의 뜻을 살려 '왜 ~하는지'로 해석한다.

북부지역 국가들에 거주하는 사람들은 봄철의 나뭇잎에 열광한다. 반면에, 사막지역 거주자들은 어느 계절이나 푸른 나무와 풀 그리고 흐르는 물에 대한 시를 쓴다. 그러나 열대지방의 거주자는 항상 울창한 초목들에 둘러싸여 있어 정작 녹색 식물에 대해 별 관심을 보이지 않으며, 흐르는 물에 대해서는 더욱 말할 필요도 없다. 그는 시인들이 왜 그것에 대한 시를 쓰려고 고생을 하는지 이해하지 못한다. 익숙함이 경멸을 낳으며, 재미와 낭만을 추구하는 사람들은 그것을 바로 코앞에 있는 집에서 찾지 못하고, 먼 곳에서만 찾으려고 하는 것이 사실로 보인다.

Quick Check

A. 다음 문장을 주어(S), 동사(V), 보어(C), 목적어(O), 수식어구(Q) 등으로 구분하고, 해석해 보세요.

1. The dweller in northern countries goes into raptures over the fresh green leaves of the trees in spring.

= _____

2. The desert dweller, on the other hand, composes poems about green trees and grass and running water whatever the season.

= _____

B. 다음 문장을 끊어 읽기를 해 보세요.

1. He cannot understand why poets trouble to write about them.

2. It seems to be a fact that familiarity breeds contempt, and that those who seek excitement and romance cannot see it at home, under their noses, but only in distant lands.

C. 아래 예시를 확인하고, 빈칸을 채우세요.

예시

관계부사
① 장소 → the <u>place</u> where S V or where S V   ② 시간 → the <u>time</u> when S V or when S V
③ 이유 → the <u>reason</u> why S V or why S V   ④ 방법 → the way <u>in which</u> S V or <u>how</u> S V

1. He cannot understand why poets trouble to write about them.
= He cannot understand _____ _____ why poets trouble to write about them.

2. I don't understand the way he deals with the problem.
= I don't understand the way _____ _____ he deals with the problem.

079

Lichen are one of the few kinds of life that can survive in the mountains of Antarctica. These tiny plants live in small holes in the rocks. Outside, the extreme cold and strong winds do not allow any life at all. Inside the holes, these lichen manage to find enough water and warmth to keep alive. However, much of the time they are frozen. This fact means that the lichen function very, very slowly, and live a very long time. Scientists believe that a lichen may remain alive for thousands of years. If this is true, the lichen may be among the oldest forms of life on earth.

Vocabulary

lichen ⓝ 이끼 **survive** ⓥ 살아남다 **Antarctica** ⓝ 남극 **tiny** ⓐ 작은 **manage to** 그럭저럭(가까스로) 해내다 **frozen** ⓐ 얼어붙은, 극한의 **function** ⓥ 기능하다, 작용하다 **remain** ⓥ (~로) 남아 있다 **be among** ~ 중의 하나다

Analysis of Sentence

Lichen are <u>one of the few kinds of life</u> [that can survive in the mountains of Antarctica].

[주격 관계대명사 that이 이끄는 관계사절의 명사 후치 수식] 주격 관계대명사 that이 이끄는 관계사절이 앞의 명사를 후치 수식하고 있다. 관계사절은 형용사절이므로 명사를 후치 수식한다. 관계사절 속의 구조는 주어가 없는 불완전한 구조이다.

이끼는 남극의 산지 속에서 살아남을 수 있는 몇 안 되는 생명체 가운데 하나이다. 이들 작은 식물들은 바위 속 작은 구멍 속에서 산다. 밖에는 극한의 추위와 강한 바람들이 어떤 생명체도 살아갈 수 있게 허용하지 않는다. 구멍의 안에서 이 이끼들은 생명을 유지하기에 충분한 물과 따뜻함을 그럭저럭 찾아낸다. 그러나 시간의 대부분 그들은 얼어 있는 상태이다. 이 사실은 이끼가 매우 느리게 기능하며, 그래서 매우 오랜 시간 동안 살아간다는 것을 의미한다. 과학자들은 이끼가 수천 년의 기간을 살아남을 수 있다고 믿는다. 이것이 사실이라면, 이끼는 지구상 생물체 가운데 가장 오래된 형태에 속할 수 있을 것이다.

자연
과학
Chapter 02 환경과 생물

Quick Check

A. 다음 문장을 주어(S), 동사(V), 보어(C), 목적어(O), 수식어구(Q) 등으로 구분하고, 해석해 보세요.

1. Lichen are one of the few kinds of life that can survive in the mountains of Antarctica.

= _____

2. If this is true, the lichen may be among the oldest forms of life on earth.

= _____

B. 다음 문장을 끊어 읽기를 해 보세요.

1. Inside the holes, these lichen manage to find enough water and warmth to keep alive.

2. This fact means that the lichen function very, very slowly, and live a very long time.

C. 아래 제시된 문장에서 활용된 of와 같은 의미로 쓰인 것은 무엇인가요?

Lichen are one of the few kinds of life that can survive in the mountains of Antarctica.

(1) If this is true, the lichen may be among the oldest forms of life on earth.

(2) Symptoms of the disease can vary widely, including pain behind the eyes and in the joints, nausea, and rash.

(3) The dweller in northern countries goes into raptures over the fresh green leaves of the trees in spring.

(4) One of the possible ways to deal with depression is to create healthy relationships with the people around.

181

080 멸종 위기에 빠진 지구상의 동물

In the last three centuries, more than 200 species of mammals, birds, and reptiles have become extinct. Eight hundred more species are endangered. Our wild animals are being swept from the land, the birds from the air, the fish from the sea. Roman Gary, a well-known writer on conservation, said, "It may be that man's greatest 'achievement' in the 20th century is not that he traveled to the moon but that he destroyed forever an irreplaceable heritage of natural things."

Vocabulary

extinct ⓐ 멸종한 **reptile** ⓝ 파충류 **endanger** ⓥ 위태롭게 하다 **sweep** ⓥ 휩쓸다 **conservation** ⓝ (환경)보존, 유지 **achievement** ⓝ 업적, 공로, 성취 **irreplaceable** ⓐ 대체할 수 없는 **heritage** ⓝ 유산

Analysis of Sentence

It may be [that] man's greatest 'achievement' in the 20th century is <u>not</u> [that he traveled to the moon] <u>but</u> [that he destroyed forever an irreplaceable heritage of natural things].

1) [**병렬구조**] 접속사 that이 3번 등장하고 있다. that절은 명사절을 이끈다. 앞의 접속사는 주절의 보어 역할을 하는 명사절을 이끌고 있으며 보어절 속의 두 개의 that절이 종속절의 보어 역할을 하고 있다.

2) [**상관접속사 not A but B**] 'A가 아니라 B'의 의미이여 단어와 단어, 구와 구, 절과 절을 병렬구조로 연결한다. 여기선 that절이 A와 B 자리에 위치하여 병렬구조를 이루고 있다.

지난 3세기 동안, 200종 이상의 포유류, 조류, 그리고 파충류들이 멸종되었다. 8백 가지가 넘은 종은 현재 위험에 처해 있다. 우리의 야생동물들은 땅에서, 새들은 하늘에서, 물고기들은 바다에서 쓸려 사라지는 중이다. 야생보호에 관한 글을 쓰는 유명 작가 로만 개리는, "아마도 20세기의 가장 큰 '업적'은 달을 여행했다는 것이 아니라, 자연물의 돌이킬 수 없는 유산을 영원히 파괴시켰다는 것일 것이다."라고 말한다.

Quick Check

A. 다음 문장을 주어(S), 동사(V), 보어(C), 목적어(O), 수식어구(Q) 등으로 구분하고, 해석해 보세요.

1. In the last three centuries, more than 200 species of mammals, birds, and reptiles have become extinct.

= _____

2. Eight hundred more species are endangered.

= _____

B. 다음 문장을 끊어 읽기를 해 보세요.

1. Our wild animals are being swept from the land, the birds from the air, the fish from the sea.

2. It may be that man's greatest 'achievement' in the 20th century is not that he traveled to the moon but that he destroyed forever an irreplaceable heritage of natural things.

C. 아래 예시를 보고, 지시사항에 따라 답하세요.

예시

He opens the door.
➡ The door is opened by him. (수동태 현재)
➡ The door was opened by him. (수동태 과거)
➡ The door will be opened by him. (수동태 미래)
➡ The door has been opened by him. (완료 수동태)
➡ The door had been opened by him. (과거완료 수동태)
➡ The door will have been opened by him. (미래완료 수동태)

The U.S. drops two atomic bombs on Japan.

➡ _____ (수동태 현재)
➡ _____ (수동태 과거)
➡ _____ (수동태 미래)
➡ _____ (완료 수동태)
➡ _____ (과거완료 수동태)
➡ _____ (미래완료 수동태)

081

생물의 탄생

Before the 17th century, many scientists thought that life could develop from non-living matter. For example, in 1599, a Belgian doctor placed wheat grains in a sweaty shirt. He placed the shirt on the floor in the corner of a room. When he returned several weeks later, he found mice. The doctor concluded that human sweat changed wheat grains to mice. However, in the mid-1600s scientists conducted experiments that proved life cannot start from inanimate objects.

Vocabulary

wheat grain 밀알, 밀쌀 **mice** ⓝ 쥐들 **evolution** ⓝ 진화 **non-living matter** 무생물 **place A on B** A를 B 위에 놓다 **conduct** ⓥ 실행하다, 행하다 **experiment** ⓝ 실험 **inanimate** ⓐ 무생물의

Analysis of Sentence

However, in the mid-1600s scientists conducted experiments [that proved life cannot start from inanimate objects].

[주격 관계대명사 that이 이끄는 관계사절의 명사 후치 수식] 주격 관계대명사 that이 이끄는 관계사절이 형용사의 역할을 하므로, 앞의 명사 experiments를 후치 수식하고 있다. 관계사절 속의 구조는 주어가 없는 불완전한 구조이다. 따라서 that이 주격 관계대명사임을 알 수 있다. that절 속의 구조가 완전한 명사절 접속사 that이나 관계부사 that과 구분하도록 한다.

17세기 전에 많은 과학자들은 생물이 무생물적 요소로부터 자라날 수 있다고 믿었다. 예를 들어, 1599년, 벨기에의 한 의사는 젖은 셔츠 안에 밀알을 넣어 두었다. 그는 셔츠를 방구석의 바닥에 두었다. 몇 주 뒤 그가 돌아왔을 때, 그는 생쥐들을 발견했다. 의사는 인간의 땀이 밀알을 생쥐로 바꾼다는 결론을 내렸다. 그러나 1600년대 중반에 과학자들은 무생물에서 생물이 탄생할 수 없음을 증명하는 실험을 실시했다.

자연과학

Chapter 02 환경과 생물

Quick Check

A. 다음 문장을 주어(S), 동사(V), 보어(C), 목적어(O), 수식어구(Q) 등으로 구분하고, 해석해 보세요.

1. Before the 17th century, many scientists thought that life could develop from non-living matter.

= _____

2. He placed the shirt on the floor in the corner of a room.

= _____

B. 다음 문장을 끊어 읽기를 해 보세요.

1. For example, in 1599, a Belgian doctor placed wheat grains in a sweaty shirt.

2. The doctor concluded that human sweat changed wheat grains to mice.

C. 문맥상 동사와 전치사의 쓰임이 가장 어색한 것은 무엇인가요?

(1) He placed the book on the desk.
(2) He placed the book into the desk.
(3) He placed the book under the desk.
(4) He placed the book next to the desk.

082

모기와 인간

The mosquito is the insect most willing to duel with man. At one time or another, we have all stood on a bed in our pajamas with a slipper in our hand and our eyes fixed on the ceiling. Faced with man, the mosquito's strategy has evolved. It has learned to be quicker, more inconspicuous and livelier on the takeoff. Some bold mosquitos of the latest generation do not hesitate to hide under their victims' pillows. They have discovered the principle of Edgar Allan Poe's Stolen Letter: the best hiding place is the most obvious one, for we always think of looking farther away for something that is very near.

Vocabulary

mosquito ⓝ 모기 **duel** ⓝ 결투, 투쟁 **at one time and another** 이런 저런 때, 이런 저런 경우에 **pajama** ⓝ 파자마, 파자마 차림 **ceiling** ⓝ 천장 **face** ⓥ ~에 직면하다 **strategy** ⓝ 전략, 책략 **evolve** ⓥ 전개하다, 진화시키다 **inconspicuous** ⓐ 두드러지지 않는, 눈을 끌지 않는 **lively** ⓐ 생기에 넘친, 기운찬 **takeoff** ⓝ 출발, 발진 **principle** ⓝ 원리, 원칙 **obvious** ⓐ 명백한, 명확한 **annoy** ⓐ 괴롭히다, 귀찮게 하다

Analysis of Sentence

Faced with man, the mosquito's strategy has evolved.

[문두의 수동 분사구문] 분사구문의 의미상의 주어부터 확인한다. 과거분사 faced의 의미상 주어는 주절의 주어이며 수동의 관계를 갖는다.

모기는 인간과 기꺼이 가장 잘 싸우는 곤충이다. 이런 저런 때, 우리는 파자마 차림으로 손에 슬리퍼를 들고 눈은 천장에 고정시키고 서 있다. 인간과 맞서면서, 모기의 전략이 진화한다. 모기는 더 빨라지고 더 눈에 안 띄고 그리고 더 활발하게 이륙한다. 최근의 어떤 대담한 모기는 희생자(사람)의 베개 밑에 숨는 것을 주저하지 않는다. 그 모기들은 에드가 앨런 포의 『도난당한 편지』에 나오는 원리 즉, 우리는 항상 가까운 데 있는 것을 멀리서 찾기 때문에 숨기에 가장 좋은 장소는 가장 명백한 장소라는 원리를 발견했다.

Quick Check

A. 다음 문장을 주어(S), 동사(V), 보어(C), 목적어(O), 수식어구(Q) 등으로 구분하고, 해석해 보세요.

1. The mosquito is the insect most willing to duel with man.

= _____

2. It has learned to be quicker, more inconspicuous and livelier on the takeoff.

= _____

B. 다음 문장을 끊어 읽기를 해 보세요.

1. At one time or another, we have all stood on a bed in our pajamas with a slipper in our hand and our eyes fixed on the ceiling.

2. Some bold mosquitos of the latest generation do not hesitate to hide under their victims' pillows.

C. 분사구문에 대한 아래의 보기를 읽고, (   ) 안의 현재분사와 과거분사 중에서 알맞은 것을 고르세요.

보기

1. 분사구문에서 '현재분사'가 쓰여야 하는지 '과거분사'가 쓰여야 하는지 고르는 문제에선 먼저 그 분사구문의 주어를 찾아서, 그 분사와 주어와의 관계가
   ‣ 능동이면 → V-ing(현재분사)
   ‣ 수동이면 → p.p (과거분사)
2. 분사구문이 V-ing, p.p로 바로 시작했다면 그 분사구문의 주어는 주절의 주어와 같다!

1. (Seeing / Seen) from the distance, it looks like a face.

2. (Leaving / Left) alone, I began to think of many things.

3. (Admitted / Admitting) what you say, I still think you are wrong.

4. (Having written / Being written) my composition, I have nothing else to do now.

5. (Crossing / Crossed) the street, you should look both ways.

Thunderstorms are particularly prevalent during the summer months in areas close to the warm water of the Gulf of Mexico. Large cities also act as heat sources, producing convection currents in the air, which carry ocean moisture aloft, along with salt particles and pollutants which are condensation nuclei encouraging cloud formation. The towering cumulonimbus clouds thus formed turn from cottony white to threatening gray and black as the moisture and energy build up. Eventually, the electrical discharge we know as lightning takes place. Every year an estimated 10,000 forest fires are touched off by lightning and other thunderstorm phenomena.

Vocabulary

thunderstorm ⓝ (강풍이 따르는) 뇌우 **prevalent** ⓐ 일반적으로 행하여지는, 유행하는 **gulf** ⓝ 만(灣); 깊은 금, 심연 **convection** ⓝ 전달, (열·공기의) 대류 **current** ⓝ 흐름 **particle** ⓝ 입자, 미립자 **condensation** ⓝ 응축, 농축 **nucleus** ⓝ 핵, 세포핵(pl. nuclei) **towering** ⓐ 높은, 치솟은 **cumulonimbus** ⓝ 적란운 **cottony** ⓝ 솜 같은, 보드라운 **discharge** ⓝ 양륙, 짐 풀기 **touch off** 발화시키다; 큰일을 유발하다

Analysis of Sentence

The towering cumulo-nimbus clouds thus formed turn from cottony white to threatening gray and black **as** the moisture and energy build up.

[접속사 as] as 뒤에 주어 동사의 절이 나오는 경우 as는 접속사로 여러 가지 뜻을 갖는다. ① 시간 '~할 때' ② 이유 '~하기 때문에' ③ 양보 '~하지만, 할지라도' ④ 상태 '~한 대로' ⑤ 양태 '~ 처럼' ⑥ 비례 '~함에 따라' 등의 여러 가지 의미를 가지므로 문맥에 따라 의미를 파악하도록 한다.

뇌우는 멕시코만의 따뜻한 바다와 가까운 지역에서 여름 몇 개월 동안 특히 빈번하다. 대도시들 또한 열의 원천으로 작용하면서 공기 중에 대류를 만들어 내는데, 이 더워진 공기는 구름 형성을 촉진하는 응결핵인 소금입자와 오염 물질을 함께 바다의 수증기를 지니고 다닌다. 이렇게 형성되어 높이 치솟은 적란운(積亂雲)은 습도와 에너지가 합쳐질 때, 솜처럼 하얀색이던 것이 위협적인 회색과 검은색으로 변한다. 결국 우리가 번개로 알고 있는 전기 방전이 일어난다. 매년 추정되는 1만 건의 산불은 번개와 다른 뇌우 현상에 의해 유발된다.

자연
과학

Chapter 02 환경과 생물

Quick Check

A. 다음 문장을 주어(S), 동사(V), 보어(C), 목적어(O), 수식어구(Q) 등으로 구분하고, 해석해 보세요.

1. Thunderstorms are particularly prevalent during the summer months in areas close to the warm water of the Gulf of Mexico.

= _____

2. Eventually, the electrical discharge we know as lightning takes place.

= _____

B. 다음 문장을 끊어 읽기를 해 보세요.

1. Large cities also act as heat sources, producing convection currents in the air, which carry ocean moisture aloft, along with salt particles and pollutants which are condensation nuclei encouraging cloud formation.

2. Every year an estimated 10,000 forest fires are touched off by lightning and other thunderstorm phenomena.

C. 아래 빈칸에 들어갈 관계대명사 관련 어구를 넣으세요.

1. Thunderstorms are particularly prevalent during the summer months in areas _____ _____ close to the warm water of the Gulf of Mexico.

2. Eventually, the electrical discharge _____ we know as lightning takes place.

The lush, fragrant vine of kudzu, a fast-growing southern weed, is useful for shading porches from the hot sun. It can also be a food source for animals. Sheep and goats eat kudzu. Kudzu vines can also be woven into hats and baskets. Unfortunately, those benefits are exceeded by the plant's growth rate. Growing almost a foot per day during the summer months, kudzu quickly climbs utility poles. Consequently, it interferes with electric service. Kudzu also strangles and kills trees. It grows so fast and thick that it can quickly overwhelm everything in its path. Yet cutting the plant back does not destroy it, and it's difficult to get rid of it permanently because its roots grow deep. Some herbicides kill kudzu, but they are expensive and timeconsuming to apply.

Vocabulary

lush ⓐ 식물·정원 등이 무성한, 우거진 **fragrant** ⓐ 향기로운, 향긋한 **vine** ⓝ 덩굴 식물 **kudzu** ⓝ 칡 **weed** ⓝ 잡초 **porch** ⓝ 현관 **weave** ⓥ (직물, 바구니 따위를) 짜다 **strangle** ⓥ 질식(사)시키다 **herbicide** ⓝ 제초제 **edible** ⓐ 식용에 적합한 **exceed** ⓥ (특정한 수·양을) 넘다, 초과하다 **utility pole** (전화선용의) 전신주 **interfere with** ~을 방해하다, 간섭하다 **overwhelm** ⓥ (격한 감정이) 휩싸다, 압도하다 **permanently** ⓐⓓ 영구히, (영구) 불변으로 **herbicide** ⓝ 제초제

Analysis of Sentence

It grows <u>so</u> fast and thick <u>that</u> it can quickly overwhelm everything in its path.

[so + 원급(형용사/부사) + that S V] 의미는 '매우 ~해서 ...하다'이다. 〈so ~ that + S + V〉에서 that절 이하의 내용이 부정이면 too ~ to가 활용된 문장으로 바꿀 수 있다.

🔵 He is so fast that I can't catch him. = He is too fast for me to catch him.

빠른 속도로 자라는 남쪽의 잡초인 칡의 무성하고 향기로운 덩굴은 뜨거운 태양으로부터 현관을 그늘지게 하는 데 유용하다. 그것은 또한 동물에게 식품원이 될 수 있다. 양과 염소는 칡을 먹는다. 또한 칡덩굴을 엮어서 모자와 바구니를 만들 수 있다. 불행히도 그러한 장점은 그 식물의 성장 속도보다 중요하지 않다. 여름철 동안에는 매일 거의 1피트씩 자라 빠른 속도로 전봇대를 휘감고 올라간다. 그 결과로 그것은 전기 서비스를 방해한다. 칡은 또한 나무를 질식시키고 죽인다. 그것은 너무 빨리 그리고 울창하게 자라기 때문에 빠른 속도로 그것의 경로에 있는 모든 것을 압도할 수 있다. 그러나 그 식물을 베어 낸다고 그것이 죽는 것이 아니고, 뿌리를 깊이 내리고 있기 때문에 그것을 영원히 제거하는 것은 어렵다. 일부 제초제는 칡을 죽이지만, 제초제를 뿌리는 것은 비용이 많이 들고 시간이 든다.

Quick Check

A. 다음 문장을 주어(S), 동사(V), 보어(C), 목적어(O), 수식어구(Q) 등으로 구분하고, 해석해 보세요.

1. The lush, fragrant vine of kudzu, a fast-growing southern weed, is useful for shading porches from the hot sun.

= _____

2. Growing almost a foot per day during the summer months, kudzu quickly climbs utility poles.

= _____

B. 다음 문장을 끊어 읽기를 해 보세요.

1. Unfortunately, those benefits are exceeded by the plant's growth rate.

2. Yet cutting the plant back does not destroy it, and it's difficult to get rid of it permanently because its roots grow deep.

C. 우리말을 참조하여 괄호 안의 단어를 바르게 배열하세요.

1. I am (feel / nervous / that / so / I) as if I am about to puke.
   (나는 너무 긴장돼서 토할 것만 같아.)

➡ _____

2. I am (have / that / I / don't / so / time / busy) to think about it.
   (나는 너무 바빠서 그것에 대해 생각해 볼 시간이 없어.)

➡ _____

085

토네이도의 형성

A tornado undergoes considerable changes in size, shape, and behavior during its life cycle. The tornado usually has four developmental stages: the formation stage, the mature stage, the shrinking stage, and the rope stage. In the formation stage, we can see a rotating funnel cloud that descends from the cloud base. When the rotating column of air reaches the ground, it becomes a tornado by definition. Sometimes dust and debris begin whirling on the ground before the funnel actually touches down. During the tornado's mature stage, the funnel reaches its greatest width. It is usually nearly vertical, and most of the time touching the ground. At this time, the tornado causes severe damage to whatever it encounters.

Vocabulary

undergo ⓥ 겪다, 경험하다 **considerable** ⓐ 상당한 **mature** ⓝ 성숙, 원숙함 **descend** ⓥ 내려오다 **column** ⓝ 기둥 **vertical** ⓐ 수직의, 세로의 **developmental** ⓐ 발달의 **formation** ⓝ 형성 **shrinking** ⓐ 수축의 **rotating** ⓐ 회전하는 **debris** ⓝ 잔해, 쓰레기 **funnel** ⓝ 깔때기, 굴뚝 **touch down** 착륙하다, 내려앉다 **severe** ⓐ 심각한 **cause damage** ~에 피해를 입히다

Analysis of Sentence

At this time, the tornado causes severe damage to [whatever it encounters].

[복합관계대명사 whatever] 선행사를 포함한 관계대명사 what에 −ever가 붙은 형태로 '무엇이든지'의 의미이다. 복합관계대명사 whatever가 이끄는 절은 명사절이고 전치사의 목적어 자리에 올 수 있다. 관계사절 속 구조는 목적어가 없는 불완전한 구조이므로 목적격 관계대명사임을 알 수 있다.

회오리바람은 그 수명 동안 크기, 형태, 움직임에 있어서 많은 변화를 겪는다. 회오리바람은 일반적으로 형성단계, 성숙단계, 축소단계, 로프단계의 네 가지 발달 단계를 가진다. 형성단계에서, 우리는 구름 밑면에서 내려오는 회전하는 깔때기 형태의 구름을 볼 수 있다. 회전하는 공기 기둥이 땅에 도달하면, 그것은 의미상 회오리바람이 된다. 때때로, 깔때기가 실제로 착륙하기 전에 먼지와 쓰레기들이 땅에서 소용돌이치기 시작한다. 회오리바람의 성숙단계 동안, 깔때기는 가장 큰 너비에 이른다. 깔때기는 일반적으로 거의 수직이고, 대부분 땅에 닿는다. 이때에, 회오리바람은 무엇을 마주하든지 심각한 손상을 일으킨다.

Quick Check

A. 다음 문장을 주어(S), 동사(V), 보어(C), 목적어(O), 수식어구(Q) 등으로 구분하고, 해석해 보세요.

1. In the formation stage, we can see a rotating funnel cloud that descends from the cloud base.

= _____

2. When the rotating column of air reaches the ground, it becomes a tornado by definition.

= _____

B. 다음 문장을 끊어 읽기를 해 보세요.

1. A tornado undergoes considerable changes in size, shape, and behavior during its life cycle.

2. Sometimes dust and debris begin whirling on the ground before the funnel actually touches down.

C. 각 질문에 답하세요.

1. 아래 괄호 안의 단어를 3형식 문장으로 바르게 배열하세요.

   During the tornado's mature stage, (its / width / the / reaches / greatest / funnel).

   (회오리바람의 성숙단계 동안, 깔때기는 가장 큰 너비에 이른다)

➡ _____

2. cause를 활용한 5형식 구문으로 괄호 안의 단어를 바르게 배열하세요.

   At this time, the tornado (damage / causes / severe / to) whatever it encounters.

   (이때에, 회오리바람은 무엇을 마주하든지 심각한 손상을 일으킨다.)

➡ _____

086

온실효과

An important function of terrestrial atmosphere is that it turns the earth into a giant greenhouse, keeping it at a mean temperature of about 60°F, higher than it would be otherwise. The functioning of greenhouses is based on the fact that glass, being almost completely transparent to visible light, which brings most of the sun's energy, is opaque to the heat rays which are emitted by the object warmed by the sun's radiation. Thus, solar energy entering through the glass roof of a greenhouse is trapped inside and maintains a temperature well above that of the outside air.

Vocabulary

terrestrial ⓐ 지구의, 육생의 **turn A into B** A를 B로 바꾸다 **transparent** ⓐ 투명한, 명백한 **functioning** ⓝ 기능 **solar energy** 태양 에너지 **temperature** ⓝ 온도, 기온 **be opaque to** ~에 불투명하다, 통과하지 못하다 **radiation** ⓝ (빛·열 등의) 방사, 복사(에너지) **be trapped inside** 안쪽에 갇히다 **greenhouse** ⓝ 온실 **maintain** ⓥ (~ 상태를) 유지하다

Analysis of Sentence

The functioning (of greenhouses) is based on the fact [<u>that</u> glass, (being almost completely transparent to visible light), (<u>which</u> brings most of the sun's energy), is opaque to the heat rays (<u>which</u> are emitted by the object warmed by the sun's radiation)].

1) [동격의 that절] the fact를 설명해 주는 동격의 that절은 완전한 구조를 갖는다.

2) [주격 관계대명사의 계속적 용법과 한정적 용법] visible light 뒤의 which는 계속적 용법의 주격 관계대명사로 선행사 visible light를 설명해 준다. 관계사절 속은 주어가 없는 불완전한 구조이다. the heat rays 뒤의 which는 한정적 용법의 관계사절을 이끄는 주격 관계대명사로 관계사절 속은 주어가 없는 불완전한 구조이다.

지구 대기의 중요한 기능은 지구를 거대한 온실로 변화시켜 그렇지 않았을 때보다 높은, 화씨 60도의 평균 온도를 유지시킨다는 점이다. 온실의 작용은 태양 에너지의 대부분을 가져오는 가시광선에 거의 완전히 투명한 유리가 태양 방사선에 의해 데워진 목표물이 방출한 적외선에는 불투명해지는 사실에 기반한다. 따라서 온실의 유리지붕을 통과해서 들어오는 태양 에너지는 안에 갇히고 외부 공기 온도보다 훨씬 높게 온도를 잘 유지시킨다.

Quick Check

A. 다음 문장을 주어(S), 동사(V), 보어(C), 목적어(O), 수식어구(Q) 등으로 구분하고, 해석해 보세요.

1. An important function of terrestrial atmosphere is that it turns the earth into a giant greenhouse, keeping it at a mean temperature of about 60°F, higher than it would be otherwise.

= _____

2. Thus, solar energy entering through the glass roof of a greenhouse is trapped inside and maintains a temperature well above that of the outside air.

= _____

B. 다음 문장을 끊어 읽기를 해 보세요.

1. An important function of terrestrial atmosphere is that it turns the earth into a giant greenhouse, keeping it at a mean temperature of about 60°F, higher than it would be otherwise.

2. The functioning of greenhouses is based on the fact that glass, being almost completely transparent to visible light, which brings most of the sun's energy, is opaque to the heat rays which are emitted by the object warmed by the sun's radiation.

C. 빈칸에 들어갈 적절한 단어를 본문에서 찾아 넣으세요.

1. There is a campaign going on to make official documents more _____.
(공문서를 더 알기 쉽게 하자는 운동이 진행 중이다.)

2. The technical terms in his talk were _____ to me.
(그의 연설에 나오는 전문 용어들을 나는 이해하기 힘들었다.)

3. Of all _____ beings man is the most noble.
(모든 지상 생물 중 인간이 가장 고귀하다.)

087

고기잡이 귀신 펭귄

Many birds pursue prey by swimming underwater, but none is so superbly adapted to the task as the penguins. The entire anatomy of the penguin wing has been modified so that it is a stiff, oar-like flipper like that of a dolphin. Awkward on land, penguins use their wings for underwater propulsion as efficiently as other birds use wings for flying. Most other underwater swimmers — such as loons, cormorants and some ducks — are propelled by their powerful feet, although some use their wings for balance.

Vocabulary

pursue Ⓥ 뒤쫓다, 추구하다 **superbly** ⓐd 놀라울 정도로, 훌륭하게 **task** Ⓝ 일, 작업 **stiff** ⓐ 뻣뻣한 **oar-like** ⓐ 노와 같은 모양의 **flipper** Ⓝ 지느러미 모양의 발, 물갈퀴 **anatomy** Ⓝ 구조, 몸, 해부 **propulsion** Ⓝ 추진력, 추진 **efficiently** ⓐd 효율적으로 **loon** Ⓝ 아비새(사람 웃음소리를 내는 특징이 있음) **cormorant** Ⓝ 가마우지(바닷가에 사는 새의 일종) **for balance** 균형을 잡기 위해

Analysis of Sentence

Awkward on land, penguins use their wings for underwater propulsion <u>as</u> efficiently <u>as</u> other birds use wings for flying.

[as + 형용사/부사의 원급 + as 구문] 원급비교구문으로 '~만큼 ...한'의 의미이다. 이 글에서 efficiently는 부사의 원급이다. 앞의 as는 원급을 수식하는 부사이고 뒤의 as는 '~만큼'이라는 의미의 접속사이다.

많은 새들이 수중에서 수영함으로써 먹잇감을 뒤쫓지만, 그 어떤 종도 펭귄만큼 그 일에 놀라운 정도로 적응되어 있지는 않다. 펭귄 날개의 전체 구조는 계속 진화되어 와서, 돌고래와 같이 딱딱하고 노처럼 생긴 지느러미발이 되었다. 육지에서는 어색하지만, 다른 새들이 날개를 비행을 위해 사용하는 만큼이나 효율적으로 펭귄들은 그 날개들을 수중 추진력을 얻기 위해 사용한다. 대부분의 다른 수중에서 헤엄치는 새들은 — 아비, 가마우지, 그리고 몇몇 오리와 같은 — 그들의 강력한 발로 추진력을 얻지만, 몇몇은 그들의 날개를 균형을 위해 사용한다.

자연 과학

Chapter 02 환경과 생물

Quick Check

A. 다음 문장을 주어(S), 동사(V), 보어(C), 목적어(O), 수식어구(Q) 등으로 구분하고, 해석해 보세요.

1. Many birds pursue prey by swimming underwater, but none is so superbly adapted to the task as the penguins.

= _____

2. The entire anatomy of the penguin wing has been modified so that it is a stiff, oar-like flipper like that of a dolphin.

= _____

B. 다음 문장을 끊어 읽기를 해 보세요.

1. Awkward on land, penguins use their wings for underwater propulsion as efficiently as other birds use wings for flying.

2. Most other underwater swimmers — such as loons, cormorants and some ducks — are propelled by their powerful feet, although some use their wings for balance.

C. 아래 보기에 따라 제시된 문장과 같은 의미가 되도록 빈칸을 채우세요.

> 보기
>
> No one is more honest than James in class.
> = No one is so honest as James in class.
> = James is the most honest in class.
> = James is more honest than any other student in class.

Nothing is more superbly adapted to the task than the penguins.

= None is _____ superbly adapted _____ the task as the penguins.

= The penguins are _____ _____ _____ adapted to the task.

= The penguins are _____ superbly adapted to the task than _____ _____ _____.

088

식물 성장의 방향성

Plants seem to know which way is up and which way is down. Furthermore, they seem to know right from left. If a cutting from a Lombardy poplar is kept alive, new shoots will grow from the end that grew upper most in the tree. There is no visible difference between the top and the bottom of the living stick, even under a microscope. Even so, the stick will not send out shoots from the end it views as bottom even if this end happens to be on top!

Scientists studying this subject further split their cuttings lengthwise. To their surprise, they made another interesting discovery. A good many more buds grew on the righthand side of the split surface than on the left. They split the sticks again and found that the buds again grew on the right side.

Vocabulary

cutting ⓝ (pl.) 잘라진 것(면) **lombardy poplar** 양버들 **visible** ⓐ 눈에 보이는 **shoot** ⓝ 어린 가지, 새싹 **bud** ⓝ 꽃 봉우리 **stick** ⓝ 줄기 **send out** 밖으로 내보다 **happen to V** (우연히) ~하다 **microscope** ⓝ 현미경 **split** ⓥ 쪼개다, 나누다 **lengthwise** ⓐd 세로로, 길게 ⓐ 세로의, 긴

Analysis of Sentence

To their surprise, they(scientists) made another interesting discovery.

[to one's surprise] '놀랍게도'라는 뜻인데 one's의 표현에 주의해야 한다. 놀라는 주체에 맞춰 소유격을 써야 한다. 위 문장의 경우 주어가 과학자라는 they이기 때문에 to their surprise라고 했다.

- To his surprise, his wife has been cheating on him. 놀랍게도 그의 부인은 바람을 피우고 있었다.
- To my astonishment, he told me a lie. 놀랍게도, 그가 나에게 거짓말을 했다.
- Much to her surprise, he came back the next day. 그녀로서는 매우 놀랍게도 그가 그다음 날 돌아왔다.

식물들은 어느 방향이 위쪽이고, 어느 방향이 아래쪽인지를 알고 있는 것처럼 보인다. 뿐만 아니라, 식물들은 오른쪽과 왼쪽을 구별하는 것처럼 보인다. 만약 양버들로부터 잘린 나뭇가지 하나가 살아 있는 상태로 유지된다면, 새로운 나뭇가지는 그 나무에서 가장 위로 자라난 끝부분에서부터 자라날 것이다. 그 살아 있는 나뭇가지의 윗부분과 아랫부분 사이의 눈에 보이는 차이는 심지어 현미경으로도 전혀 보이지 않는다. 그럼에도, 그 나뭇가지는 자신이 아래라고 간주하는 끝부분으로부터 새로운 가지를 내보내지 않을 것인데, 이는 이러한 끝부분이 우연히 위에 놓여 있는 경우에도 그러하다!

이 주제를 보다 깊이 연구했던 과학자들은 잘라낸 나뭇가지를 세로로 쪼갰다. 놀랍게도, 그들은 다른 한 가지 흥미로운 발견을 했다. 훨씬 더 많은 싹들이 쪼개진 표면의 왼쪽 면보다 오른쪽 면에서 자라났다. 그들은 나뭇가지들을 다시 쪼갰고, 싹들이 역시 오른쪽 면에서 자랐다는 것을 발견했다.

Quick Check

A. 다음 문장을 주어(S), 동사(V), 보어(C), 목적어(O), 수식어구(Q) 등으로 구분하고, 해석해 보세요.

1. Plants seem to know which way is up and which way is down.

= _____

2. New shoots will grow from the end that grew upper most in the tree.

= _____

B. 다음 문장을 끊어 읽기를 해 보세요.

1. A good many more buds grew on the righthand side of the split surface than on the left.

2. They split the sticks again and found that the buds again grew on the right side.

C. 괄호 안의 우리말 표현을 참고하여, 주어진 단어로 바르게 영작하세요.

1. Furthermore, they seem to (right / know / left / from). (오른쪽과 왼쪽을 구별하다)

= _____

2. (difference / between / visible / no / there / is) the top and the bottom of the living stick, even under a microscope. (눈에 보이는 차이점이 없다)

= _____

3. (subject / studying / this / scientists) further split their cuttings lengthwise.
   (이 주제를 연구하는 과학자들은)

= _____

Part 2

자연/과학

English
Reading
Comprehension

Chapter 3
기술과 우주

089

천문학

Some astronomers believe that a black hole may be formed when a large star collapses inward from its own weight. So long as they are emitting heat and light into space, stars supports themselves against their own gravitational pull with the outward thermal pressure generated by heat from nuclear reactions deep in their interiors. If a star eventually exhausts its nuclear fuel, its unbalanced gravitational attraction could cause it to contract and collapse. Furthermore, it could begin to pull in surrounding matter, including nearby comets and planets, creating a black hole.

Vocabulary

astronomer ⓝ 천문학자 **collapse** ⓥ 붕괴하다, 무너지다 **emit** ⓥ ~을 발산하다, 방출하다 **gravitational** ⓐ 중력의 **generate** ⓥ ~을 생성하다, 발생시키다 **thermal** ⓐ 열의 **exhaust** ⓥ ~을 다 써버리다, 소모하다 **eventually** ⓐ 결국 **attraction** ⓝ 끌어당기기 **contract** ⓥ 수축하다; ⓝ 계약 **planet** ⓝ 행성, 유성 **nevertheless** ⓐ 그럼에도 불구하고 **furthermore** ⓐ 더군다나(moreover)

Analysis of Sentence

[So long as they are emitting heat and light into space], stars / support themselves / against their own gravitational pull (with the outward thermal pressure generated by heat from nuclear re-actions deep in their interiors).

[분석] so long as의 접속사가 이끄는 부사절과 〈주격 관계대명사 + be동사〉가 생략된 과거분사구(generated by heat → 앞의 which is 생략) 및 형용사구(deep in their interiors → 앞의 which is 생략)의 후치 수식을 파악한다.

몇몇 천문학자들은 커다란 별이 스스로의 무게로 인해 속으로 붕괴될 때 블랙홀이 생긴다고 믿는다. 열과 빛을 우주로 방출하는 한, 별은 깊숙한 내부의 핵반응열로 생성되어 바깥으로 팽창하는 열압으로 자신의 중력에 저항한다. 그러나 별이 결국 자신의 핵연료를 소진하면, 균형을 잃은 중력 인력으로 오그라들어 붕괴될 수 있다. 게다가, 가까이 있는 혜성과 행성 등과 같은 주위의 물질들까지 끌어당겨 블랙홀이 생기는 것이다.

Quick Check

A. 다음 문장을 주어(S), 동사(V), 보어(C), 목적어(O), 수식어구(Q) 등으로 구분하고, 해석해 보세요.

1. Some astronomers believe that a black hole may be formed.

= _____

2. A large star collapses inward from its own weight.

= _____

B. 다음 문장을 끊어 읽기를 해 보세요.

1. If a star eventually exhausts its nuclear fuel, its unbalanced gravitational attraction could cause it to contract and collapse.

2. Furthermore, it could begin to pull in surrounding matter, including nearby comets and planets, creating a black hole.

C. 아래 예시를 참고하여 빈칸을 채우세요.

> 예시
>
> 1. The bus leaves Seoul and arrives in Busan in five hours.
> ➡ The KTX leaves Seoul, arriving in Busan in five hours..
> 2. She welcomed her students and smiled brightly.
> ➡ She welcomed her students, smiling brightly.

1. He drove off and waved goodbye to his wife.

= _____

2. Stephen contacted some stars and hoped to attract a more audience to his concert.

= _____

자연
과학

Chapter 03 기술과 우주

203

One simple physical concept lies behind the formation of the stars: gravitational instability. The concept is not new; Newton first perceived it late in the 17th century. Imagine a uniform, static cloud of gas in space. Imagine then that the gas is somehow disturbed so that one small spherical region becomes a little denser than the gas around it so that the small region's gravitational field becomes slightly stronger. It now attracts more matter to it and its gravity increases further, causing it to begin to contract. As it contracts, its density increases, which increases its gravity even more, so that it picks up even more matter and contracts even further. The process continues until the small region of gas finally forms a gravitationally bound object.

Vocabulary

gravitation Ⓝ 중력(중력), 인력(작용) **instability** Ⓝ 불안정(insecurity); (마음의) 불안정 **gravitational field** 중력장 **perceive** Ⓥ 인식하다 **attract** Ⓥ 끌어당기다 **density** Ⓝ 밀도 **static** Ⓐ 정적인, 정지 상태의(↔ dynamic, kinetic) **disturb** Ⓥ 방해하다, (균형을) 깨다 **spherical** Ⓐ 구의, 구상의(= globular) **pick up** 줍다, 모으다 **contract** Ⓥ 수축하다 **gravitationally bound** 중력에 의해 결속된

Analysis of Sentence

Its gravity increases further, <u>causing</u> it to begin to contract.

[분사구문의 이해] 위 문장은 다음과 같이 쓸 수 있다.

= Its gravity increases further, <u>and it causes</u> it to begin to contract.

= Its gravity increases further, <u>which causes</u> it to begin to contract.

하나의 간단한 물리적 개념이 별 형성이론을 뒷받침하고 있는데 이것은 중력의 불안정이다. 그러한 개념은 새로운 것이 아니다; 뉴턴이 17세기 말에 그것을 처음으로 인식했다. 우주에 변함없이 움직이지 않는 하나의 가스구름을 상상해 보라. 그리고 그 가스가 어떤 연유로 불안정하게 되어, 조그맣고 둥근 한 지역이 주변지역의 가스보다 밀도가 약간 더 높아져 그 결과 그 조그만 지역의 중력장이 약간 더 강해진다고 상상해 보라. 이제 그 가스구름은 그 지역으로 더 많은 물질을 끌어당기고, 그리고 그 가스구름의 중력은 증가하게 되어 그 지역을 수축하게 한다. 그 지역이 수축함에 따라 그 지역의 밀도가 증가하게 되며, 이것은 중력을 훨씬 더 증가시켜 그 결과 그 지역은 훨씬 더 많은 물질을 얻고 그리고 훨씬 더 수축하게 된다. 그 과정은 결국 조그만 지역의 가스층이 중력으로 결속된 물체를 (마침내) 형성할 때까지 계속된다.

Quick Check

A. 다음 문장을 주어(S), 동사(V), 보어(C), 목적어(O), 수식어구(Q) 등으로 구분하고, 해석해 보세요.

1. One simple physical concept lies behind the formation of the stars.

= _____

2. It now attracts more matter to it.

= _____

B. 다음 문장을 끊어 읽기를 해 보세요.

1. As it contracts, its density increases, which increases its gravity even more, so that it picks up even more matter and contracts even further.

2. The process continues until the small region of gas finally forms a gravitationally bound object.

C. (a)와 (b)의 빈칸에 공통으로 들어갈 표현은 무엇인가요?

(a) I will introduce a new program, _____ will help lose weight.

(b) The flight was delayed for another 20 minutes, _____ made everyone annoyed.

People are accustomed to using blankets to make themselves warm. So they are surprised to see blankets used to keep ice cold and to prevent it from melting. Expecting that a blanket will always make something warm, they think that it must warm ice, too. But what a blanket always does is to prevent heat from passing through one side of it to the other. Thus, it keeps the heat of the body from passing into the colder air surrounding it, and it keeps the heat of the air from passing into the colder ice.

Vocabulary

be accustomed to -ing ~에 익숙하다 **prevent**(= **keep, stop, prohibit, hinder**) + 목 + **from V-ing** 목적어가 V하지 못하게 하다 **melt** Ⓥ 녹다 **pass through** ~을 통해서 전하다 **surround** Ⓥ 둘러싸다, 에워싸다

Analysis of Sentence

Expecting that a blanket will always make something warm, they think that it must warm ice, too.

[분사구문] 분사구문으로 원래 문장은 다음과 같다.

• As they expect that a blanket will always make something warm, they think that it must warm ice, too.

접속사 as와 부사절의 주어와 주절의 주어 they가 동일하므로 생략된다. 시제가 같은 경우 원형에 -ing을 붙이므로 Expecting 으로 시작하는 분사구문이 되었다.

사람들은 따뜻하게 하기 위해 담요를 이용하는 것에 익숙하다. 그래서 그들은 담요가 얼음을 차갑게 유지하기 위해서, 그리고 그것이 녹는 것을 막기 위해서 이용되는 것을 보면 놀란다. 담요가 항상 사물들을 따뜻하게 할 것이라 기대하면서, 그들은 담요가 얼음 또한 따뜻하게 할 것임에 틀림없다고 생각한다. 하지만 담요가 항상 하는 일은 열이 그것의 한쪽 면에서 다른 쪽 면으로 통과하는 것을 막는 것이다. 그러므로 담요는 몸의 열이 담요를 둘러싸고 있는 더 차가운 공기로 가는 것을 막는다. 그리고 공기 중의 열이 더 차가운 얼음 속으로 가는 것을 막는다.

Quick Check

A. 다음 문장을 주어(S), 동사(V), 보어(C), 목적어(O), 수식어구(Q) 등으로 구분하고, 해석해 보세요.

1. A blanket will always make something warm.

= _____

2. What a blanket always does is to prevent heat from passing through one side of it to the other.

= _____

B. 다음 문장을 끊어 읽기를 해 보세요.

1. They are surprised to see blankets used to keep ice cold.

2. It keeps the heat of the body from passing into the colder air surrounding it.

C. 아래의 부사절을 분사구문으로 바꾸어 다시 써 보세요.

1. When he saw me, he ran away. (그는 나를 보자마자, 그는 도망갔다.)

= _____

2. As I didn't know what to say, I remained silent.
   (무슨 말을 해야 할지 몰라서, 나는 계속 조용히 있었다.)

= _____

092

TV shows and films such as Star Trek are popular because they introduce us to characters from other worlds, planets, and galaxies. Perhaps one of the most popular kinds of characters in these futuristic programs is a person with ESP. ESP is a sense that allows one person to read the mind of another without the exchange of words. One must remember, however, that this sense takes place in an untrue and fictitious situation. A more interesting concept is to think about what would really happen if ordinary people possessed ESP.

Vocabulary

character ⓝ 등장인물 **galaxy** ⓝ 은하계 **futuristic** ⓐ 미래의 **fictitious** ⓐ 허구의 **concept** ⓝ 개념 **without the exchange of words** 말을 교환하지 않고 **possess** ⓥ 소유하다

Analysis of Sentence

(One **of the most popular kinds of characters in these futuristic programs**) is a person with ESP.

[수식어구가 달린 주어의 구별] 위 문장은 전치사구가 세 개나 달린 긴 주어이다. of the most popular kinds, of characters, these futuristic programs 등의 수식어구를 파악해야 주어의 핵이 one임을 파악하고, 주동의 수일치를 바르게 할 수 있다.

스타 트랙과 같은 TV 프로그램과 영화들은 그것들이 우리에게 다른 세계, 행성과 은하계들로부터 온 등장인물들을 접하게 하기 때문에 인기가 있다. 아마도 이러한 미래에 관한 프로그램들에서 가장 인기 있는 등장인물들의 부류 중 하나는 ESP를 가진 사람일 것이다. ESP는 말을 주고받지 않고도 한 사람이 다른 사람의 마음을 읽게 해 주는 감각이다. 그러나 명심해야 할 점은 이 감각은 허위적이며, 가상의 상황에서 일어난다는 것이다. 더 흥미로운 개념은 보통 사람들이 ESP를 갖는다면 실제로 무슨 일이 일어날지 생각해 보는 것이다.

Quick Check

A. 다음 문장을 주어(S), 동사(V), 보어(C), 목적어(O), 수식어구(Q) 등으로 구분하고, 해석해 보세요.

1. TV shows and films such as Star Trek are popular because they introduce us to characters from other worlds, planets, and galaxies.

= _____

2. One of the most popular kinds of characters in these futuristic programs is a person with ESP.

= _____

B. 다음 문장을 끊어 읽기를 해 보세요.

1. ESP is a sense that allows one person to read the mind of another without the exchange of words.

2. One must remember that this sense takes place in an untrue and fictitious situation.

C. 괄호 안의 동사를 바르게 고치세요.

1. One of the most famous singers in Korea (be) born today in 1977. (   )

2. One of the most effective ways to deal with challenges (be) to read and learn from the people who have gone before you. (   )

093

바닷물결의 이동

Have you ever watched waves rising and falling in the ocean? Perhaps you have thought that the water in each wave had traveled for miles. Really, the water in each wave seldom gets far from its regular position, and in any particular part of the ocean, the water changes very little. Most of the motion of ocean water is up and down. The forward motion in one drop of water is given to the next drop and by this drop to the next one. Thus, the waves move over great distances, but the water itself goes a very short distance.

Vocabulary

regular ⓐ 규칙적인 **particular** ⓐ 특별한 **forward** ⓐ 전방의 **motion** ⓝ 운동, 움직임 **drop** ⓝ 낙하 **distance** ⓝ 거리

Analysis of Sentence

Have you ever **watched** waves **rising** and **falling** in the ocean?

[지각동사] 5형식 문형에서 watch는 지각동사로 목적보어 자리에 원형부정사(to가 생략된 형태)가 쓰이며, 능동·진행의 의미를 강조할 때는 V-ing의 현재분사가 쓰인다.

- I watched him <u>waiting</u> for the bus at that time. 나는 그가 버스를 기다리고 있는 것을 그때 보았다.
- I watched you <u>overcome</u> all the hurdles in your way. 나는 네가 가는 길에 놓여 있던 모든 장애를 극복하는 것을 보았다.

여러분은 바다에서 파도가 물결치는 것을 보았는가? 아마도 당신은 파도가 멀리까지 간다고 생각했을 것이다. 실제로는 각각의 파도는 그것의 평소 위치에서 그다지 멀리까지 가지 않는다. 바다의 어떤 특정한 지점에서 물은 거의 변화가 없다. 대부분의 바닷물은 위 아래로 움직인다. 앞으로 이동하는 물결은 그 다음 물결로 전해지고, 그리고 이 물결에 의해서 다음 물결로 이어진다. 따라서 파도는 멀리까지 이동하게 된다. 하지만 그 물 자체는 짧은 거리만 이동한다.

Quick Check

A. 다음 문장을 주어(S), 동사(V), 보어(C), 목적어(O), 수식어구(Q) 등으로 구분하고, 해석해 보세요.

1. You have thought that the water in each wave had traveled for miles.

= _____

2. The water in each wave seldom gets far from its regular position.

= _____

B. 다음 문장을 끊어 읽기를 해 보세요.

1. The forward motion in one drop of water is given to the next drop and by this drop to the next one.

2. The waves move over great distances, but the water itself goes a very short distance.

C. 아래 설명을 보고, 해석을 참고하여 빈칸을 채우세요.

INSTRUCTION

	긍정	부정
셀 수 있는 명사	a few	few
셀 수 없는 명사	a little	little

1. I have _____ flowers in my garden. (나는 정원에 몇 개의 꽃이 있다.)

2. I've got _____ money. (나는 약간의 돈이 있다.)

3. _____ people visited him in hospital. (거의 대부분의 사람들이 병원에 있는 그를 방문하지 않았다.)

4. I have _____ time for TV. (나는 TV를 볼 시간이 거의 없다.)

자연
과학

Chapter 03 기술과 우주

211

094

거짓말 탐지기

Many Americans think of lie detectors as machines that can, without error, separate the guilty from the innocent. But nothing could be further from the truth. Lie detectors can and do make errors. For example, the people in charge of lie detectors are not necessarily experts. Many states do not employ licensed examiners who have been trained to read and interpret the lie detector's print-out. In addition, many subjects react to a lie detector test by becoming anxious. As a result, their bodies behave as if they were lying even when they are telling the truth. On the other hand, some subjects are smart enough to use relaxation techniques or tranquilizers to maintain the appropriate calm, even when they are telling a string of lies.

Vocabulary

lie detector 거짓말 탐지기 **subject** ⓝ 실험 재료, 피실험자 **in charge of** ~을 맡은, 책임지는 **relaxation** ⓝ 이완, 완화 **tranquilizer** ⓝ 진정제 **maintain** ⓥ 유지하다 **licensed** ⓐ 자격증을 가진 **examiner** ⓝ 시험관 **interpret** ⓝ (의미를) 해석하다 **in addition** 게다가 **anxious** ⓐ 불안해하는, 염려하는 **appropriate** ⓐ 적절한 **a string of** 여러 개의, 일련의

Analysis of Sentence

As a result, their bodies behave as if they were lying even when they are telling the truth.

[as if 가정법] as if가 가정의 부사절을 이끌 때 주절의 시제와 같은 시제일 경우 가정법 과거시제가 쓰인다. 이때 as if는 '마치 ~인 것처럼'으로 해석한다. (또한, as if절의 시제가 주절의 시제보다 과거인 경우 가정법 과거완료를 쓴다.)

많은 미국인들은 거짓말 탐지기를 아무런 오류 없이 범죄인과 결백한 사람을 구분할 수 있는 기계로 여긴다. 그러나 그것은 전혀 사실이 아니다. 거짓말 탐지기도 실수할 수 있고, 실제로 실수하기도 한다. 예를 들어, 거짓말 탐지기를 담당하고 있는 사람들이 항상 전문가들은 아니다. 많은 주들이 거짓말 탐지기의 출력물을 읽고 해석하도록 훈련받은 자격이 있는 검사원을 고용하고 있지 않다. 더군다나 많은 피실험자들이 긴장을 한 채 거짓말 탐지기 테스트에 반응하기도 한다. 그 결과 그들의 신체는 진실을 말할 때조차도 마치 거짓말을 하고 있는 것처럼 움직인다. 반면에, 어떤 피실험자들은 긴장 완화술 또는 진정제를 사용할 만큼 교활하여 연속적으로 거짓말을 하고 있는 때조차도 적당한 침착함을 유지한다.

Quick Check

A. 다음 문장을 주어(S), 동사(V), 보어(C), 목적어(O), 수식어구(Q) 등으로 구분하고, 해석해 보세요.

1. Many Americans think of lie detectors as machines that can, without error, separate the guilty from the innocent.

= _____

2. In addition, many subjects react to a lie detector test by becoming anxious.

= _____

B. 다음 문장을 끊어 읽기를 해 보세요.

1. Many states do not employ licensed examiners who have been trained to read and interpret the lie detector's print-out.

2. On the other hand, some subjects are smart enough to use relaxation techniques or tranquilizers to maintain the appropriate calm, even when they are telling a string of lies.

C. 각 문장의 빈칸에 알맞은 표현을 박스 안에서 찾아 넣으세요.

> in addition / maintain / licensed / anxious / a string of

1. A sentence is _____ words.

2. This restaurant is _____ to sell liquor.

3. You can buy fresh vegetables there. _____, the servers are very kind.

4. I was _____ for her safety from one day to another.

5. The police will be out in force to _____ peace and order.

자연
과학

Chapter 03 기술과 우주

213

095

커피와 산소

Escape of coffee aroma vapors and gases does not in itself impair the flavor of coffee, according to new researches reported in Industrial and Engineering Chemistry. Oxygen is the chief culprit in staling. Tests showed that roasted coffee is best preserved in tightly sealed vacuum cans. If oxygen is present, the coffee deteriorates even though the sealing is tight. The tests were made with the aid of professional coffee tasters. Samples hermetically sealed in a vacuum, remained fresh throughout the test period of forty-eight days. Coffee swept continuously for fifty-five days with dry nitrogen remained comparatively fresh and showed that the evolution of gas has no detectable effect on flavor.

Vocabulary

aroma n 향 **impair** v (맛 등을) 손상시키다 **culprit** n 주범, 범죄자 **stale** v (음식물 등을) 상하게 하다 **hermetically** ad 밀폐하여 **escape** n 누출 **vapor** n 증기 **roast** v 볶다 **vacuum** n 진공 **deteriorate** v 악화되다, 저하되다 **aid** n 도움 **sweep** v 휩쓸다(과거분사 swept) **continuously** ad 계속, 끊임없이 **nitrogen** n 질소 **comparatively** ad 비교적 **evolution** n 발생, 방출 **detectable** a 탐지할 만한

Analysis of Sentence

If oxygen is present, the coffee deteriorates even though the sealing is tight.

[조건 부사절 접속사 if와 양보 부사절 접속사 even though] 주절의 앞뒤에 조건 부사절과 양보 부사절이 위치하고 있다. if는 조건 부사절을 이끄는 접속사로 '~한다면'의 의미이고, even though는 양보 부사절을 이끄는 접속사로 '비록 ~할지라도'의 의미이다.

'산업과 공업 화학'지에 보고된 새 연구에 의하면, 커피의 향기로운 증기와 가스가 빠져나가는 것이 커피의 맛을 본질적으로 변하게 하지는 않는다고 한다. 커피의 맛을 바꾸는 주범은 산소이다. 실험을 해 본 결과, 볶은 커피는 완전히 밀폐된 진공 깡통 속에서 가장 잘 보존된다. 만약 산소가 존재한다면 비록 그 밀폐 상태가 빈틈없어도 커피의 질이 떨어진다. 이 실험은 전문적인 커피 감정인들의 도움으로 행해졌다. 진공상태에서 밀폐된 샘플들은 48일간의 실험기간 동안 줄곧 신선함이 유지됐다. 건조 처리한 (물이나 산소를 제거한) 질소를 가지고 55일 동안 계속 휘저은 커피는 비교적 신선함이 유지되었으므로, 가스의 발생이 커피 맛에 어떤 탐지할 만한 영향을 끼치지는 않는다는 것을 보여 주었다.

Quick Check

A. 다음 문장을 주어(S), 동사(V), 보어(C), 목적어(O), 수식어구(Q) 등으로 구분하고, 해석해 보세요.

1. Tests showed that roasted coffee is best preserved in tightly sealed vacuum cans.

= _____

2. If oxygen is present, the coffee deteriorates even though the sealing is tight.

= _____

B. 다음 문장을 끊어 읽기를 해 보세요.

1. Escape of coffee aroma vapors and gases does not in itself impair the flavor of coffee, according to new researches reported in Industrial and Engineering Chemistry.

2. Samples hermetically sealed in a vacuum, remained fresh throughout the test period of forty-eight days.

C. 문맥에 맞게 아래 빈칸에 들어갈 가장 적절한 접속사를 박스 안에서 고르세요.

even though / every time / by the time / now that

1. _____ I look at those glasses, I remember my grandfather.

2. The weather is getting hotter _____ the rainy season is over.

3. _____ sharks are fish, they don't have scales like other fish.

4. _____ she graduated from middle school, she improved greatly.

자연
과학

Chapter 03 기술과 우주

Although a jet engine and a rocket engine operate on the principle of Newton's Third Law, they differ in that a jet must take in oxygen from the air to burn its fuel, but a rocket must carry its own oxygen. Gases escaping under great pressure in one direction exert a push on the engine in the opposite direction. According to Newton's Third Law, to each action there is an equal and opposite reaction. You can illustrate the principle by blowing up a rubber balloon. It moves forward as the air escapes in the opposite direction.

Vocabulary

take in ~을 흡입하다 **exert** ⓥ 압력을 가하다 **operate** ⓥ 작용되다, 가동하다 **principle** ⓝ 원리 **fuel** ⓝ 연료 **reaction** ⓝ 반응, 반작용 **illustrate** ⓥ ~를 설명하다 **opposite** ⓐ 반대의 **direction** ⓝ 방향

Analysis of Sentence

They differ in that a jet must take in oxygen from the air to burn its fuel, but a rocket must carry its own oxygen.

[in that = in the sense that(~라는 점에서)] 접속사구인 in that ~은 '~라는 점에서'의 의미이며, 부사절을 이끈다. 접속사 that 앞에 전치사가 위치한 특별한 경우로 원래 in the sense that의 동격의 that에서 the sense가 생략된 경우이다.

제트엔진과 로켓엔진은 뉴턴의 제3법칙의 원리에 따라 작동하지만, 제트엔진은 연료를 연소시키려면 대기로부터 산소를 흡입해야 하는데 반해서 로켓은 (연료용) 산소를 지니고 다녀야 한다는 점에서 서로 다르다. 높은 압력하에서 한 방향으로 분출되는 가스는 (분출되는 방향의) 엔진에 추진력을 준다. 뉴턴의 제3법칙에 따르면, 모든 작용에는 크기가 같고 방향이 반대인 반작용이 발생한다. 고무풍선을 불어 날려봄으로써 이 원리를 설명할 수 있다. 고무풍선은 공기가 뒤로 빠져나갈 때 앞으로 나가게 된다.

Quick Check -

A. 다음 문장을 주어(S), 동사(V), 보어(C), 목적어(O), 수식어구(Q) 등으로 구분하고, 해석해 보세요.

1. You can illustrate the principle by blowing up a rubber balloon.

= _____

2. It moves forward as the air escapes in the opposite direction.

= _____

B. 다음 문장을 끊어 읽기를 해 보세요.

1. Although a jet engine and a rocket engine operate on the principle of Newton's Third Law, they differ in that a jet must take in oxygen from the air to burn its fuel, but a rocket must carry its own oxygen.

2. Gases escaping under great pressure in one direction exert a push on the engine in the opposite direction.

C. 아래 문제의 지시를 따르세요.

1. 아래 제시된 두 문장을 in that을 활용하여 한 문장으로 만드세요.

   (a) She was fortunate.   (b) She had friends to help her.

= _____

2. 접속사 as를 활용하여 아래 두 문장을 연결하세요.

   (a) The new system is better.   (b) It provides faster access to the Internet.

= _____

3. 아래 문장을 in that을 사용하여 같은 문장이 되도록 영작하세요.

   Since it comprehensively outlines all the major arguments on this issue, this essay is a good one.

= _____

자연
과학

Chapter 03 기술과 우주

217

With increasing development of computer technology, there is a new disease to worry about. Computer "virus" programs designed to sabotage computers are infecting computers in corporations, homes, and universities. These viruses spread rapidly, much like biological contagion, and then disrupt the affected systems. The virus secretly attaches itself to other programs and then can delete or alter files. The damage is generally activated by using the computer's clock. Then, any program that is executed may be exposed to the virus, including programs spread through telephone connections. Because of the increasing incidents of virus infiltration, businesses and agencies are becoming wary of sharing software. Security policies need to be increased as immunity programs are being developed.

Vocabulary

sabotage ⓥ (계획, 정책 등을) 고의로 파괴하다 **contagion** ⓝ 감염 **infiltration** ⓝ 침투 **incorporation** ⓝ 법인 단체, 회사 **spread** ⓥ 퍼지다 **rapidly** ⓐⓓ 급속히 **disrupt** ⓥ ~를 혼란시키다 **attach** ⓥ ~를 붙이다 **delete** ⓥ 삭제하다 **alter** ⓥ 변경시키다 **activate** ⓥ 활동적이게 하다 **execute** ⓥ ~를 실행하다 **wary** ⓐ 경계하는, 조심하는

Analysis of Sentence

Security policies **need to be increased** as immunity programs are being developed.

[need to be V-ed = need(want) V-ing] need가 to부정사를 목적어로 취할 때 주어와 의미상 능동의 관계를 갖고 동명사를 목적어로 취할 땐 수동의 관계를 갖는다. 위 문장은 다음과 같이 바꿀 수 있다.

Security policies <u>need increasing</u> as immunity programs are being developed.

컴퓨터 기술이 계속해서 발전하면서 새로운 고민거리가 하나 생겼다. 컴퓨터를 고의로 파괴하려 고안된 컴퓨터 '바이러스' 프로그램이 회사와 가정, 그리고 대학에 있는 컴퓨터를 감염시키고 있다. 이 바이러스는 마치 생물학적 전염병처럼 급속히 퍼지며 감염된 시스템을 파손한다. 바이러스는 다른 프로그램에 은밀하게 들러붙어 (컴퓨터) 파일을 삭제하거나 변경시킬 수 있다. 그 피해는 컴퓨터에 내장된 시계를 이용함으로써 대개 활성화된다. 그래서 전화선을 통해 확산되는 프로그램을 비롯해 실행되는 어떤 프로그램도 바이러스에 노출될 수 있다. 바이러스 침투 사고가 늘어남에 따라 기업체와 기관들은 소프트웨어를 공유하는 것에 대하여 주의를 기울이고 있다. 면역 프로그램이 개발되고 있는 것처럼, 보안 대책의 증대가 요구된다.

Quick Check

A. 다음 문장을 주어(S), 동사(V), 보어(C), 목적어(O), 수식어구(Q) 등으로 구분하고, 해석해 보세요.

1. These viruses spread rapidly, much like biological contagion.

= _____

2. Security policies need to be increased as immunity programs are being developed.

= _____

B. 다음 문장을 끊어 읽기를 해 보세요.

1. Computer "virus" programs designed to sabotage computers are infecting computers in corporations, homes, and universities.

2. Then, any program that is executed may be exposed to the virus, including programs spread through telephone connections.

C. 아래 보기를 보고, 제시된 문장의 빈칸을 채워 넣으세요.

보기
(a) Computer "virus" programs are infecting computers in homes.
(b) They are designed to sabotage computers.
➡ Computer "virus" programs which are designed to sabotage computers are infecting computers in homes.
➡ Computer "virus" programs designed to sabotage computers are infecting computers in homes.

① The damage is devastating.
② It is generally activated by using the computer's clock.
➡ The damage _____ _____ _____ _____ by using the computer's clock is devastating.
➡ The damage _____ _____ by using the computer's clock is devastating.

자연
과학

Chapter 03 기술과 우주

219

098

우주왕복선의 재활용

The Space Shuttle, a new manned space transport system, is developed by NASA. It is expected to reduce the costs of scientific, commercial and defense needs. The Shuttle is a rocket which can be flown back to Earth like a conventional aircraft and then reused. Because it has a large cargo capacity and is so versatile, it can carry out more than one mission per trip. It would be possible for the Shuttle to put a weather satellite and a scientific satellite into proper orbits and then pick up a communication satellite for servicing. Although the Shuttle is most often used as an uninhabited vehicle, it can also be used as a manned earth-orbiting laboratory for up to 30 days.

Vocabulary

Space Shuttle (미국 NASA의) 우주 왕복선 **manned** ⓐ 사람을 실은, 유인의 **unmanned** ⓐ 무인의 **NASA** 미국 항공 우주국(National Aeronautics and Space Administration) **conventional** ⓐ 전통적인, 인습적인 **capacity** ⓝ 용적, 용량 **versatile** ⓐ 다방면의, 다재한 **satellite** ⓝ 위성, 인공위성; 위성도시 **artificial** ⓐ 인위적인 **laboratory** ⓝ 실험실, 시험소

Analysis of Sentence

It is expected to reduce the costs of scientific, commercial and defense needs.

[〈It~to부정사〉 가주어 진주어 구문] It은 가주어이고, to부정사구가 진주어이다. 진주어 to reduce는 동사의 성질을 가지므로 목적어 the costs와 수식어구를 이끌고 있다.

새로운 유인 우주 운송 체제인 우주 왕복선이 미국 항공 우주국(NASA)에 의해 개발되고 있다. 이 우주 왕복선은 과학적, 상업적 또 방어의 필요에 의해 소요되는 비용을 줄일 것으로 예상된다. 이 왕복선은 재래식 항공기처럼 지구로 되돌아올 수 있으며, 다시 사용될 수 있는 로켓이다. 화물 적재 용량이 크고 매우 다목적이기 때문에, 이것은 여행할 때마다 한 가지 이상의 임무를 수행할 수 있다. 이 왕복선은 기상 위성과 과학 위성을 적절한 궤도 속에 진입시키고, 서비스를 위해 통신 위성을 적재하는 것이 가능하다. 비록 이 왕복선이 사람이 타지 않는 운반선으로 아주 종종 사용될지라도, 이것은 또한 30여 일 동안 유인 지구 궤도 실험실로도 사용될 수 있다.

Quick Check

A. 다음 문장을 주어(S), 동사(V), 보어(C), 목적어(O), 수식어구(Q) 등으로 구분하고, 해석해 보세요.

1. The Shuttle is a rocket which can be flown back to Earth like a conventional aircraft and then reused.

= _____

2. It is expected to reduce the costs of scientific, commercial and defense needs.

= _____

B. 다음 문장을 끊어 읽기를 해 보세요.

1. It would be possible for the Shuttle to put a weather satellite and a scientific satellite into proper orbits and then pick up a communication satellite for servicing.

2. Although the Shuttle is most often used as an uninhabited vehicle, it can also be used as a manned earth-orbiting laboratory for up to 30 days.

C. 아래 문장의 빈칸에 들어갈 표현을 박스 안에 넣으세요.

manned / conventional / capacity / versatile / satellite

1. The _____ way of looking for a lost pet is to post up fliers and signs.

2. The _____ was designed to examine climate change and its effects.

3. It was the first _____ flight to the Moon.

4. Eggs are easy to cook and are an _____ food.

5. I don't think the elevator has the _____ to hold all those people.

자연
과학

Chapter 03 기술과 우주

221

099

TV의 부정적 영향

A lot of people in modern society are hooked on TV. The idiot box has become a "third parent" to our children and a "second spouse" to our wives and husbands. Indeed, in some homes the children, and individually the parents, spend more time with the television than each other. Critics worry that passively watching TV is too absorbing of our time and attention; we not only do not get enough physical exercise, but we do not stimulate our mental activity either. Another problem is the tendency toward copycat behavior: we dress, talk, and behave in ways that we model after characters on TV and in the movies. Many legal experts believe that delinquency problems are made much worse by young people imitating what they see in the media.

Vocabulary

hooked on ~에 빠져 있는 **critic** ⓝ 비평가, 평론가 **passively** 🅐🅳 수동적으로 **absorb** Ⓥ (시간, 돈을) 잡아먹다, 흡수하다 **stimulate** Ⓥ 자극하다 **tendency** ⓝ 경향 **copycat** ⓐ 모방한; ⓝ 흉내쟁이 **worrisome** ⓐ 걱정스러운 **suggestive** ⓐ 선정적인 **delinquency** ⓝ (청소년의) 비행, 범죄

Analysis of Sentence

We not only do not get enough physical exercise, but we do not stimulate our mental activity either.

[상관접속사 not only A but (also) B] 'A뿐만 아니라 B도'의 의미이며 also는 생략될 수 있다. 또한 but도 생략되는 경우가 있으며 ;나 ,나 .로 대체되기도 한다. only도 simply, merely, just 등으로 대체되기도 한다. B as well as A와 같은 의미이다.

현대 사회의 많은 사람들은 TV에 빠져 있다. 그 바보상자는 우리의 아이들에게 '제3의 부모'가, 우리의 아내와 남편들에게 '제2의 배우자'가 되었다. 실제로, 일부 가정에서 아이들과, 개별적으로 부모들은, 서로보다 텔레비전과 더 많은 시간을 보내고 있다. 비평가들은 수동적으로 텔레비전을 시청하는 것이 우리의 시간과 관심을 너무 잡아먹고 있다고 우려한다; 우리는 충분한 신체적 운동을 하지 못할 뿐만 아니라, 또한 정신적인 활동을 자극하지 못한다. 또 하나의 문제는 모방 행동에 대한 경향이다: 우리는 텔레비전이나 영화에 나오는 인물들을 본 따는 방식으로 입고 말하고 행동한다. 많은 법률 전문가들은 청소년들이 대중 매체에서 보는 것들을 그대로 모방하는 것으로 인해 청소년 비행 문제가 보다 더 심각해지고 있다고 믿는다.

Quick Check ....

A. 다음 문장을 주어(S), 동사(V), 보어(C), 목적어(O), 수식어구(Q) 등으로 구분하고, 해석해 보세요.

1. The idiot box has become a "third parent" to our children and a "second spouse" to our wives and husbands.

= _____

2. Indeed, in some homes the children, and individually the parents, spend more time with the television than each other.

= _____

B. 다음 문장을 끊어 읽기를 해 보세요.

1. We dress, talk, and behave in ways that we model after characters on TV and in the movies.

2. Many legal experts believe that delinquency problems are made much worse by young people imitating what they see in the media.

C. 괄호 안의 단어를 빈칸에 알맞은 형태로 바꾸어 넣으세요.

1. My son _____ on dinosaurs these days. (hook)

2. They _____ all _____ in pursuing worldly fame and gain. (absorb)

3. I _____ abroad for the past few years. (be)

100

레이저의 활용

In industry, the laser has proven to be a very versatile tool, particularly for cutting and welding. Lasers are now also used in high-speed printing and in the creation of three-dimensional images, called holograms. Laser tracking and ranging systems have been developed, using light signals to measure distance rather than the radio signals of radar. The use of the laser in biological and medical applications is also rapidly expanding, and the laser is already being used with great success in certain surgical procedures. In the field of communications the laser, used in conjunction with fiber-optic networks, is capable of carrying much more information than conventional wires and is setting the stage for the "electronic superhighway" of the near future.

Vocabulary

versatile ⓐ 다방면의, 다재다능한; 다목적으로 쓰이는 **welding** ⓝ 용접 **three-dimensional** ⓐ 3차원의, 입체의 **tracking** ⓝ 추적 **range** ⓥ 범위를 정하다; 조준하다 **field** ⓝ 범위, 분야 **in conjunction with** ~와 함께; ~에 관련하여 **fiber-optic network** 광섬유 통신망 **wire** ⓝ 전선, 케이블; 전신 **rampant** ⓐ 사나운, 유행하는; 만연하는 **flexible** ⓐ 구부리기 쉬운; 유순한; 탄력적인 **replace** ⓥ 제자리에 놓다, 되돌리다; 바꾸다 **illustrate** ⓥ 설명하다, 예증하다

Analysis of Sentence

Laser tracking and ranging systems / <u>have been developed</u>, <u>using</u> light signals to measure distance rather than the radio signals of radar.

1) have + p.p의 현재완료와 be p.p의 수동태가 결합된 형태다. 아래의 예문을 통해서 그 활용을 살펴보면 다음과 같다.

수동문: The machine <u>is used</u>. 그 기계는 사용된다.

수동완료문: The machine <u>has been used</u>. 그 기계는 사용되어 오고 있다.

2) 분사구문 using의 주체는 문장의 주어인 Laser tracking and ranging systems이다. 접속사를 통해 문장을 연결하면 다음과 같다.

Laser tracking and ranging systems have been developed <u>and they use</u> light signals to measure distance rather than the radio signals of radar.

산업에서, 레이저는 매우 다양한 용도로 쓰이는 도구임이 증명되었으며, 특히 절단과 용접에서 그러하다. 오늘날 레이저는 또한 고속 인쇄와 홀로그램이라고 불리는 3차원 영상을 만드는 데에도 사용되고 있다. 레이저 추적과 조준 시스템도 개발되었는데, 이것은 거리를 측정하기 위해 레이더의 무선 신호가 아닌 광 신호를 사용하고 있다. 생물학과 의학에서의 사용도 급속히 확장되어서 레이저는 이미 특정 수술 과정에서 크게 성공적으로 쓰이고 있다. 통신 분야에서는 레이저가 광섬유통신망과 연계되어 사용되는데 기존의 통신선보다 더 많은 정보를 전달할 수 있으며, 가까운 미래의 전자 초고속 통신을 위한 단계를 만들고 있다.

Quick Check

A. 다음 문장을 주어(S), 동사(V), 보어(C), 목적어(O), 수식어구(Q) 등으로 구분하고, 해석해 보세요.

1. The use of the laser in biological and medical applications is also rapidly expanding.

= _____

2. The laser is already being used with great success in certain surgical procedures.

= _____

B. 다음 문장을 끊어 읽기를 해 보세요.

1. Lasers are now also used in high-speed printing and in the creation of three-dimensional images, called holograms.

2. In the field of communications the laser, used in conjunction with fiber-optic networks, is capable of carrying much more information than conventional wires.

C. 아래 비교급 문장의 예시를 보고, 우리말을 참고하여 빈칸에 알맞은 단어를 넣으세요.

예

1) He is tall. ➡ He is much taller than me.
2) Sam has books. ➡ Same has as many books as I have.

1. Juan is heavy.
➡ Juan is _____ _____ than Tom. (Juan은 Tom보다 훨씬 무게가 많이 나간다.)

2. Juan has cars.
➡ Juan has _____ _____ cars _____ Tom _____. (Juan은 Tom만큼 많은 차를 소유하고 있다.)

3. The laser is capable of carrying information.
➡ The laser is capable of carrying _____ _____ information _____ conventional wires.
(레이저는 통신 분야에서는 기존의 통신선보다 더 많은 정보를 전달할 수 있다.)

English
Reading
Comprehension

정답과
해설

Chapter **01** 언어와 역사

001 언어의 기원

A. 1. Someone you like has arrived for a visit.
       S   V   Q

해석 당신이 좋아하는 사람이 방문차 도착했다.

2. You give the person a warm, cordial
   S   V   O   O
greeting, speak kind words, and serve
                                V
a hot meal.
   O

해석 당신은 그 사람에게 따뜻하고, 다정한 인사와 친근한 말을 하고, 따뜻한 식사를 제공하려 할 것이다.

B. 1. You / probably / say / very little / to the person / and give / him or her / a plate of cold meat / from a shoulder of beef.

해석 당신은 / 아마도 / 말할 것이다 / 아주 조금 / 사람에게 / 그리고 줄 것이다 / 그 또는 그녀에게 / 차가운 고기를 / 소의 어깨

2. (After a free meal of cold shoulder), the unwanted guest / is bound to / get the message.

해석 (찬 어깨의 공짜 식사 후에) 환영받지 못한 손님은 / 수밖에 없다 / 메시지를 알아차릴

C. 1. who

해석 어제 전화를 주신 신사분이 당신을 만나기 원했습니다.

2. which

해석 (가게에서 손님이) 저는 충성심이 많고, 장난도 잘 치는 개가 좋습니다.

002 비판의 부정적 효과

A. 1. Criticism is futile [because it puts a person
       S   V C   Q   S V   O
on the defensive and usually makes him
   Q   V   O
strive to justify himself].
   O.C

해석 비판은 부질없는 것이다. 왜냐하면 그것은 상대로 하여금 방어적이게 하고 그로 하여금 그 자신을 언제나 정당화시키도록 애쓰게 만들기 때문이다.

2. Criticism is dangerous [because it wound
   S   V C   Q   S V
a person's precious pride, hurts his sense of
   O   V
importance, and arouses resentment].
   O   V   O

해석 비판은 위험한 것이다. 왜냐하면 인간의 소중한 자존심을 상하게 하고 자긍심을 손상시켜 분노를 일으키기 때문이다.

B. 1. B.F. Skinner, / the world-famous psychologist, / proved / through his experiments / that an animal / rewarded for good behavior / will learn / much more rapidly.

해석 B.F. Skinner는 / 세계적으로 유명한 심리학자로 / 증명했다 / 자신의 실험을 통해서 / 동물은 / 바람직한 행위로 인해 보상을 받은 / 배운다고 / 훨씬 더 빠르게

2. Later studies / have shown / that the same / applies to humans.

해석 나중(에 실행된) 연구에서 / 보였다 / 동일한 것이 / 인간에게도 적용된다는 것을

C. (A)

(A)는 the thing that count ~와 같이 선행사를 포함한 관계대명사인 반면 (B)는 be동사 뒤 보어 자리의 정보에 해당하는 모르는 사항이므로 의문사를 활용한 명사절을 이끈다.

해석 (A) 당신의 목적을 성취하기 위해 중요한 것은 인내이다. (B) 겉으로 보이는 것에 속지 마라.

003 언어 없는 삶?

A. 1. [When there is no one to talk with],
                            Q
people talk (to themselves, to their dogs
   S   V
even to their plants).
         Q

해석 같이 말할 사람이 없을 때 사람들은 혼잣말을 하거나 개에게 이야기하거나 심지어는 식물에게도 말을 건다.

2. In severe cases family members may feel
      Q   S   V
[that the whole person is lost forever].
   O   S   V

해석 심한 경우 가족들은 온전한 사람을 영원히 잃어버렸다고 느낄 수도 있다.

B. 1. Language / is so tightly woven / into human experience / that it / is scarcely possible / to imagine life / without it.

해석 언어는 / 아주 꼼꼼하게 짜여져 있다 / 인간의 경험 속에 / 그래서 이것은 / 거의 불가능하다 / 삶을 상상하는 것이 / 이것이 없는

2. Chances are / that (if you / find two or more people together / anywhere on earth,) they / will soon be exchanging words.

해석 가능성이 높다 / (만약 당신이 / 둘 또는 그 이상의 사람들이 함께 이는 것 발견하면 / 지구 어디선가) 이들은 / 곧 말을 섞게 된다

분석 (The) chances are (that) S V는 '~할 가능성이 높다'라는 뜻이며, 같은 뜻으로 The odds are that S V이 있다.

C. 1. The universe is so vast that no one knows where it ends.

해석 그 우주는 너무 광대해서 어느 누구도 그것의 끝을 알 수 없다.

2. The dog was so big that it could not fit in the car.

해석 그 개는 너무 커서 자동차에 들어갈 수 없었다.

004 이중언어학습

A. 1. Learning two languages was harmful
　　　　S　　　　　　V　　C
to a child's cognitive abilities.
　　　　Q

해석 두 가지 언어를 배우는 것이 아동의 인지 능력에 해로웠다.

2. This gives the idea (of there being a total
　S　V　　O
amount of language acquisition).

해석 이는 언어 습득에 전체량이 존재한다는 생각을 갖게 한다.

B. 1. [The idea / that knowledge in the two languages / would be kept separate / instead of influencing each other] / isn't logical.

해석 [개념은 / 두 개 언어에 대한 지식은 / 서로 분리되어 유지된다 / 서로 영향을 미친다기보다는] / 논리적이지 않다

2. The knowledge of one language / can accelerate / our understanding of another.

해석 하나의 지식은 / 가속화시킬 수 있다 / 또 다른 언어에 대한 우리의 이해를

C. that there is

해설 동격의 that은 that S V의 구조를 취하며, there 구문의 주어가 acquisition의 단수명사이므로 is가 된다.

해석 이는 언어 습득에 전체량이 존재한다는 생각을 갖게 한다.

005 미국의 외국어 학습 실태와 영향

A. 1. The United States remains an
　　　　　　　　　S　　　　　V
underdeveloped country [when it comes to
　　　　　　C
language skills].
　　Q

해석 언어능력에 있어 미국은 여전히 저개발 국가이다.

2. Immigrants are importing their mother
　　　S　　　　　V
tongues at record rates.
　　O　　　　　Q

해석 이민자들이 기록적인 속도로 그들의 모국어를 들여오고 있다.

B. 1. Ignorance of other languages and cultures / handicaps / the United States / in dealing with the rest of the world.

해석 다른 언어와 문화에 대한 무지는 / 방해한다 / 미국을 / 전 세계 나머지 나라와 거래를 하는 데 있어

2. The language policies in the United States / address this problem / primarily with efforts to teach "foreign" languages / to monolingual Americans.

해석 미국의 언어 정책은 / 이러한 문제를 다룬다 / 주로 '외국' 언어를 가르치려는 노력과 함께 / 단일의 언어를 사용하는 미국인에게

C. 1. When it comes to

해설 '~에 있어'라는 표현은 when it comes to이고, 주의할 것은 to가 전치사이기 때문에 명사 또는 명사상당어구(문제에선 동명사 deciding이 쓰임)가 이어져야 한다.

2. rates

해설 '기록적인 속도로'라는 표현은 at record rates라고 표현한다.

006 Barbarian의 기원

A. 1. It means (simply) people [who make
　S　V
noises (like 'bar bar') (instead of talking
　　　　O
Greek)].

해석 이 말은 그리스어로 말하는 대신에 '바바' 따위의 말로 웅얼거리는 사람을 가리키는 말이었다.

2. The Greek word "barbaros" does not
　　　　　　　　S
mean "barbarian" (in the modern sense).
　V　　O　　　　　Q

해석 그리스어 '바바로스'는 현대 개념의 '야만인'을 가리키는 말이 아니었다.

B. 1. it does not mean / people who live in caves / and eat their meat raw.

해석 그것은 의미하지 않는다 / 동굴 안에 사는 사람 / 그리고 날고기를 먹는

2. If you did not speak Greek, / you were a "barbarian," / whether you belonged to some wild Thracian tribe, / or to one of the luxurious cities of the East, / or to Egypt, / which, as the Greeks well knew, / had been a stable and civilized country / many centuries before Greece existed.

해석 당신이 그리스어를 하지 못한다면 / 당신은 바바리안이다 / 당신이 트라키아 부족에 속해 있건 / 동부의 귀족이건 / 이집트인이건 / 그리스인이 잘 알고 있는 것처럼 / 안정되고 문명화된 나라 / 그리스가 존재하기 몇 세기 전에

C. (3)

해설 선택지 (3)의 경우 내용상 '~인지 아닌지'의 명사절을 이끄는 whether이 쓰여야 한다.

[H(→ whether) you get the job done in time] depends
　　　　　　　　　　　　　　　S
on your determination.

해석 (1) 나는 그에게 그가 파티에 올 수 있을지를 물었다. (2) 네가 성공할지 못할지는 최선을 했다면 문제가 되지 않는다. (3) 네가 제시간에 일을 끝낼지는 너의 의지에 달려 있다. (4) 나는 그가 자신의 개인 기록을 깰지 궁금하다.

007 게임의 순기능

A. 1. (Despite popular belief), playing 15 hours
　　　　　　　　　　　　　　　　　Q
of the video game, (Call of Duty), may have
　　　　　　　　S　　　　　　　　　　V
its benefits.
　O

해석 널리 알려진 믿음과는 상관없이, 15시간 동안 비디오 게임인 '콜 오브 듀티'를 하는 것이 장점이 있을 수 있다.

2. Many military officials believe [that video
　　　S　　　　　　　　V　　O
game training will help U.S. soldiers face
　　S　　　　　V　　　　O
the many challenges (that they encounter
　　　　　　　　　　　　OC
in high-risk areas)].

해석 많은 군 장교들은 비디오 게임 훈련이 미군들이 매우 위험한 지역에서 부딪히는 많은 어려움을 대하는 데 도움을 줄 것이라고 믿는다.

B. 1. The U.S. Office of Naval Research / recently discovered / that regular video game players / are better / at facing enemies and threatening situations / than non-players.

해석 미 해군 연구소는 / 최근에 알아냈다 / 정기적인 비디오 게이머들이 / 더 낫다는 것을 / 적군이나 위협적인 상황에 직면했을 때 / 비디오 게임을 하지 않는 사람들보다

2. Ray Perez, / a program officer / in the Office of Naval Research's warfighter performance department, / stated / that gamers perform / "10% to 20% higher, / in terms of perceptual and cognitive ability, / than normal people / that are non-gamers."

해석 레이 페레즈는 / 프로그램 장교인 / 해군 연구소 전투력부 / 말했다 / 게이머들이 수행 능력을 보여 준다고 / 10%에서 20% 더 높은 / 지각과 인지적 능력 면에서 / 일반인들보다 / 게임을 하지 않는

C. 1. state
　2. perceptual
　3. benefit
　4. cognitive

008 독립적 발명품인 문자의 발달

A. 1. The art of writing itself is a good example
　　　　　　　　　　S　　　　　V　　　C
[of what students of the past called
　　Q　　　　　S　　　　　V
independent invention], [since systems of
　　　　O　　　　　　　　　　Q
writing have evolved in isolation at different
　S　　　　V　　　　　　　　　Q
times in different parts of the world].

해석 표기법 자체는 과거의 학생들이 독립적인 발명이라고 불렸던 것의 좋은 예인데, 왜냐하면 표기 시스템이 다른 시기에 다른 세계의 지역에서 고립된 상태에서 진화해 왔기 때문이다.

2. (Roughly 1,000 years later) an entirely
　　　　　　　Q
independent system of writing arose (halfway
　　　　　S　　　　　　　V
around the world) (in Mesoamerica).
　　Q　　　　　　Q

해석 대략 1,000년 후에 전적으로 독립적인 표기 시스템이 지구 반대편 메소아메리카에서 발생했다.

B. 1. For example, / one system – the Chinese ideogram – / can be traced / to its origin / in archaic signs / engraved on the scapular bones of sheep / or the shells of turtles / in the second millennium B.C. / as a means of asking questions of heaven.

해석 예를 들어, / 한 시스템은 – 한자 – / 찾을 수 있다 / 그 기원을 / 고대 기호에서 / 양의 어깨뼈 위에 새겨진 / 또는 거북

이의 등껍데기에 / 기원전 2,000 ~ 1,000년 / 하늘에게 묻는 수단으로써

2. It combined / a simple system of numerical notation / with complex hieroglyphs / and was principally used to indicate the dates / of various events / according to an elaborate calendarical system.

해설 그것은 결합한 것이었다 / 숫자 표기법의 단순한 체계를 / 복잡한 상형문자와 / 그리고 주로 날짜들을 가리키는 데 사용되었다 / 다양한 사건들의 / 정교한 연력 시스템을 따라

C. 1. (C)

해설 met 뒤에 목적어가 없는 것으로 보아 목적격 관계대명사 whom 또는 that이 쓰인다.

[The man (whom I met yesterday)] wants to see you.
        S

해설 내가 어제 만난 그 남자는 너를 보고 싶어 한다.

2. (D)

해설 want의 목적어와 선행사가 없는 것으로 보아 선행사를 포함하는 관계대명사 what이 적절하다.

This is just [what I have wanted so long].
               C

해설 이것은 딱 내가 아주 오랫동안 원했던 것이다.

3. (A)

해설 접속사와 대명사의 기능을 모두 가지고 있으면서 계속적용법으로 쓰일 수 있어야 하고, 선행사로 내용을 받는 것은 which이다.

009 유아의 언어능력

A. 1. Infants, (despite their inability to speak),
        S   Q
are excellent communicators.
V   C

해설 유아들은, 말을 할 수 없음에도 불구하고, 아주 뛰어난 의사소통자이다.

2. Babies are (also) receptive (to speech),
   S   V   Q   C   Q
[even they cannot understand the words].
Q   S   V   O

해설 아기들은 또한 말에 대하여 잘 받아들이는데, 그들이 단어들을 이해하지 못한다고 해도 그러하다.

B. 1. They can distinguish / between a human voice and other noises / and tend to listen attentively / to their parents' voice.

해설 아기들은 구별할 수 있다 / 인간의 목소리와 다른 소음을 / 그리고 집중하여 듣는 경향이 있다 / 부모의 목소리를

2. In fact, / many parents report / that when their baby is crying, / he begins to calm down / as he hears / his parent's voice approaching.

해설 실제로 / 많은 부모들이 보고한다 / 아기가 울다가도 / 울음을 그치기 시작한다고 / 아기가 듣게 되면 / 부모의 목소리가 다가오는 것을

C. 1. made

해설 규칙은 깨지도록 '만들어졌다'는 내용이므로 be made가 되어야 한다.

2. understood

해설 5형식 문형으로 '~을 이해하다'는 make oneself understood로 표현한다.

3. look

해설 사역동사는 목적보어에 원형부정사(to부정사가 생략된 동사원형의 꼴)가 쓰여야 하므로 look이 옳다.

010 그레고리 라스푸틴

A. 1. The shadowy figure of Gregory Rasputin
                           S
has continued to titillate.
V   O

해설 그레고리 라스푸틴이라는 수수께끼 같은 인물은 계속해서 사람들의 흥미를 자극해 왔다.

2. In his day there were those who thought
         Q   Q   V   S
him a monster of deception.

해설 그의 생전에는 그를 사기의 귀신이라고 여기는 사람도 있었다.

B. 1. There were / those who were convinced / that he was / a saint / possessed / of mysterious healing powers.

해설 있었다 / 확신하는 사람이 / 그가 / 성인이라고 / 가진 / 신비로운 치료의 힘을

2. (The startling dichotomy / of his personality, his exploits, and influence) / have inspired / (books, films, a famous lawsuit, and an opera).

해설 놀라운 정도의 양분이 / 그의 인격이나 공적, 영향력에 대한 / 고무시켰다 / 책이나 영화, 유명한 소송사건, 오페라 등을

C. who was

해설 사람을 선행사로 취하는 주격 관계대명사 who와 be동사가 결합된 형태를 넣으면 된다. 참고로 주절의 동사와 일치하여 과거시제가 되어야 하므로 is가 아니라 was임에 주의한다.

011 인류학 박사 플로이드 라운즈버리

A. 1. His passing is a great loss to colleagues
       S   V   C

in anthropology and linguistics.
               Q

> 해석 그의 사망은 인류학과 언어학에 종사하는 동료들에게 커다란 손실이다.

2. Memorial contributions may be made to
         S   V

the Endangered Language Fund.
            Q

> 해석 조의금은 언어보호기금(Endangered Language Fund)에 기부될 것이다.

B. 1. It is / with immense sadness / that we / must report / the death of our friend and colleague.

> 해석 이것은 / 감당하기 힘든 슬픔이다 / 우리가 / 보고하는 것이 / 우리 친구이자 동료의 죽음을

> 해설 It is A that B 강조구문으로 A를 강조하여 'B인 것은 바로 A다'라고 해석한다.

2. With his indomitable spirit and active research agenda, / he / made outstanding contributions / to linguistic theory.

> 해석 그의 불굴의 정신과 활발한 연구 의제로 / 그는 / 뛰어난 공헌을 했다 / 언어학 이론에

C. 1. was in 1813

> 해설 부사구 in 1813을 강조하는 it ~ that 구문이며, 과거시제에 맞춰 be동사를 was로 써야 함에 주의한다.

> 해석 제인이 이 소설을 쓴 것을 바로 1813년이었다.

2. is a smile

> 해설 주어인 a smile을 강조한 구문이다.

> 해석 웃음은 사람을 가장 매력적이게 만든다.

012 미신의 기능

A. 1. They followed superstitious customs
    S   V   O

(in order to try to control the evil spirits).
                  Q

> 해석 그들은 악령들을 지배하기 위한 시도로 미신적인 관습들을 따랐다.

2. (In Greece long ago), mothers had a way
          Q   S   V   O

(of keeping witches and bad spirits away from their sleeping babies).

> 해석 옛날 그리스에서는 어머니들이 잠자고 있는 아기들에게 마녀와 사악한 영혼들이 가까이 가지 못하도록 하는 방법을 알

고 있었다.

B. 1. In ancient times, / people / often made up superstitious customs / as a way of dealing with things / that they did not understand.

> 해석 고대에 / 사람들은 / 종종 미신적인 관습들을 만들었다 / 것들을 알기 위한 방편으로 / 그들이 이해하지 못하는

2. This / was believed / to keep the baby safe.

> 해석 이것이 / 믿어졌다 / 아기를 안전하게 한다고

C. (2)

> 해설 '~에 익숙하다'의 be familiar with의 with가 쓰인 문장은 keep pace with(~의 속도를 맞추다)가 활용된 선택지 (2)이다. (1) of (3) to (4) into

> 해석 오늘날에는 잘 알려진 많은 질병들에 관하여 알지 못했다.

Chapter 02 문화와 건강

013 샤토브리앙 문학

A. 1. Chateaubriand devoted his life to the
                   S   V   O

writing of novels.
       Q

> 해석 샤토브리앙은 그의 인생을 소설을 쓰는 데 바쳤다.

2. He marked the change (from the old classical
    S   V   O

to the modern romantic French literature).
               Q

> 해설 from A to B는 하나의 수식어구로 처리하도록 한다.

> 해석 그는 이전의 고전주의에서 근대 낭만주의로 프랑스 문학이 변화하는 시기를 특징지었다.

B. 1. He / is important / historically / because he / influenced / so many later French writers, / but his stories / have lost their appeal / to the reading public.

> 해석 그는 / 중요하다 / 역사적으로 / 왜냐하면 그가 / 영향을 미쳤기 때문에 / 아주 많은 후대 프랑스 작가들에게 / 그러나 그의 소설은 / 매력을 잃었다 / 대중 독자들에게

2. They / are to be found / only on the shelves of the universities / and not in the bookstores.

> 해석 그들은 / 발견된다 / 단지 대학교의 책 선반 위에서 / 서점에서가 아니라

C. expected to / is expected that / will

> 해설 예에서 보는 바와 같이 be to 용법 중 예정은 be expected to에서 expected가 생략된 꼴이다. 이는 It is expected that S will V의 형태로 바꾸어 쓸 수 있다.

해석 샘은 이달 말 엄마를 방문할 예정이다.

014 야구경기의 효과

A. 1. (During a few hours in the ball park), city
　　　　　　　　　　　　　　　Q
people saw play [that they could remember
　S　　V　　O
afterwards].

해석 야구 경기장에서 몇 시간 있는 동안, 도시 사람들은 (경기가) 끝난 후에도 기억할 수 있는 경기를 보았다.

2. Baseball seemed to legitimize and
　S　　V
appreciate each spectator's daily struggle
　　　　　　　　　C
for success.
　　Q

해석 야구는 관중(시민)들의 성공을 위한 매일의 투쟁을 정당화하고 인정하는 것처럼 보였다.

B. 1. Watching the rivalry on the diamond / introduced / standards of competition / into the spectators' lives.

해석 야구 경기장에서 라이벌전을 보는 것은 / 도입했다 / 경쟁의 기준을 / 관중의 삶 속에

2. The game / also reduced / their daily tensions / [because its ups and downs / seemed more momentous / than their lives].

해석 경기는 / 또한 줄였다 / 이들 일상의 긴장감을 / [왜냐하면 이것의 극적인 상황들이 / 더 중대하게 보였기 때문에 / 그들의 삶보다]

C. 1. each spectator's daily struggle for success

해설 명사구의 핵인 struggle을 중심으로 '성공을 위한 투쟁'은 struggle for success라고 먼저 표현하고, 나머지의 순서를 맞춰 보도록 한다.

2. its ups and downs seemed more momentous than their lives

해설 비교급 구문의 이해가 핵심이다. 주부와 서술부를 구별하고, 〈more + 형용사/부사 + than〉을 활용하여 momentous를 중심으로 살을 붙이도록 한다.

015 언론과 광고

A. 1. It is oppressed under the heel of
　　S　　V
advertisements.
　　　Q

해석 이것은 광고의 뒤꿈치에 억눌린다.

2. A proprietor or editor dare not offend
　　　S　　　　　　V
the advertisers by anything he publishes in
　　O
his paper.
　　Q

해석 경영자든 편집자든 그가 자신의 신문에 게재하는 어떤 것으로도 감히 광고주의 마음을 상하게 하지 않는다.

B. 1. Even the Press, / that great organ / which boasts of its freedom / in all democratic countries, / is not in reality free at all.

해석 언론조차도 / 그 위대한 기관 / 자신의 자유를 자랑하는 / 모든 민주주의 국가에서 / 실제로 전혀 자유롭지 않다

2. [If he did,] they / would withdraw / their advertisements / and the paper / would lose / their financial backing.

해석 [만약 그가 그랬다면] 이들은 / 취소한다 / 자신의 광고를 / 그리고 신문사는 / 잃게 된다 / 이들의 재정적 지원을

C. 1. were / would
2. bought / might
3. had / could

016 저작권

A. 1. Melodies and lyrics were handed down
　　　　S　　　　　V
from generation to generation.
　　　　　　Q

해석 멜로디와 가사는 세대에서 세대로 전해져 내려왔다.

2. Plagiarism is part and parcel of the creative
　　S　　V　　　　C
process.

해석 표절은 창의적 과정의 중요 부분이다.

B. 1. [Artists / who borrow / a guitar riff or drum beat] / risk / getting sued / for copyright infringement.

해석 [예술가들 / 차용하는 / 기타의 반복 선율이나 드럼의 박] / 위험에 직면한다 / 고소를 당할 / 저작권 위반으로

2. The vast majority of modern music / refers to / other music / that has already been written / or performed previously.

해석 거의 대부분의 현대 음악은 / 참고한다 / 다른 음악을 / 이미 쓰여졌거나 / 이전에 연주된

C. 1. had bought / would

해설 혼합가정법으로 If절에 걸리는 내용은 과거 사실과 반대이므로 had bought이 되고, 주절에는 현재 사실과 반대가 되므로 would가 적절하다.

2. had listened / wouldn't

해설 혼합가정법으로 If절에 걸리는 내용은 과거 사실과 반대이므로 had listened이 되고, 주절에는 현재 사실과 반대가 되므로 wouldn't가 적절하다.

017 영화 세트장의 설치

A. 1. These sets are built in large, windowless
   S   V   Q

buildings, called "sound stages."
           Q

해석 이러한 세트들은 '사운드 스테이지'라고 불리는 창문이 없는 거대한 건물들 안에 제작된다.

2. Indoor sets (on sound stages) are
   S   V

convenient [because all the necessary
   C   Q

camera, sound equipment, and wiring
              S

can be permanently installed].
          V

해석 사운드 스테이지에 설치된 실내 세트에는 필요한 모든 카메라, 음향 장비, 배선 등이 영구적으로 설치될 수 있으므로 편리하다.

B. 1. (At other times,) a movie set / is built / "on location," / which means / outside the studio.

해석 (다른 경우에) 영화세트장은 / 지어진다 / 야외에서 / 이것은 의미한다 / 스튜디오 밖을

2. This / enables / the film makers / to use actual physical landscape / as the scenery.

해석 이것은 / 가능하게 한다 / 영화제작자들이 / 실제 지형을 사용하도록 / 배경으로

C. 1. The tight schedule forced me to take a taxi.

해설 force A to V를 활용하고, '택시를 타다'는 take a taxi라고 표현한다.

2. His timely advice enabled me to finish the project on time.

해설 '제때'라는 표현은 on time이라고 한다.

018 건축과 방음제

A. 1. A silent home can cause feelings (of
   S   V   O

anxiety and isolation).

해석 조용한 집은 긴장과 고독함을 유발할 수 있다.

2. They used such techniques (as making
   S   V   O

walls hollow and filling this wall space with
materials) [that absorb noise].
         Q S   V   O

해석 그들은 벽에 공간을 만들어 소음을 줄이는 물질을 채워 넣는 기술을 사용했다.

B. 1. Now architects / are designing structures / that reduce undesirable noise / but retain the kind of noise / that people seem to need.

해석 이제 건축가들은 / 건물을 설계하고 있다 / 불필요한 소음을 줄이되 / 소음을 유지하는 쪽으로 / 사람들에게 필요한

2. Air conditioners and furnaces / were designed to filter air / through soundproofing materials.

해석 에어컨과 난로는 / 공기를 환기하도록 설계되었다 / 방음성 소재를 통해

C. 1. in a way that reduced noise / as comfortable as possible

해설 주격 관계대명사와 동등비교를 활용한다.

2. were used to cover

해설 수동태를 활용한다.

019 TV의 영향

A. 1. [Where parents and children are
   Q   S

concerned], talk appears to be both rare and
   V   S   V   C

precious.

해석 부모와 아이들이 관계될 때 말은 귀하고 소중한 것이 된다.

2. The same study showed [that (while they
   S   V   O

were watching TV), both parents and children
   Q   S

tended to talk (to the television set) (more
   V   C

than to each other)].
   Q

해석 같은 조사에서 그들이 텔레비전을 보는 동안, 부모와 자녀는 둘 다 서로 이야기를 나누기보다 TV수상기에 대고 얘기하는 경향이 있다는 것을 밝혔다.

B. 1. Research / has revealed / that parents and children / spend / only about ten minutes a day / in conversation.

해석 조사는 / 밝혔다 / 부모와 자녀들이 / 소비한다는 것이 / 하루에 10분 정도만 / 대화하는 데에

2. In a study of 1,500 households, / researchers / were surprised to find / that parents and children / spent / a quarter of their total time together / watching television.

해석 1,500가구들의 조사에서 / 연구자들은 / 발견해서 놀랐다 / 부모와 아이들이 / 소비한다는 사실을 / 그들이 함께하는 시간의 4분의 1을 / 텔레비전을 보는 데

C. 1. (3), (1)

해설 think의 목적어 자리에 위치한 명사절 접속사 that으로 완벽한 문장을 가진다. / let의 목적어 역할을 하는 지시대명사 that이다.

해석 나는 당신이 그런 일이 일어나게 둘 거라고 생각하지 않아요.

2. (4)

해설 목적격 관계대명사로 목적어가 생략된 불완전한 문장을 이끈다.

해석 너는 네 여동생이 책상 위에 둔 잡지를 보았니?

3. (5)

해설 앞의 명사 the belief에 대한 동격의 that으로 완벽한 문장을 이끈다.

해석 그들은 경제가 더 좋아질 거라는 믿음을 갖고 있다.

020 성형

A. 1. Surgery [that can improve the way a person
　　　　　　　　　　　　　S
looks] is becoming more and more popular.
　　　　V　　　　　　　　C

해석 사람의 외모를 향상시킬 수 있는 수술은 더욱 더 인기가 많아지고 있다.

2. A younger look through cosmetic surgery
　　　　　　　　　　　　　　S
may give an older employee a few more
　V　　　　O
years on the job.
　　　　O

해석 수술을 통한 동안은 나이 든 직원들을 몇 년 더 일하도록 해 줄지도 모른다.

B. 1. This kind of surgery / is called cosmetic surgery, / and both men and women / are turning to this treatment / as a way of keeping / their appearance young / as well as keeping competitive / in their jobs.

해석 이런 종류의 수술은 / 성형수술이라고 불리고 / 남녀 모두 / 이 치료에 의지하고 있다 / 유지하는 방법으로 / 자신들의 외모를 젊게 / 경쟁력을 유지하는 방법으로뿐만 아니라 / 직장에서

2. Men especially / are beginning to turn / to face-lifts, liposuction, and implants, / to help them look younger.

해석 특히 남성들은 / 의존하기 시작하고 있다 / 주름 제거, 지방 흡입술, 그리고 임플란트에 / 더 젊게 보이도록 도와줄 수 있는

C. 1. when

해설 선행사 the time으로 보아 when이 적절하다.

2. why

해설 이유의 관계부사는 why이다.

3. in which

해설 방법의 관계부사의 경우 how인데, the way how는 절대 같이 쓸 수 없다. the way in which S V, the way (that) S V, how S V의 세 가지 경우로 쓰인다.

021 공공시설에 그려진 Graffiti

A. 1. Professional artists do not hang their
　　　　　　　S　　　　　　　　V
paintings (in the street).
　　O　　　　Q

해석 전문 예술가들은 그들의 그림을 길거리에 걸지 않는다.

2. (Instead) they seek funding and gain fame
　　Q　　　S　　V　　O　　　　V　　O
(through legal exhibitions).
　　　　　　Q

해석 대신 그들은 합법적인 전시를 통해 자금을 모으고 명성을 얻는다.

B. 1. Creativity / is admirable / but people / should find ways / to express themselves / that do not inflict extra costs / upon society.

해석 창조성은 / 존경스럽다 / 하지만 사람들은 / 방법을 찾아야만 한다 / 자신을 표현하는 / 추가 비용을 부과하지 않는 / 사회에

2. Why / do you / spoil / the reputation of young people / by painting graffiti / where it's forbidden?

해석 왜 / 당신은 / 훼손시키는가 / 젊은 사람들의 평판을 / 낙서를 함으로써 / 금지된 곳에

C. 1. for him to appear

해설 wait가 이끄는 서술부의 주어는 문장상의 주어 We이다. 괄호 안의 동사 appear의 의미상의 주어가 him이므로 for him to appear라고 표현한다.

해석 우리는 출구에서 그가 나타나기를 기다렸다.

2. for a family to have

해설 have의 의미상 주어가 a family이므로 for a family to have로 표현한다.

해석 식사 시간 동안 가족이 대화를 나누는 것은 불가능하게 되었다.

022 스트레칭의 중요성

A. 1. The most common reason (for teaching
S
stretching to athletes) is [that it increases
V C S V
flexibility].
O

해석 운동선수들에게 스트레칭을 가르치는 가장 일반적인 이유는 이것이 유연성을 증가시키기 때문이다.

2. This ability (to move joints) (through a full
S
range of motion) reduces the risk of injury.
V O

해석 관절을 운동할 수 있는 최대한의 범위로 움직이는 이 능력은 부상의 위험을 줄여 준다.

B. 1. For example, / if a soccer player / is able to move / his or her leg / further back / while preparing for a shot, / more power / can be created.

해석 예를 들어 / 만약 한 축구 선수가 / 움직일 수 있다면 / 다리를 / 뒤로 더 / 슛을 준비하는 동안 / 보다 센 힘이 / 생길 수 있다

2. Although / an individual's sprint speed / can only be changed / a little bit, / one way / to help maximize speed / is to increase / the range of motion / through stretching.

해석 비록 / 한 사람의 전력 질주 속도가 / 바뀌지 않을지라도 / 조금밖에 / 하나의 방법은 / 전력 질주 속도를 최대화하는 / 늘리는 것이다 / 운동할 수 있는 범위를 / 스트레칭을 통해

C. 1. This ability to move joints through a full range of motion

해설 '~하는 능력'은 ability to V로 사용이 표현하고, a range of motion이란 표현을 하나의 의미덩어리로 표현하는 것이 관건이다.

2. One way to help maximize speed

해설 to help는 명사를 후치 수식하고 있다.

023 후회의 감정

A. 1. Chronic remorse is a most undesirable
S V
sentiment.
C

해석 만성적 후회는 가장 바람직하지 않은 감정 중 하나다.

2. [If you have behaved badly], make
Q S V V
what amends you can.
O

해석 만약 당신이 나쁘게 행동했다면, 바꿀 수 있는 것을 하라.

B. 1. On no account / brood over / your wrong doing.

해석 무슨 일이 있어도 ~ 마라 / 곰곰이 생각하다 / 당신이 잘못한 행동을

2. Rolling in the muck / is not / the best way / of getting clean.

해석 흙에 뒹구는 것은 / 아니다 / 최선이 / 깨끗하게 되는

C. 1. Sharing ideas

해설 '아이디어를 공유하다'는 share ideas이지만 주어 자리에 위치하므로 동명사의 형태를 취한 sharing ideas가 바른 표현이다.

해석 아이디어를 공유하는 것은 기대하지 못한 발명품에 이르게 한다.

2. Eating the right foods

해설 '바른 음식을 먹는다'는 eat the right foods이며 주어 자리에 들어가야 하므로 eating the right foods로 표현해야 한다.

해석 매일 적당한 음식을 먹는 것은 당신이 바람직한 체중을 유지하는 것을 도와준다.

024 생활안전

A. 1. Long, flowing sleeves have no place
S V O
in a kitchen.
Q

해석 길게 늘어뜨린 소매는 부엌(일)에 적합하지 않다.

2. Highly flammable synthetic fabrics can be
S V
most unsafe.
C

해석 불붙기 아주 쉬운 합성 섬유는 가장 위험하다.

B. 1. You / should avoid / long curtains / that might blow / over the range / and catch fire.

해석 당신은 / 피해야 한다 / 긴 커튼을 / 날릴 수 있는 / 레인지 위로 / 그리고 불을 낼 수 있는

2. They / are too easily caught / on pan handles, / are easily ignited / by range burners, / and are generally / in the way.

해석 그것들은 / 너무나 쉽게 걸리고 / 냄비 손잡이에 / 불붙기 쉽고 / 가스레인지에 의해 / 보통 / 거치적거리기 마련이다

C. 1. flammable

해설 matches와 out of reach of children와 같은 표현을 통해 '인화성'에 해당하는 flammable이 적절함을 파악할 수 있다.

2. place

해설 젤을 바르는 이유에 해당하는 내용이므로 '고정하는'에 해당하는 in place가 적절하다.

025 고속도로 교통사고의 원인

A. 1. <u>You</u> <u>have to slow down considerably</u>.
    S   V

해석 속도를 상당히 늦춰야 한다.

2. <u>Slow drivers</u> <u>should move to the right</u> and
    S   V

<u>let</u> <u>the faster drivers</u> <u>pass them</u>.
 V   O   O.C

해석 저속 차량은 우측으로 비켜서 빠른 차량이 추월할 수 있게 해야 한다.

B. 1. There is nothing / worse / than driving / on a two-lane road / with a speed limit of 40 mph.

해석 없다 / 더 나쁜 / 운전하는 것보다 / 2차선 도로에서 / 제한 속도가 시속 40마일인

2. [When you're stuck / behind someone / traveling at a snail's pace / and there's no room / to get around him], / that's what causes / road rage and accidents.

해석 [당신이 갇힐 때 / 누군가의 뒤에서 / 아주 천천히 운전하는 / 그리고 여지가 없다 / 그를 둘러 갈] / 이것은 유발하는 것이다 / 도로 위의 분노와 사고를

C. 1. at a snail's pace

해설 at a snail's pace는 '아주 천천히'라는 의미의 숙어이다. 한 덩어리로 외워 두는 것이 좋다.

2. get around

해설 get around는 다양한 뜻을 지닌다. 1) get around somebody (보통 상대방에게 잘해 주어서) ~를 설득시키다 ⓜ She knows how to get round her dad. (그녀는 자기 아빠를 설득시키는 법을 안다.) 2) get round/around to

something ~을 할 시간[짬]을 내다 ⓜ I meant to do the ironing but I didn't get round to it. (내가 다림질을 하려고 했는데 그럴 짬이 나지 않았다.) 3) get round a difficulty 곤란을 피하다

026 삶의 모순

A. 1. <u>Nice guys</u> <u>finish last and</u> <u>are</u> <u>dopes</u>.
    S   V   V   C

해석 착한 사람들은 뒤처지게 되고, 마약 중독자가 된다.

2. <u>They</u> <u>don't do so well</u> <u>in real life</u>.
   S   V   Q

해석 이들은 실제 인생에서 그리 잘해 내지 못한다.

B. 1. The nice, good guys / are praised / but not respected, / are liked / by women and employers / but are passed up / by both.

해석 친절하고 착한 남자들은 / 칭찬을 받는다 / 그러나 존경받지는 못한다 / 좋아한다 / 여성과 고용주들이 / 그러나 선택받지 못한다 / 둘 다에게서

2. He / doesn't care / what people think of him / just so long as / he / gets / what he wants.

해석 그는 / 신경 쓰지 않는다 / 사람들이 그를 어떻게 생각하는지 / 단지 ~하는 한 / 그가 / 얻는 / 그가 원하는 것을

C. 1. Not only does he teach

해설 not only가 도치되면서 주의할 것은 주어가 3인칭 단수 he이므로 does의 조동사가 도치된다는 점이다.

해석 그는 우리를 가르칠 뿐 아니라 우리를 잘 이해한다.

2. Not only do children actively attribute

해설 복수명사 children에 따라 조동사 do가 도치되고, 부사는 일반동사 앞에 위치하므로 actively attribute와 같은 어순이 됨을 주의한다.

해석 아이들은 상호작용에 적극적으로 공헌할 뿐 아니라 그렇게 함으로써 이들은 자기 자신의 성장결과에 영향을 미친다.

027 취업 조언

A. 1. <u>Attention to detail</u> <u>is</u> <u>something</u> [everyone
        S   V   C

can and should do].

해설 something 뒤에 선행사 something을 수식하는 주격 관계대명사 that이 생략되어 있음을 파악하도록 한다.

해석 사소한 일에 주의를 기울이는 것은 누구나 할 수 있고 또 해야 하는 일이다.

2. <u>Resumes</u> <u>arrive</u> <u>with stains</u>.
    S   V   Q

해석 얼룩진 이력서가 도착한다.

B. 1. Human-resources director Bob Crossley / notices / this / in the job applications / that come across his desk / every day.

해석 인사과 디렉터인 보브 크로슬리는 / 알아차린다 / 이것을 / 지원서에서 / 그의 책상에서 마주하는 / 매일

2. [If they / cannot take care of / those details], / why should we trust / them / with a job?

해석 [만약 당신이 / 처리할 수 없다면 / 이러한 세부사항을] / 왜 우리가 믿어야 하는가 / 그들을 / 일에서

C. 1. Reading a book

해설 접속사와 동일주어를 생략하고, 종속절과 주절의 시제가 같으므로 진행형의 원형인 read에 -ing을 붙여 분사구문을 만든 경우다.

해석 책을 읽다가 로라는 잠이 들었다.

2. The man leaving the building

해설 종속절과 주절의 주어가 다르므로 the man을 그대로 두었다.

해석 그 남자가 건물을 떠나자마자, 나는 경찰에 전화를 걸었다.

3. Not knowing what to do

해설 분사구문의 부정은 앞에 Not을 붙여 만든다.

해석 나는 무엇을 할지 몰랐기에, 아무런 말없이 그냥 앉아 있었다.

028 부자의 비결: 근면과 검소

A. 1. Waste neither time nor money, but make
     V   O   V
the best use of both.
     O

해석 시간과 돈 모두를 낭비하지 말고, 둘을 잘 활용하라.

2. It depends (chiefly) on two words.
   S   V   Q

해석 이것은 주로 두 단어에 의존한다(달려 있다).

해설 depend on을 타동사구로 보아 It depends on two
                                   s   v
words.로 분석할 수도 있다.
  O

B. 1. Without industry and frugality / nothing / will do, / and with them / everything.

해석 근면과 검소가 없으면 / 없다 / 되는 것이 / 그리고 이것들이 있으면 / 모든 것이 (가능하다)

2. In short, / the way to wealth, / [if you desire it], / is as plain / as the way to market.

해석 결론적으로 / 부에 이르는 길은 / [만약 당신이 이것을 소망한다면] / 단순하다 / 시장에 가는 길만큼

C. 1. The answer is as plain as

해설 as plain as는 '~만큼 명백한, 뻔한'의 뜻의 동등비교를 활용한 표현이며, as obvious(plain) as the nose on your face라는 표현은 '아주 뻔한, 분명한'이란 관용표현이므로 함께 암기해 두도록 한다.

2. a stranger to industry

해설 A is stranger to B는 'A는 B가 초면이다' 즉, 'A는 B를 모른다'라는 의미다.

029 선입견

A. 1. Prejudice is the result (of powerful
       Q   V   C
emotions).

해석 선입견은 강력한 감정의 결과이다.

2. Prejudice means the rejection (of a
       S   V   O
contention).

해석 선입견은 논쟁의 거부를 의미한다.

B. 1. We / must approach / the question / with as nearly open a mind / as we can.

해석 우리는 / 접근해야 한다 / 그 질문에 / 거의 열린 마음으로 / 할 수 있는 한

2. (After / carefully and openly examining / the evidence) / we reject / the proposition.

해석 (후에 / 철저하고 공공연하게 검토한 / 증거를) / 우리는 거부한다 / 그 제안을

C. (a) with as nearly open a mind
(b) with a deep awareness of our own limitations

해설 (a)에는 〈as + 부사/형용사 + a + 명사〉의 어순에 따라 with as nearly open a mind가 적절하다. (b)의 경우 '깊은 인식'은 a deep awareness이고, '우리 자신의 한계'는 our own limitations이므로 with a deep awareness of our own limitations와 같이 영작한다.

030 가족 간 무분별한 신뢰

A. 1. A lot of people find it extremely difficult
                   S   V O   O.C
to build trust in their created relationships.
                     O

해석 많은 사람들이 배우자의 경우와 같이 만들어진 관계에 신뢰를 형성하는 것을 극히 어렵게 여긴다.

2. This trust stems from some biological
      S   V
connection in the blood.
     Q   Q

해석 이러한 신뢰는 생물학적 혈연의 관계에서 유래한다.

B. 1. It is necessary / to wonder / if this trust stems / from some biological connection / in the blood.

해석 필요하다 / 의심하는 것이 / 이러한 신뢰가 유래하는지 / 특정 생물학적 연계에서 / 혈족의

2. It / is supposed / to indicate / a certain sense of togetherness / to suspect entrusting one's faith / even in a total stranger.

해석 이것은 / 여겨진다 / 나타내는 것으로 / 특정 유대감을 / 어떤 사람을 신뢰하는 것을 미심쩍어하는 / 전혀 모르는 사람에게조차

C. (3)

해설 제목은 주제와 함께 글의 요지를 담는 표현이 된다. 본문은 '가족 또는 친척에 대한 무조건적 신뢰'에 대한 아쉬움을 드러내는 글이므로, 이러한 내용을 가장 잘 반영한 표현은 (3)이다. run in the family는 '집안 내력이다'라는 뜻이다.

031 시간 관리

A. 1. Most of us adjust our attitudes and

　　　　S　　　V

behaviors to a rapid pace of living and working.

　O　　　　　　　Q

해석 대부분의 사람들은 빠른 속도로 진행되는 일과 삶에 자신들의 태도와 행동을 적응시키려고 노력한다.

2. The secret lies [in how we manage the

　　S　　　V

relationship between the things we have to do and the time available to do them in].

　　　　　　　　　Q

해석 비밀은 우리가 해야만 하는 일과 그것들을 할 수 있도록 할당된 시간 사이의 관계를 잘 관리하는 데 있다.

B. 1. Many difficulties and much stress today / come / from our thinking / that there is not enough time.

해석 오늘날 많은 어려움과 스트레스는 / 온다 / 우리의 생각에서 / 충분한 시간이 없다는

2. Time itself / remains unchanged / in the sense / that it carries on / in the same way / as it has for millions of years.

해석 시간 자체는 / 변화하지 않은 상태다 / ~라는 점에서 / 이것이 지속된다 / 같은 방식으로 / 수백만 년 동안 그래 왔던 것같이

C. 1. It was Jane that Tom met on the street last week.

해설 목적어 Jane을 it is ~ that 사이에 넣는데, 주의할 것은 과거형 문장이므로 It was로 표현해야 한다.

2. It was on the street that Tom met Jane last week.

해설 장소의 부사 on the street를 it is ~ that 사이에 넣어 표현한다.

032 삶을 대하는 태도의 변화

A. 1. Dr. William James said [that the most

　　　　　　　S　　　V　O

important discovery of our time is (that we can

　　　S　　　　　　　V C　S　V

change our lives by changing our attitudes)].

　　O　　　　　　Q

해석 우리 시대의 가장 중요한 발견은 우리가 태도를 바꿈으로써 우리의 삶을 바꿀 수 있다는 것이라고 윌리엄 제임스 박사는 말했다.

2. Even the grouchiest person will discover

　　　　　S　　　　　V

[that their day starts in a more enthusiastic

O　　S　　V　　　　Q

way].

해석 심지어 가장 기분이 언짢은 사람조차도 그들의 하루가 더 열정적으로 시작된다는 것을 발견할 것이다.

B. 1. Simply / start / every day / with a list / of what you are grateful for.

해석 단순하게 / 시작하세요 / 매일 / 리스트로 / 당신이 감사하는 것으로 구성된

2. [When you concentrate / on what you have], you / will be amazed – / and so will your friends and family – / at how you are changing.

해석 [당신이 집중할 때 / 당신이 가지고 있는 것에] 당신은 / 놀라게 될 것이다 / 그리고 당신의 친구와 가족도 / 당신이 변화하는 것을 보고

C. 1. what

해설 지난밤에 한 사실을 이미 알고 있고, 불완전 문장이 따르면서 '~하는 것'으로 해석되므로 관계대명사 what이 쓰여야 한다.

2. what

해설 불완전 문장을 이끄는 명사절이 와야 한다. 모르는 정보에 해당하는 내용이므로 의문사 what이 이끄는 명사절이 위치한다. (위의 문제와 비교하도록 한다.)

033 안전운전

A. 1. <u>Extensive research</u> <u>shows</u> <u>the dangers of</u>
        S   V

<u>distracted driving</u>.
    O

해석 광범위한 조사는 산만한 운전이 가지는 여러 위험성을 보여 준다.

2. <u>Hands-free devices</u> <u>do not eliminate</u> <u>the</u>
      S   V

<u>risks</u>, and <u>may worsen</u> <u>them</u> <u>by suggesting</u>
 O   V   O

[that the behavior is safe].
      Q

해석 핸즈프리 장치도 그러한 위험성을 제거하지 못하며, 그러한 행동이 안전하다는 인식을 줌으로써 위험성을 더 악화시킬 수 있다고 한다.

B. 1. Studies / say / that drivers using phones / are four times / as likely to cause a crash / as other drivers.

해석 연구는 / 드러낸다 / 전화를 사용하는 운전자가 / 4배나 높다 / 사고를 유발할 가능성이 / 다른 운전자보다

2. [The likelihood that they will crash] is equal / to that of someone / with a .08 percent blood alcohol level.

해석 [이들이 충돌사고를 낼 가능성은] 동등하다 / 다른 사람의 가능성과 / 혈중 알코올 농도 0.08%인

C. 1. say의 목적어 자리에 위치한 명사절 접속사 that으로 완벽한 문장을 가진다.

해석 그녀는 항상 내가 현재보다 더 열심히 일해야 한다고 말한다.

2. 주격 관계대명사로 주어가 생략된 불완전한 문장을 이끈다.

해석 인류 초기의 지도는 현재의 터키에 있었던 고대의 한 도시에서 기원전 7000년에 만들어진 것으로 간주된다.

3. 동격의 that으로 완벽한 문장을 이끈다.

해석 이들은 정부가 제시한 대책이 경제를 좋게 할 것이라는 믿음을 가지고 있다.

034 일의 긍정적 효과

A. 1. (With this advantage of work) <u>another</u>
                Q   S

<u>is</u> <u>associated</u>, (namely) that <u>it</u> <u>makes</u> <u>holiday</u>
V   C   Q   S   V   S

<u>more delicious</u> [when <u>they</u> <u>come</u>].
    OC   Q   S   V

해석 일의 이런 이점과 함께, 다른 이점이 관련되어 있는데, 즉, 일은 휴일이 다가올 때, 휴일을 더 즐겁게 만든다는 것이다.

2. [Provided <u>a man</u> <u>does not have to work</u>
           Q   S   V

<u>so hard</u> (as to impair his vigor)], <u>he</u> <u>is likely</u>
          Q   S   V

to find <u>more zest</u> (in his free time) [than <u>an</u>
      O   Q   Q   S

<u>idle man</u> <u>could find</u>].
           V

해석 만일 사람이 자신의 기력을 약화시킬 만큼 열심히 일하지 않아도 된다면, 그는 자신의 자유 시간에 게으른 사람이 찾을 수 있는 것보다 더한 열정을 찾을 수 있을 것이다.

B. 1. Work is desirable, / first and foremost, / as a preventive of boredom, / for the boredom / that a man feels / when he is doing necessary / though uninteresting work / is regarded as nothing / in comparison with the boredom / that he feels / when he has nothing to do with his days.

해석 일은 바람직한데 / 다른 무엇보다도 / 지루함의 예방책으로 / 왜냐하면 지루함은 / 사람이 느끼는 / 필요한 일을 하고 있을 때 / 흥미 없는 일이지만 / 아무것도 아닌 것으로 여긴다 / 지루함과 비교해서 / 그가 느끼는 / 사람은 자신이 하루 종일 할 일이 아무것도 없을 때

2. With this advantage of work / another is associated, / namely / that it makes holidays / more delicious / when they come.

해석 일의 이런 이점과 함께 / 다른 이점이 관련되어 있는데 / 즉 / 일은 휴일을 만든다 / 더 즐겁게 / 휴일이 다가올 때

C. 1. zest

해석 열정을 다해 완수한 일은 훌륭한 기력 돋움제이다.

2. preventive

해석 이 치명적인 바이러스에 대한 예방 노력의 중요성은 아무리 강조해도 지나치지 않다.

3. idle

해석 그는 부지런한 사람으로 한시도 노는 일이 없다.

4. vigor

해석 그는 나이는 많지만 마음은 젊다.

5. desirable

해석 공공장소에서 금연하는 것은 바람직하다.

035 정부에 대한 미국 지도자의 견해 차이

A. 1. Hamilton distrusted the people and thought
   S   V   O   V
   [they were naturally selfish, unreasonable,
   and violent].
        O

해석 해밀턴은 국민을 불신하고, 이들이 본성적으로 이기적이며, 비이성적이며, 폭력적이라 생각했다.

2. Jefferson favored a minimum amount of
   S   V   O
power in the federal government.

해석 제퍼슨은 최소한의 연방정부의 권한을 선호했다.

B. 1. [Two great leaders / in American history, / Alexander Hamilton and Thomas Jefferson], differed / in their view of / the American people and the American government.

해석 [두 지도자 / 미국의 역사에서 / 알렉산더 해밀턴과 토마스 제퍼슨] 달랐다 / ~에 대한 각자의 관점에서 / 미국 국민과 정부

2. Hamilton / distrusted / the people / and thought / they / were naturally selfish, unreasonable, and violent.

해석 해밀턴은 / 불신했다 / 국민을 / 그리고 생각했다 / 이들은 / 본성적으로 이기적이고, 비이성적이며, 폭력적이라고

C. 1. I got him to go there.

해설 5형식 문장에서 get은 '~시키다'라는 사역의 의미를 지니지만 사역동사가 아니므로 to부정사를 넣어 주어야 한다.

2. I had him go there.

해설 사역동사 have는 목적보어 자리에 원형부정사 즉, to가 생략된 동사원형을 가진다.

036 세계화의 영향

A. 1. Some would offer high-quality products
   S   V   O
at premium prices [while others sold lesser
   Q   S   V
goods for a discount].
   O   Q

해석 일부 업체들은 고품질의 제품들을 고가로 내놓았고, 다른 업체들은 품질이 낮은 제품들을 할인 판매했다.

2. Most consumers and industrial buyers
   S
won't even consider low-quality goods.
   V   O

해석 대부분의 소비자들이나 산업 구매자들은 질 나쁜 상품을 고려조차 하지 않는다.

B. 1. [As the impact of globalization / spreads / to every industry], business people around the world / learn / to expect / tougher competition / than they have ever faced before.

해석 세계화의 영향이 / 퍼져감에 따라 / 모든 산업에 / 세계의 사업가들은 / 알게 된다 / 예측을 / 더 심한 경쟁을 / 예전에 직면했던 것보다

2. It's hard / to find / a company / that hasn't joined / the quality movement.

해석 어렵다 / 찾아보기 / 기업을 / 참여하지 않는 / 품질 향상 운동에

C. They are probably more overstretched than they have ever been.

해설 overstretched가 3음절 이상이므로 more를 쓰고, 접속사 than으로 연결한 후 반복어인 overstretched를 생략하면 된다.

해석 그들은 아마 그들이 여태껏 해 왔던 것보다 훨씬 더한, 한계 이상의 것들을 해내게 될 것이다.

037 광고의 목적

A. 1. They connect the ad with the rivals.
   S   V   O   Q

해석 그것들은 광고와 경쟁자를 연관 짓는다.

2. Humorously entertaining and sexy ads
                    S
tend to win awards.
   V   O

해석 유머가 넘치는 즐겁고 섹시한 광고들은 광고상을 받는 경향이 있다.

B. 1. It is well known / in the advertising industry / that consumers / respond to / such ads / by remembering / the joke, the music, or the attractive model.

해석 잘 알려져 있다 / 광고 산업에서 / 소비자가 반응을 보인다고 / 이러한 광고에 / 기억함으로써 / 농담, 음악 또는 매력적인 모델을

2. The purpose of advertising / is to sell products, / but this / does not mean / that good advertisements / must be funny or entertaining or sexually appealing.

해석 광고의 목적은 / 물건을 판매하는 것이다 / 그러나 이것은 / 의미하지 않는다 / 좋은 광고가 / 재미있다거나 즐거움을 준다거나 또는 성적으로 매력 있어야 한다는 것을

C. 1. Consuming

해설 (consume) food in public is illegal.와 같이 동사 consume이 이끄는 구는 명사 자리에 위치하므로 명사상당어구에 해당하는 동명사(일반적 사실)를 만들어 주어야 한다.

해석 공공장소에서 음식을 먹는 것은 불법이다.

2. having

해설 Love means [not (have) to say being sorry]o.와 같이 목적어 자리에 have가 위치함으로 동명사꼴인 having이 와야 한다. 〈mean + V-ing〉의 패턴을 암기하도록 한다.

해석 사랑은 미안하다고 말하지 않는 것을 의미한다.

3. eating

해설 prefer A to B에서 A와 B는 같은 모양을 취한다. 고로 eating이 되어야 한다.

해석 나는 식당에서 먹는 것보다 집에서 저녁을 먹는 것을 선호한다.

038 보청기 광고

A. 1. <u>You</u> <u>may be missing out</u> <u>on some of that joy</u>.
　　　　S　　　　V　　　　　　　Q

해석 당신은 그 즐거움의 일부를 놓치게 될지도 모른다.

2. <u>You</u> <u>often ask</u> <u>people</u> <u>to repeat themselves</u>.
　　S　　　V　　　O　　　　O.C

해석 당신은 종종 사람들에게 다시 말해 달라고 요청한다.

B. 1. More than six million Americans / enjoy / improved hearing / with hearing aids.

해석 6백만 이상의 미국인들은 / 즐긴다 / 향상된 청각을 / 보청기를 통해

2. [The power source / they rely on / most] is Rayovac.

해석 [전원은 / 그들이 의존하는 / 가장] 레이요백이다

C. 1. stuck

해설 himself와 stick은 수동의 관계이므로 stuck이 바른 형태다.

해석 그는 바다 한가운데 갇히게 되었다.

2. surrounded

해설 himself와 surround는 '불에 둘러싸여 있는'이란 수동의 의미관계이므로 surrounded가 옳다.

해석 그는 불에 둘러싸였다.

3. thinking

해설 myself와 think는 능동의 관계이므로 thinking이 정답이다.

해석 나는 네 생각을 하고 있었다.

039 국제정치 – 군사

A. 1. <u>Your government</u> <u>declared</u> [that (on July 4, 1946), <u>you</u> <u>were leaving</u> to let us run the country].
　　　S　　　　　V　　O　　　　　　　　　　Q)　　S　　V　　　　　　　　　　　　Q

해설 귀국 정부(미국)는 1946년 7월 4일 우리 스스로 우리나라(필리핀)를 다스리도록 허용한다고 발표했다.

2. <u>The U.S.</u> <u>left</u> <u>its boots</u> (in the form of military facilities) (like Clark Air Base).
　　S　　　V　　O　　　　　　　Q　　　　　　　Q

해설 미국은 클라크 공군기지와 같은 형태의 군사시설을 남겨 두었다.

B. 1. [As long as U.S. bases / are in the Philippines], / its people / will remain / helplessly divided.

해석 [미국의 기지가 / 필리핀에 있는 한] / 이곳의 국민은 / 유지하게 된다 / 무력하게 분리된 상태를

2. (Amid the continuing internal strife), / [whoever is in office] / will keep begging / for U.S. aid / to contain / the social and political troubles.

해석 (지속되는 내전 중에서) / [누가 관직에 있든] / 계속 요청할 것이다 / 미국의 도움을 / 억누르기 위해 / 사회와 정치 동요를

C. 1. declared

해석 1914년 8월 1일에 독일이 프랑스에 전쟁을 선포했다.

2. contain

해석 정부군이 반란을 진압하지 못했다.

3. run

해석 주주들이 회사 경영 방법에 대해 더 많은 발언권을 원한다.

040 싱가포르의 유화적 독재

A. 1. <u>More repressive governments</u> (in Asia) <u>look</u> <u>toward Singapore</u> <u>with envious eyes</u>.
　　　　　S　　　　　　　　　　　　　　V　　　Q　　　　　　　Q

해석 싱가포르보다 더 억압적인 아시아 정부들은 싱가포르를 부러운 눈길로 보고 있다.

2. <u>They</u> <u>see</u> <u>a nation</u> [that has grown rich].
　　S　　V　　O

해석 그들은 부한 국가로 성장한 한 나라를 보고 있다.

B. 1. [When I / asked / a high-ranking Vietnamese official / what country he looked to / as a model], / he / replied / without hesitation.

해석 [내가 / 물었을 때 / 베트남 고위급 한 관계자에게 / 그가 어떤 나라를 보고 있는지 / 모델로] / 그는 / 답변했다 / 주저 없이

2. Singapore's relatively benign authoritarianism / is a far cry / from the totalitarian rule of China.

해석 싱가포르의 상대적으로 유화적인 독재는 / 전혀 다르다 / 중국의 전체주의적 통치와

C. 1. to India without hesitation

해설 '망설이지 않고'라는 표현은 without hesitation이고, '인도로'는 to India이므로 to India without hesitation이라고 영작한다.

2. a far cry from a modern car

해설 '~와 차이가 큰'의 관용표현은 a far cry from이고 '오늘날의 자동차'는 a modern car이므로 a far cry from a modern car라고 영작한다.

041 부당한 개발에 제동 걸기

A. 1. Numerous restaurants and hotels are
       S
being erected in mountain and water source
      V   Q
areas.

해석 많은 식당과 호텔들이 산과 수원지에 지어지고 있다.

2. It should immediately enact special
   S   V   O
measures.

해석 이것은 즉시 특별한 조치를 실행해야 한다.

B. 1. This / could be expedited / [as the current 'lame-duck' government / is seen / to lack authority].

해석 이것은 / 가속화될 수 있다 / [현 정부의 레임덕 현상이 / 보이기 때문에 / 권위가 부족한 것으로]

2. The central administration / should strengthen / (their avowed function / of preserving the natural environment).

해석 중앙정부는 / 강화해야 한다 / (그들의 공언한 기능을 / 자연환경을 보존하겠다는)

C. 1. expedite
   2. enact
   3. bolstered

042 경제와 관광산업 발달

A. 1. The development of travel and tourism
                                    S
has been affected by economic factors.
       V   Q

해석 여행과 관광의 발전은 경제적 요인들에 의해 영향을 받아 왔다.

2. Tourism was (essentially) an exclusive
   S   V   Q   C
privilege of the upper classes.

해석 관광은 본질적으로 상류층의 배타적인 특권이었다.

B. 1. This / was greatly facilitated / by improvements in personal mobility, / especially the extension of car ownership.

해석 이것은 / 아주 많이 이용되었다 / 개인의 이동성의 향상에 의해서 / 특히나 자동차 소유의 확대와 같은

2. At least / of equal importance was / a change in people's aspiration.

해석 적어도 / 동등하게 중요하다 / 사람들의 열망의 변화도

해설 도치문으로 원래 문장은 다음과 같다. At least a change in people's aspiration was of equal importance. 밑줄 친 보어가 문두에 위치하면서 주동의 도치가 일어났다.

C. 1. Resting on the saucer were two packets of sugar.

해설 resting on the saucer의 보어가 문두로 전치되면 주동이 바뀐다.

해석 설탕 두 봉이 접시받이 위에 놓여 있었다.

2. So tired did he look that I couldn't ask him to help me.

해설 보어 자리의 so tired가 문두로 전치되면서 주동이 도치되었다.

해석 그는 너무 피곤해서 내가 그에게 나를 도와달라고 요청할 수 없었다.

043 다국적 기업

A. 1. (In many plantations of the poor developing
                                    Q
nations), the laborers usually work for very
              S   V
low wages [that keep them in poverty].
                  Q

해석 가난한 개발도상국의 많은 플랜테이션에서 노동자들은 보통 매우 낮은 임금을 받고 일하는데, 이는 그들을 지속적으로 가난에 허덕이게 한다.

2. Many of the plantations of Indonesia,
S
Central America, and West Africa are owned
V
by multinational corporations.
O

해석 인도네시아, 중앙아메리카, 서아프리카 등의 많은 플랜테이션은 다국적 기업들이 소유하고 있다.

B. 1. They / outgrew / their national roots and identity / as they became multinational / with facilities / in many poor countries.

해석 그들은 / 성장했다 / 자국의 뿌리와 정체성을 넘어 / 이들이 다국적 기업이 되면서 / 시설을 가진 / 가난한 많은 나라에

2. The net effect / of this form of agriculture / generally has been the flow of wealth (from poor nations / in the southern hemisphere / to rich ones / in the northern hemisphere).

해석 순수효과는 / 이러한 형태의 농업의 / 일반적으로 부의 흐름이었다 (가난한 나라에서 / 남반부의 / 부자 나라로 / 북반부의)

C. 1. flow
해석 사람들은 자국으로 끊임없이 흘러들어 오는 난민들에 대해 회의적인 관점을 가지고 있다.

2. obligation
해석 난 당신이 어떤 의무감을 느끼길 원하지 않았다.

3. poverty
해석 인구의 3분의 1이 빈곤선이나 그 이하에서 살고 있다.

044 편의점 충동구매

A. 1. Convenience goods may be classified
S   V
as staples and impulse goods.
O

해석 편의점 상품은 기본 상품과 충동구매 상품으로 분류될 수 있다.

2. Items [that customers will buy on impulse]
S
are frequently placed near store doors or at
V   O
cash registers.

해석 소비자가 충동적으로 사게 될 물건들은 주로 가게 문 근처나 계산대에 놓여진다.

B 1. Impulse goods / are items / that customers buy / on sight / without having gone out specifically for their purchase.

해석 충동구매 제품은 / 물건이다 / 손님이 사는 / 보자마자 / 특별히 그 물건을 구매하기 위해 나가지 않았음에도

2. A good / may be either a staple / or an impulse item, / depending on the purpose / of the good's use.

해석 제품은 / 주요 상품이거나 / 충동적으로 구매한 상품이다 / 목적에 따라 / 그 상품 활용의

C. 1. The car that I bought last year didn't last long.
해석 내가 작년에 산 자동차는 그리 오래가지 않았다.

2. The movie in which(where) Sandra Bullock was starring was very touching.
해석 산드라 블록이 출연하는 그 영화는 아주 감동적이었다.

045 불황 중의 호황

A. 1. The current economic recession has been
S   V
a severe one, but not all businesses have
C   S
been hurting.
V

해석 현재의 경제 불황이 상당히 심각하지만 모든 사업이 피해를 입고 있는 것은 아니다.

2. Some small businesses have seen
S   V
increased sales (because of the economic
O   O
downturn).

해석 일부 소규모 사업들은 경기 침체로 인하여 판매가 증가하였다.

B. 1. [Two businesses / that have been booming] are pawn shops / and thrift stores.
해석 [두 사업은 / 잘되고 있는] 전당포와 / 중고 할인상점이다

2. Pawn shops / are stores / where people / sell their personal things, / and thrift stores / usually deal with used clothing.
해석 전당포는 / 가게이다 / 사람들이 / 자신의 개인 물품을 파는 / 그리고 중고 할인상점은 / 일반적으로 중고 옷가지를 다룬다.

C. 1. when
해설 선행사 the year로 보아 시간의 부사 when을 사용한다. that으로 대신 쓸 수 있다.

2. where
해설 장소의 선행사 the spot으로 보아 where를 사용한다. that으로 대신 쓸 수 있다.

3. why

해설 이유의 선행사 the reason으로 보아 why를 사용한다. that으로 대신 쓸 수 있다.

046 주택임대료 통제의 부작용

A. 1. Apartment building owners argue [that
   　　　　 S 　　　　　 V 　 O
rent control should be abolished].
　 S 　　　　 V

해석 아파트 건물 소유자들은 임대료에 대한 통제가 철폐되어야 한다고 주장한다.

2. Increased apartment constructions would
　　　　　　　　 S
then lead to a greater supply (of residences)
　 V 　　　 Q
and lower prices.

해석 아파트 건설이 늘어나면 주택 공급이 더 많아지고 가격은 떨어지게 될 것이다.

B. 1. [Although they acknowledge / that they would increase rents / in the short term,] / owners argue / that (in the long term) the rent increases / would lead to greater profitability.

해석 [비록 이들은 인정하지만 / 그들이 임대료를 인상할 것이라고 / 단기간에] / 소유주들은 주장한다 / (장기적으로) 임대료의 상승은 / 더 많은 이윤을 가져온다고

2. Abolishing rent control / would ultimately reduce / prices.

해석 임대료 통제를 없애는 것은 / 궁극적으로 낮게 할 것이다 / 가격을

C. 1. All roads lead to Rome.

해설 '~에 이르다, ~의 결론에 이르다, ~로 통한다'는 lead to로 표현한다.

2. Semiconductor technology helps keep costs low.

해설 keep something low는 '~을 낮추다'라는 5형식 문형을 취하는 표현이다.

047 폴란드 경제의 위기

A. 1. (Like many of its formerly communist neighbors in Eastern Europe), Poland
　　　　　　　　　　　　 Q 　　　　 S
has turned (into a country of capitalist
　 V
gamblers).
　 Q

해석 예전에 공산국가였던 많은 동유럽 이웃국가들처럼, 폴

란드는 자본주의 투기꾼들의 나라로 변모했다.

2. [As the Polish currency, (the zloty), soared
　　 Q 　　　　 S 　　　　　 V
(in value)], most borrowers found it cheaper
　　　　　　 S 　　　 V 　 O 　 OC
to pay off their debts (in Swiss money).
　　　　　　 O

해석 폴란드 통화인 즐로티의 가치가 급등하면서 대부분의 대출자들은 그들의 부채를 스위스 통화로 갚는 것이 더욱 저렴하다는 것을 알았다.

B. 1. Since then, / however, / the zloty has unexpectedly collapsed, / losing nearly half its value / against the Swiss franc.

해석 그 이후로 / 그러나 / 즐로티는 갑작스럽게 폭락하여 / 가치를 거의 절반 정도 잃었다. / 스위스 프랑 대비

2. If the zloty continues to tumble, / analysts fear / the problem could lead to a wave of defaults / in the region.

해석 즐로티가 계속 하락하면 / 전문가들은 우려한다. / 그 문제가 채무 불이행의 물결을 일으킬 수 있다고 / 그 지역의

C. it right for us to kill animals

048 전쟁과 인간의 본성

A. 1. But they forget [that what is called 'human
　　　 S 　 V 　 O 　　　　　　 S
nature' is, (in the main), the result of custom
　　　 V 　　 Q 　　　　 C
and tradition and education].

해석 그러나 이 사람들은 이른바 '인간의 본성'이라는 것이 대개는 관습과 전통과 교육의 결과물이라는 사실을 잊고 있는 것이다.

2. War is part of human nature, and human
　 S 　 V 　　　 C 　　　　　　 S
nature cannot be changed.
　　　　　 V

해석 전쟁이란 인간 본성의 일부분이며, 인간의 본성은 변할 수 없다.

B. 1. If war means / the end of man, / we must sigh and submit.

해석 만일 전쟁이 의미하는 것이라면 / 인간의 종말을 / 우리는 틀림없이 탄식하고 복종할 것이다

2. If the world / could live / for a few generations / without war, / war would come to seem as absurd / as dueling has come to seem to us.

해석 만일 세상이 / 살아갈 수 있다면 / 몇 세대 동안만 / 전쟁을 하지 않고서 / 전쟁도 불합리한 것이 될 것이다 / 결투에

대한 지금 우리의 느낌과 마찬가지로

C. 1. This toaster is as good as the one you bought at the department store.

해설 as good as 표현을 활용한다.

2. My grandfather was as busy as a bee.

해설 as busy as 표현을 활용한다.

049 문화에 따른 법의 상대주의

A. 1. (In the West,) people consider "laws"
　　　　　　Q　　　　S　　　　V　　　　O

quite different (from "customs.")
　　OC　　　　　　　Q

해석 서양에서, 사람들은 '법'을 '관습'과는 전혀 다른 것으로 간주한다.

2. There is also a great contrast between
　　　　Q　　V　　Q　　　　　S

"sins(breaking religious laws)" and "crimes (breaking laws of the government)."
　　　　　　　　　　Q

해석 또한 '죄악(종교적 계율을 어기는 것)'과 '범죄(정부의 법률을 위반하는 것)' 사이에도 현저한 차이가 있다.

B. 1. In many non-Western cultures, / on the other hand, / there is little separation / of customs, laws, and religious beliefs.

해석 많은 비(非)서양 문화들에서는 / 이에 반해 / 거의 분리되지 않는다 / 관습과 법 그리고 종교적 신앙이

2. For these reasons, / an action may be considered a crime / in one country, / but be socially acceptable / in others.

해석 이런 이유로 해서 / 어떤 행위가 범죄로 간주될지도 모르지만 / 한 국가에서는 / 사회적으로 용인될 수 있다 / 다른 국가들에서는

C. 1. Can you tell me where the post office is?

해설 직접의문절인 Where is the post office?가 tell의 직접목적어로 들어가서 명사절로 쓰이는 경우이며 where the post office is의 〈의문사 + 주어 +동사〉 어순이 된다.

해석 우체국이 어디인지 알려주시겠어요?

2. I don't know what I am doing now.

해설 직접의문절인 What am I doing now?가 know의 직접목적어로 들어가서 명사절로 쓰이는 경우이며 what I am doing now의 〈의문사 + 주어 +동사〉 어순이 된다.

해석 내가 지금 뭘 하고 있는지 모르겠어.

050 자본주의 문제점

A. 1. One of the most powerful indictments
　　　　　　　　　　　　S

(of capitalism) is [that it compels us to invest
　　　　　　　V　C　S　V　　O　　OC

most of our creative energies (in matters)
　　　　　　　　　　　　　　　　　Q

(which are in fact purely utilitarian)].
　　　　　　　　Q

해석 자본주의에 대한 가장 강력한 비난 중의 하나는, 우리의 창의적인 에너지 대부분을 사실상 순전히 실용적이기만 한 일에 투자하도록 강요당한다는 것이다.

2. It is astonishing [that (in the twenty- first
　　S V　　C　　　　S　　　　　Q

century), the material organization of life
　　　　　　　　　　　S

should bulk (as large) (as it did in the Stone
　　V　　　　　　　　　　　　Q

Age)].

해석 21세기에 물질을 준비하는 일이 석기시대 때만큼이나 중요한 문제가 된다는 사실은 믿기 힘든 일이다.

B. 1. Life / consists / in laying the material infrastructure / for living.

해석 삶은 / 존재한다 / 물질적 기반시설을 구축하는 데 / 생계를 위한

2. The capital / which might be devoted to releasing men and women, / at least to some moderate degree, / from the exigencies of labor / is dedicated instead to the task / of amassing more capital.

해석 자본이 / 사람들을 해방시켜 주는 데 충당될 수도 있는 / 적어도 적당한 정도로라도 / 노동이라는 일차적인 일로부터 / 그 대신 일에 쏟아 부어진다 / 더 많은 자본을 축적하는

C. ③

해설 consist는 자동사로 수동태가 불가능하다. 수정 불가.

Part 2. 자연/과학

Chapter 01 인체와 건강

051 건강과 습관

A. 1. Smoking is very dangerous and can cause
　　　　　　S　V　　　C　　　　　　　　V

great harm to your body.
　　O　　　Q

해석 담배는 아주 위험하며, 당신의 몸에 큰 해를 유발시킬 수 있다.

2. The essential oxygen (in your bloodstream)
S

is replaced with poisonous carbon monoxide.
V   Q

해석 혈액 속의 필수 산소는 유해한 일산화탄소로 대체된다.

B. 1. [When you / smoke], your heart / beats / faster / than / it / needs to.

해석 [당신이 담배를 피울 때] 당신의 심장은 / 뛴다 / 더 빠르게 / ~보다 / 그것이 / 필요한 것

2. Smoking / causes / your blood pressure / to rise, / which / can cause / a heart attack or heart disease.

해석 담배 피우는 것은 / 유발한다 / 당신의 혈압이 / 올라가도록 / 이것은 / 유발할 수 있다 / 심장마비 또는 심장질환을

C. 1. This is the boy whom I wanted to meet.

해설 두 문장을 연결하는 고리인 두 번째 문장의 대명사 him이 첫 번째 문장에서 the boy에 해당하므로 목적격 대명사를 지우고, 목적격 관계대명사를 사용하여 두 문장을 그대로 연결하면 된다. This is the boy whom I wanted to meet him.

2. The boy whom I wanted to meet is Tom.

해설 두 번째 문장의 대명사 him은 The boy를 지칭하므로 두 번째 문장에서 him이 삭제되고 문장을 The boy 뒤에 위치시켜 관계대명사를 활용하여 연결하여야 한다. The boy whom I wanted to meet him is Tom.

052 식단과 면역체계의 관계

A. 1. Diet restriction keeps the immune system
S   V   O

younger and far longer and maintains
O.C   V

the body's ability to repair its own DNA.
O   Q

해설 to부정사 to repair는 to부정사의 형용사용법으로 ability를 수식한다.

해석 식단 제한은 면역 체계를 더 젊게 지켜 주고, DNA를 회복시킬 수 있는 신체 능력을 유지시켜 준다는 것을 보여 주었다.

2. One of the main factors involved in aging
S

is our immune system.
V   C

해설 one of는 '~ 중의 하나'라는 뜻으로 복수명사를 취해 one of Ns의 형태를 취해 주어 자리에 올 경우 단수동사를 취한다.

해석 노화에 관련된 주된 요소 중 하나가 우리 몸의 면역 체계이다.

B. 1. On the other hand, / the thymus, / the master gland controlling maturation of white blood cells, / begins to shrink / after puberty

/ and almost disappears / after age 60.

해석 반면 / 흉선은 / 백혈구의 성숙을 관장하는 주요 분비선으로 / 수축하기 시작한다 / 사춘기 후에 / 그리고 거의 사라진다 / 60세 이후에

2. So / (the body's ability / to recognize foreign invaders) / deteriorates, / and we / become more susceptible / to bacterial and viral infections, / and to cancer.

해석 그래서 / (몸의 능력이 / 외부 침입자를 인식하는) / 퇴화한다 / 그리고 우리는 / 더 취약해진다 / 세균과 바이러스 감염 / 그리고 암에

C. 1. White blood cells / immune system

해석 백혈구는 전염병과 외부침입자에 저항해 몸을 보호하는 데 관여하는 면역체계 세포이다.

2. susceptible to

해석 소비자로서 당신은 광고 메시지와 충동구매에 더 취약해진다.

3. deteriorate

해석 건강문제는 환경문제에 의해 악화될 수 있다.

053 치아 발육에 영향을 미치는 사탕의 유혹

A. 1. You may be able to prevent your children
S   V   O

from even finding out what a sweet is until
Q

around the second birthday.
Q

해설 전치사 from에 걸리는 준동사인 동명사 finding out이 목적어로 〈의문사 + S + V〉의 명사절을 취하면서 수식어구가 길어졌으며, 전치사 until 또한 목적어로 명사를 취하면서 수식어구가 하나 더 붙은 경우다.

해석 당신은 당신의 아이가 두 돌이 될 때까지 사탕이 무엇인지 알지도 못하게 할 수 있다.

2. This short period (without sweets) will
S   V

help those first teeth to get a good start.
O   O.C

해설 전치사구인 without sweets가 주어의 핵인 period를 수식하면서 주어가 길어졌으며, 동사 help는 목적어와 목적보어를 취하면서 5형식에 활용되었다.

해석 사탕 없이 지내는 이 짧은 기간은 처음 나는 젖니가 바르게 자라도록 도울 것이다.

B. 1. [However careful you are], / you / are bound to / meet the sweet problem / by the time of that second birthday.

해석 [당신이 아무리 조심스럽다 해도] / 당신은 / 하게 되어 있다 / 군것질 문제에 직면하다 / 두 돌 때쯤

2. Children / see the pretty packs / in stores, / see the advertisements / so cleverly aimed at them / on television, / see other children / munching and sharing.

해석 아이들은 / 예쁜 포장을 본다 / 가게에 있는 / 광고를 본다 / 아주 교묘하게 이들을 겨냥한 / 티비에서 / 다른 아이들을 본다 / 군것질하고 나눠 먹는 것을

C. (D)

해설 It is probably worth trying. Provided the rest of the child's diet is sensible, even this short period without sweets will help those first teeth to get a good start.의 내용을 보면, 아이들이 군것질하지 못하도록 예방하는 것은 이가 튼튼하게 자라도록 돕는 행위이므로 선택지 (D)가 가장 적절하다.

054 열의 방출

A. 1. Muscles produce heat [when the body is
   S   V   O Q   S   V
in motion].
   C

해석 신체가 운동을 할 때 근육은 열을 발생시킨다.

2. The blood carries heat (away from the
   S   V   O
internal organs to the lung and skin).
   Q

해석 혈액은 열을 체내의 기관들로부터 폐와 살갗으로 운반한다.

해설 away from A to B는 'A에서 멀어져 B로'라는 의미다.

B. 1. Very little heat / is generated / except by the metabolic activity / of the internal organs.

해석 아주 적은 열이 / 생산된다 / 신진대사 활동의 의한 것을 제외하고는 / 내장의

2. Heat / is then released / by the lungs / through respiration / and by the skin / through contact with the air.

해석 열은 / 그런 다음 방출된다 / 폐에 의해서 / 호흡을 통한 / 그리고 피부를 통해서 / 공기와의 접촉을 통한

C. 1. located

해설 lung(폐)과 locate(위치시키다)는 수동의 관계이므로 located가 옳다.

해석 두 폐는 심장의 양 사이에 붙은 척추 근처에 위치한다.

2. driven

해설 respiration(호흡)과 drive(움직이다)는 서로 수동의 관계이므로 driven이 옳다.

해석 호흡은 서로 다른 종의 서로 다른 근육 조직에 의해서 조절된다.

055 감정과 면역체계

A. 1. Margaret E. Kemenys has (for decades) done
      S   V
extensive research exploring the connection
      O   Q
between our emotional life and our immune system.

해석 샌프란시스코 대학의 정신의학 교수인 마거릿 E. 케메니는 수십 년간 우리의 감정생활과 면역체계 사이의 관계를 연구하는 광범위한 연구를 행해 왔다.

2. "Negative" and "positive" feelings influence
                  S   V
the immune system in exactly the same way.
      O   Q

해석 '부정적' 그리고 '긍정적' 감정은 면역체계에 정확하게 동일한 방식으로 영향을 미친다는 것을 발견했다.

B. 1. Each feeling, / when spontaneously generated and allowed, / increased / the activity of the immune system / in general.

해석 각각의 감정은 / 자연스럽게 만들어지고 허용될 때 / 증가시켰다 / 면역체계의 활동을 / 일반적으로

2. The immune system / apparently reacts / in the same way / to spontaneously created and expressed sadness / as it does to joy, to anger, and to fear.

해석 면역체계는 / 분명하게 반응한다 / 동일한 방식으로 / 자연스럽게 만들어지고 표현된 슬픔에 / 이것이 즐거움, 분노 그리고 두려움에 하는 것과 같이

C. 1. immune system

해설 면역체계의 정의문이다.

해석 면역체계는 감염된 유기체와 다른 침입자에 대한 몸의 저항이다.

2. explore

해설 빈칸에 들어갈 표현은 to부정사에 이은 동사로 목적어 mysteries로 보아 explore가 적절하다.

해석 예일의 과학자들은 새로운 도구를 적용하여 면역체계의 신비를 탐구한다.

3. spontaneous

해설 일상에 지속적인 변화를 드러내는 명사를 수식하는 형용사 표현은 spontaneous이다.

해석 면역세포는 만약 우리의 면역체계가 부지런히 감시하지 않을 경우 암에 이를 수 있는 '자연스러운' 변화를 규칙적으로 겪는다.

056 간지럼

A. 1. <u>A team of Italian scientists</u> <u>carried out</u>
           S   V

<u>a series of studies of the ticklishness of</u>
<u>people</u> <u>under a variety of circumstances.</u>
  O   Q

> **해석** 이탈리아 과학자로 구성된 한 팀이 다양한 상황에서의 사람들의 간지럼에 대한 일련의 연구를 실행했다.

2. <u>The left side of the brain,</u> [which detects
              S

stimuli applied to the right foot], <u>is associated</u>
                                V

with <u>positive emotions,</u> <u>such as laughter.</u>
         Q   Q

> **해석** 뇌의 왼쪽 면이 오른쪽 발에 가해진 자극을 감지하는 데 그것이 웃음과 같은 긍정적 감정과 연관되어 있다.

B. 1. The researchers / found / that people / seem to have one foot / that is more ticklish / than the other.

> **해석** 과학자들은 / 알아냈다 / 사람들이 / 한 쪽 발을 가지고 있는 것처럼 / 더 간지러운 / 다른 발보다

2. The experiment / was repeated / in 1998 / using a special way / that a pointed nylon rod / was stroked / across the sole of the foot / three times / at intervals of a second.

> **해석** 실험은 / 반복되었다 / 1998년에 / 특별한 방법을 사용해서 / 뾰족한 나일론 막대기가 / 쓰다듬어졌다 / 발바닥에 / 3번 / 1초 간격으로

C. 1. was repeated

> **해설** 주어인 experiment와 repeat는 수동의 의미관계이고, in 1998로 보아 과거형 동사가 쓰여야 하므로 was repeated가 옳다.

2. has carried out

> **해설** carry out이 주체인 팀이 주어 자리에 위치하고, 실행의 대상인 목적어가 뒤에 따르므로 주어와 동사는 능동의 관계이며, recently로 보아 현재완료가 쓰이는 것이 적절하므로 has carried out이 적절하다.

3. was stroked

> **해설** 주어와 동사는 수동의 관계이므로 과거형에 맞춰 was stroked가 바른 형태다.

4. applied

> **해설** The left side of the brain detects stimuli (which are) applied to the right foot. 주격 관계대명사와 be동사의 생략을 파악한다. stimuli와 apply는 수동의 관계이다.

057 운동과 건강

A. 1. <u>Recent statistics</u> <u>show</u> <u>convincingly</u> [that
         S   V   O

<u>jogging</u> <u>is saving</u> <u>the lives of many Americans</u>].
  S   V   O

> **해석** 최근의 통계를 보면 조깅이 많은 미국인들의 수명을 연장시키고 있다는 사실이 설득력 있게 나타나 있다.

2. <u>Of the 12.5 million</u> [who jog at least 10
                          Q

miles a week], <u>78 percent</u> <u>have</u> a lower pulse
                  S   V

rate and blood pressure.
         O

> **해석** 일주일에 최소한 10마일을 조깅하는 1,250만 명의 사람들 중에서, 78퍼센트가 더 낮은 맥박과 혈압을 보인다.

B. 1. Estimates / indicate / [that these joggers / can expect to live / to an average age of 77 / more than three years longer / than the average age of their contemporaries].

> **해석** 통계는 / 나타낸다 / [이들 조깅하는 사람들은 / 살 것으로 기대할 수 있다고 / 평균 77세까지 / 3년 더 오래 / 같은 나이대의 평균 나이보다]

2. Dr. Hans Corpuscle / says / [that joggers / are the healthiest single group / of people in America today].

> **해석** Hans Corpuscle박사는 말한다 / [조깅을 하는 사람들은 / 가장 건강한 결혼하지 않은 그룹이라고 / 오늘날 미국 사람들 중에서]

C. 1. more than three years older

> **해설** '~ 이상'은 more than이므로 '3살 이상'은 more than three years older라고 표현한다.

2. an average of three years longer

> **해설** '평균 세 살'은 an average of three years라고 표현한다.

058 시끄러운 환경이 신체에 미치는 영향

A. 1. <u>People</u> [who must endure loud environments]
                                      S

<u>may risk</u> <u>more than their ears.</u>
    V   O

> **해석** 시끄러운 환경을 견뎌야 하는 사람들은 자신들의 귀보다도 더 많은 위험에 처한 것일 수 있다.

2. <u>Studies</u> <u>show</u> [they can suffer elevated
    S   V   O S   V   O

levels of cholesterol].

> **해석** 연구는 이들이 더 높은 수준의 콜레스트롤을 경험할 수 있음을 보여 준다.

B. 1. They / can suffer / more stomach ulcers, high blood pressure and more heartbeat abnormalities / than people / who live and work / in quieter environments.

> 해석 그들은 / 고통을 받는다 / 더 많은 위궤양, 고혈압 그리고 심장박동 이상으로 / 사람들보다 / 살며 일하는 / 더 조용한 환경에서

2. Loud noise / triggers / the body's 'fight or flight' response / – a rise in the level of adrenalin, / and a subsequent increase in blood pressure and contraction of muscles.

> 해석 큰 소음은 / 작동시킨다 / 신체의 '투쟁 혹은 도피' 반응을 / – 아드레날린 수치의 상승과 / 그에 이어지는 혈압 상승, 근육의 수축을

C. 1. whose

> 해석 우리가 머물렀던 집의 남자는 나의 삼촌이다.

> 해설 접속사의 역할을 하면서도 명사를 수식하는 것은 소유격 관계대명사 whose이다.

2. who

> 해석 처음에 나는 그가 누구인지 몰랐지만, 바로 그때 나는 그를 알아차렸다.

> 해설 접속사와 be동사의 보어 자리가 비어 있는 것으로 보아 who가 정답이다.

3. which

> 해석 내가 읽지 않았던 그의 마지막 책은 아주 성공적이었다.

> 해설 선행사가 사물인 목적격 관계대명사의 계속적 용법이므로 which가 정답이다.

059 감정과 뇌의 관계

A 1. These emotions, (along with the limbic
        S   Q
system), are shared (by all mammals).
             V

> 해석 이러한 감정들은 대뇌 변연계와 더불어 모든 포유동물들에게서 공유된다.

2. Social emotions (such as compassion,
        S   Q
shame and guilt), (however), are confined
             Q   V
(to a small number of species).
        Q

> 해석 그러나 동정심, 수치심 그리고 죄책감과 같은 사회적 감정들은 소수의 종들에게만 국한되어 있다.

B. 1. Basic emotions, / such as fear, / are regulated / in part of the brain / called the limbic system.

> 해석 기본적인 감정들은 / 두려움과 같은 / 조절된다 / 뇌의 부분에서 / 대뇌 변연계라 불리는

2. They / are associated / with a particular part of the prefrontal cortex, / an area of the brain / that is much bigger in humans / than in other mammal species.

> 해석 그것들은 / 관련이 있다 / 전두피질이라는 특정 부분과 / 뇌의 한 영역인 / 인간에게서 훨씬 더 큰 / 다른 포유동물 종들보다

C. (3)

> 해석 그것들은 다른 포유동물 종들보다 인간에게서 훨씬 더 큰 뇌의 한 영역인 전두피질이라는 특정 부분과 관련이 있다.
> (1) 그녀는 내가 좀 더 조심해야 한다고 경고했다.
> (2) 그녀가 건강을 회복할 것이라는 희망이 없었다.
> (3) 이것은 내가 읽은 책 중에서 가장 흥미로운 이야기이다.
> (4) 내가 그녀를 만난 것은 바로 역이었다.

> 해설 제시문의 that은 주격 관계대명사이다. 이와 같은 용법의 that은 (3)이다. (1)은 목적어 자리의 명사이며, (2)는 동격, (4)는 it ~ that 강조용법의 that이다.

060 뇌의 영역과 역할

A. 1. Different regions (of the brain) have
                S   V
different jobs.
    O

> 해석 뇌의 서로 다른 영역은 각기 다른 일을 수행한다.

2. [If there is any damage (to the part of the
   Q Q V   S   Q
brain) (known as Broca's area)], a person
           Q   S
will have trouble (pronouncing words).
  V   O   Q

> 해석 Broca의 영역으로 알려진 부위에 손상이 생기면 단어를 발음하는 데에 문제가 생길 것이다.

B. 1. Similarly, / if there is damage / to the part of the brain / called Wernicke's area, / a person will have problems / remembering certain words.

> 해석 비슷하게 / 손상이 있으면 / 뇌의 부위에 / 베르니케의 영역이라 불리는 / 사람은 문제가 생길 것이다 / 단어를 기억하는 데에

2. The part of the brain / called the cerebellum / is concerned / with controlling bodily position and motion.

> 해석 뇌의 한 부분은 / 소뇌라 불리는 / 관여한다 / 신체의 위치와 운동을 조절하는 데

C. 1. surrounded

> 해석 노인은 아이들에 의해서 둘러싸여 있는 것이므로 V-ed

의 표현이 옳다.

2. called

해설 나의 이름은 다른 사람에 의해서 불리는 것이므로 V-ed의 표현이 옳다.

3. done

해설 그는 그 일이 당장에 행해지기를 원하므로 V-ed가 옳다.

061 뎅기열 바이러스

A. 1. Symptoms of the disease can vary (widely),
$\quad\quad$ S $\quad\quad\quad\quad\quad$ V

(including pain behind the eyes and in the
joints, nausea, and rash).
$\quad\quad$ Q

해석 이 질병의 증상은 다양한데, 눈 뒤쪽과 관절의 통증이나, 역겨움, 발진을 포함한다.

2. (Presently), there is no cure (for the disease),
$\quad\quad$ Q $\quad\quad$ Q V $\quad$ S

and no vaccines exist (to prevent infection).
$\quad\quad$ S $\quad\quad$ V $\quad\quad$ Q

해석 현재로서는 치료책이 없으며, 감염을 예방할 어떤 백신도 없다.

B. 1. The dengue virus / is contracted / through contact with mosquitoes, / and nearly half of the world's population / is at risk of infection.

해석 뎅기열 바이러스는 / 발발한다 / 모기와의 접촉으로 / 그리고 세계 인구의 절반 가까이 / 감염 위험에 놓여 있다

2. Most patients / can recover / with rest / and by staying hydrated, / but / some develop / a severe condition.

해석 많은 환자들은 / 회복할 수 있다 / 휴식을 취함으로써 / 수산화된 상태에서 / 그러나 / 일부는 발전한다 / 심각한 상황으로

C. 1. at risk

해설 모든 질병이 그렇듯이, 일부 집단이 다른 집단들보다 더 위험하다.

2. contact with

해설 에이즈처럼, 그것은 보통 감염된 사람들의 혈액에 접촉함으로써 전염된다.

3. with rest

해설 고통은 대개 휴식과 함께 진정된다.

4. to prevent

해설 일꾼들은 기름이 넘치지 않도록 유정에 뚜껑을 덮었다.

062 생균제 복용 시 주의사항

A. 1. Not everyone is sold (on probiotics).
$\quad\quad$ S $\quad\quad\quad$ V $\quad\quad$ Q

해석 모두가 생균제에 열광하는 것은 아니다.

2. Those (with weakened immune systems)
$\quad\quad$ S

or [who are critically ill] would be well advised
$\quad\quad\quad\quad\quad\quad\quad\quad\quad\quad\quad\quad$ V

(to stay away from eating live bacteria).
$\quad\quad\quad\quad$ C

해석 면역체계가 약화되었거나 치명적인 질병을 앓고 있는 사람들은 살아 있는 박테리아를 멀리하도록 충고해 주는 것이 좋을 것이다.

B. 1. The U.S. Food and Drug Administration / is relatively neutral / using the growing popularity of the products / as an opportunity / to caution manufacturers / not to pitch the foods / as some sort of panacea / for any specific disease.

해석 미국 식약청(FDA)은 / 상대적으로 중립적인 입장에서 / 생균제의 인기가 늘고 있는 것을 / 기회로 삼아 / 제조업체들에게 주의를 주는 기회로써 / 그 식품(생균제)을 홍보하지 않도록 / 일종의 만병통치약으로 / 특정 질병에 대한

2. Certainly / anyone in the hospital / would also count.

해석 분명 / 병원에 있는 사람들도 / 포함될 것이다

C. (3)

해설 Both of my parents are not fat.은 '부모님 두 분 다 뚱뚱한 것은 아니다' 즉, '한 분만 뚱뚱하다'는 의미다. 전체부정을 하고 싶으면 None of them are fat.이라고 표현해야 한다.

063 에이즈의 발병

A. 1. AIDS − acquired immune deficiency
syndrome − was first reported (in the United
$\quad\quad$ S $\quad\quad\quad$ V $\quad\quad\quad\quad\quad$ Q

States) (in 1981) and has since become
$\quad\quad$ Q $\quad\quad\quad\quad\quad\quad\quad$ V

a major worldwide epidemic.
$\quad\quad\quad$ C

해석 에이즈, 즉 후천성 면역 결핍 증후군은 1981년 미국에서 처음으로 보고되었으며 그 후 전 세계적으로 주요 전염병이 되었다.

2. By killing or impairing cells of the immune
$\quad\quad\quad\quad\quad\quad\quad\quad\quad\quad\quad\quad$ Q

system, HIV (progressively) destroys the body's
$\quad\quad\quad$ S $\quad\quad\quad\quad\quad\quad\quad$ V $\quad\quad\quad$ O

ability (to fight infections and certain cancers).

해석 HIV는 면역 시스템의 세포들을 죽이거나 손상시킴으로써 전염병을 퇴치하거나 암을 물리치는 신체의 능력을 파괴한다.

B. 1. AIDS / – acquired immune deficiency syndrome – / was first reported / in the United States / in 1981 / and has since become a major worldwide epidemic.

해석 에이즈 / 즉 후천성 면역 결핍 증후군은 / 처음으로 보고되었다 / 미국에서 / 1981년에 / 그 후 전 세계적으로 주요 전염병이 되었다

2. Individuals / diagnosed with AIDS / are susceptible to life-threatening diseases / called opportunistic infections, / which are caused / by microbes / that usually do not cause illness in healthy people.

해석 사람들은 / 에이즈 진단을 받은 / 생명을 위협하는 질병에 걸리기 쉽다 / 기회감염이라 불리는 / 발생한다 / 세균에 의해서 / 보통 건강한 사람에게서는 질병을 일으키지 못하는

C. 1. threatening

해석 고양이들은 그곳에서 새들의 생명을 위협하고 있다.

2. acquired

해석 그는 그의 강연으로 상당한 평판을 얻었다.

3. impair

해석 음주는 운전 능력을 떨어뜨릴 수 있다.

4. deficiency

해석 비타민 부족은 심각한 문제들을 야기할 수 있다.

5. epidemic

해석 전염병은 생명의 막대한 손실을 초래했다.

064 항생제 사용의 억제

A. 1. The report discusses the emergence of
S V
resistant bacteria (from ever-prescribing
O
and inappropriate antibiotic use).
Q

해석 그 보고서는 항생제의 과다처방과 부적절한 사용에 따른 내성 박테리아 출현에 대해 다루고 있다.

2. Efforts are now focused on cutting back
S V Q
on prescribing antibiotics for conditions
Q Q
[that are not likely to respond to them].

해석 요즘은 항생제에 대한 반응을 보이지 않는 질병에 대한 항생제 처방을 줄이는 데 많은 노력을 기울이고 있다.

B. 1. In fact, / children with colds / are considerably less likely / to be given an antibiotic / than they were just seven years ago, / reports David Nash, a pediatrician / with the University of Pittsburgh School of Medicine.

해석 사실 / 감기에 걸린 아이들이 / 확률은 현저히 낮아졌다고 / 항생제 처방을 받을 / 7년 전과 비교하면 / 데이빗 내시 소아과의사가 말했다 / 피츠버그 약학대학교의

2. Nash found / that in 1998, / almost half of the children / with respiratory infections / were treated with antibiotics / even though the conditions are known to be caused / by viruses rather than bacteria.

해석 내시는 알게 되었다 / 1998년에 / 아동의 절반 정도가 / 호흡기 감염 증상을 보이는 / 항생제 치료를 받았다고 / 감염이 발생되었다고 알려졌음에도 불구하고 / 박테리아가 아닌 바이러스 때문에

C. 1. respiratory

해석 호흡과 관련이 있는

2. inappropriate

해석 특정한 상황이나 목적에 유용하거나 적합하지 않은

3. antibiotic

해석 박테리아를 죽이고 감염을 치료하는 데 쓰이는 의학 약품

065 인공수정

A. 1. It found [that there were no infant or mother
S V O Q V S
deaths and no serious health problems

(in the babies)].
Q

해석 연구 결과, 유아나 산모 사망이 한 건도 없었으며, 아기들에게도 심각한 건강상의 문제가 없었던 것으로 나타났다.

2. The older women were likely to have
S V
Caesarean births and faced high rates of
O V O
pregnancy-induced diabetes and high blood pressure.

해석 산모의 나이가 많은 경우에는 제왕절개로 출산하는 경우가 많았으며, 임신당뇨와 임신 고혈압에 걸린 가능성도 높았다.

B. 1. Though old enough to be grandmas,/ there's no medical reason / why healthy women in their 50s / should be prevented from having babies with donated eggs, / according to a recent study.

해석 할머니가 될 수 있는 나이지만 / 아무런 의학적 이유가 없다 / 왜 50대의 건강한 여성이 / 난자를 기증받아 임신하면 안 되는지 / 최근의 한 연구에 의하면

2. The study / looked at 77 women / who participated in the University of Southern California's assisted-reproduction program / between 1991 and 2001.

해석 이 연구는 / 77명의 여성들을 대상으로 이루어졌다 / 남 캘리포니아 대학교의 인공수정프로그램에 참가한 / 1991년부터 2001년까지의

C. 1. Bill asked me the reason why I was moving to another town.

해설 종속절의 이유부사구인 for that reason이 선행사 the reason 뒤에서 관계부사 why로 바뀐다.

해석 빌은 나에게 다른 동네로 이사 가는 이유를 물었다.

2. They found a wounded dolphin in the sea where people were swimming.

해설 종속절의 장소부사인 there가 선행사 the sea 뒤에서 관계부사 where로 바뀐다.

해석 그들은 사람들이 수영하고 있던 바다에서 상처 입은 돌고래를 발견했다.

066 시력의 회복

A. 1. Some people become blind [because
        S   V   C Q
a part of the eye (called the cornea) doesn't
              S   V
let in enough light].
          O

해석 어떤 사람들은 각막이라고 불리는 눈의 부위가 충분한 빛을 흡수하지 못하기 때문에 눈이 멀어 버린다.

2. The cornea becomes clouded over.
        S   V   C

해석 각막이 부예진다.

B. 1. These people / can be made to see again, / however, / if they are able to get / clear corneas to let in the light.

해석 이러한 사람들도 / 다시금 시력을 회복할 수 있다 / 그러나 / 그들이 얻을 수 있다면 / 빛을 흡수할 수 있는 깨끗한 각막을

2. The blind / must get the corneas / from people with healthy eyes – / people who agree / to let blind people use their eyes / after they die.

해석 눈이 먼 사람들은 / 각막을 얻어야 한다 / 건강한 눈을 가진 사람들로부터 – / 동의한 사람들 / 눈이 먼 사람들이 자신들의 눈을 사용하도록 / 자신들이 죽은 후에

C. 1. I had him row the boat.
2. It makes me feel good to help others.
3. Her father will not let her go to the dance.

067 일란성 쌍둥이

A. 1. Identical twins (separated at birth),
        S   Q
(the two men), (in their late 40's), had met
      S   Q   V
(only once) (before).
      Q   Q

해석 태어나면서 헤어진 일란성 쌍둥이인 두 사람은 40대 후반까지 이전에 단 한 번밖에는 만나지 않았다.

2. They both enjoyed surprising people
      S   V   O
(by sneezing) (in elevators).
      Q   Q

해석 그들 두 사람은 모두 엘리베이터 안에서 재채기를 하여 사람들을 놀라게 하는 것을 좋아했다.

B. 1. When Oskar and Jack arrived to participate / in a psychologist's study of identical twins / reared apart, / they were both wearing / blue shirts, mustaches, and wire-rimmed glasses.

해석 오스카와 잭이 참여하기 위해 도착했을 때 / 일란성 쌍둥이들에 대한 심리학자들의 연구에 / 각기 떨어져서 자란 / 그들 둘은 모두 입고 있었다 / 푸른색 셔츠를, 콧수염을, 그리고 금속 테 안경을

2. Nonetheless, / Oskar, raised as a Catholic in Germany, / and Jack, reared by his Jewish father in the West Indies, / proved to have much in common / in their tastes and personalities, / including hasty tempers and special senses of humor.

해석 그렇지만 / 독일에서 가톨릭 신자로 자란 오스카와 / 서인도제도에서 유태인 아버지 밑에서 자란 잭은 / 많은 공통점이 있다는 것을 보여 주었다 / 그들의 기호와 성격에 있어 / 조급한 성격과 특별한 유머감각을 포함하여

C. 1. identical twins

해석 누구도, 일란성 쌍둥이조차도 정확히 똑같지 않다.

2. rearing

해석 엄마 펭귄과 아빠 펭귄은 새끼를 기르는 책임을 공유합니다.

3. sneeze

해석 그녀는 고양이에게 알레르기가 있어 고양이를 보면 재채기를 한다.

4. separate

해석 경찰이 싸우고 있는 그 두 소년들을 떼어놓으려고 했다.

068 유전에 대한 진화심리의 관점

A. 1. (In this view), the world is (already)
   Q   S   V   Q

full of virtual clones.
   C

해석 이러한 관점에서는, 세상에는 언제나 사실상의 복제생물들로 가득 차 있다(사람들이 유전학적으로 닮았다는 말).

2. Natural selection has preserved these
      S   V   O

"malleability genes" [because they (adroitly)
                          Q   S

tailor character (to circumstance)].
  V   O   Q

해석 '가소성 유전자들'이 인간의 성격을 환경에 맞도록 솜씨 있게 재단하기 때문에 자연도태현상은 이들 가소성 유전자들을 보존해 왔던 것이다.

B. 1. Evolutionary psychology, / on the other hand, / dwells less on genetic differences / than on commonality.

해석 진화론적 심리학은 / 반면 / 그 차이점들에 대해서 덜 강조한다 / 유전적인 공통점보다는

2. My next-door neighbor, / or the average male / anywhere on the globe, / is 99.9%-accurate genetic copy of me.

해석 나의 이웃집 사람 / 혹은 평균적인 모든 남성은 / 이 세상 어디에 살든 / 99.9%가 나를 유전학적으로 정확히 복사해 놓은 존재들이다

C. 1. hiccup

해석 추운 날씨에 밖에 있는 것은 딸꾹질을 하게 만들 수 있다.

2. to bring

해석 그는 그들이 사무실로 John 을 데려오게 했다.

3. coming

해석 나는 상자에서 이상한 소리가 나는 것을 들었다.

4. flow

해석 그 남자는 댐을 열어 물이 흐르게 했다.

5. to exercise

해석 그것은 사람들이 집에서 운동할 수 있게 해 준다.

069 장기이식

A. 1. The research findings (also) raised
         S   V

ethical concerns.
      O

해석 그 연구 결과는 또한 윤리적인 염려도 불러일으켰다.

2. People [who received offers to buy kidneys]
      S

are (mostly) from Third World countries
 V   Q

[even though selling organs is illegal in most
 Q   S   V   C   Q

countries].

해석 신장을 산다는 제안을 받아들인 사람들은 대부분 제3세계 국가 사람들이었는데, 대부분의 국가에서 장기를 파는 것은 불법이었다.

B. 1. According to recent research / in which 91 pages of the website / regarding kidney donations / were studied, / 12 percent reported receiving a kidney transplant, / and 30 percent reported / that potential donors had been in the process.

해석 최근 조사에 따르면 / 그 웹사이트의 91페이지가 / 신장 기증과 관련된 / 연구되었는데 / 12%는 보고했다 / 신장이식을 받았다고 / 그리고 30%는 말했다 / 잠재적인 기증자가 진행 중이었다고

2. In terms of personal information, / many pages / provided great details / about patients / who needed kidneys, / including explicit medical histories and family photos.

해석 개인 정보 측면에서는 / 많은 페이지에서 / 세세한 정보를 아주 많이 제공하고 있었다 / 환자들에 대해 / 신장을 필요로 하는 / 명시된 병력과 가족사진을 포함하여

C. 1. closed

해설 his eyes와 수동의 관계인 과거분사 closed가 답이다.

해석 그 남자는 눈을 감고 지난날들과 부모를 떠올렸다.

2. staring

해설 everyone과 능동의 관계인 현재분사 staring이 답이다.

해석 모든 사람들이 주시하는 가운데 신부가 방 안으로 들어왔다.

3. full

해설 입안이 가득한 상태를 나타내는 형용사 full이 답이다.

해석 입에 음식을 가득 담은 채 말하지 마라.

070 임신기간이 두뇌에 미치는 영향

A. 1. (Even for infants) (born full term), a little
   Q   Q

more time (in the womb) may matter.
     S   Q   V

해석 임신기간을 꽉 채우고 태어난 아기들에게조차, 자궁 속에서 보낸 시간이 조금 더 길다는 것은 중요할 수 있다.

2. The extra time results in more brain
       S   V

development, and a study suggests perhaps
   O   S   V   O

better scores on academic tests, too.
        O   O

해석 그 추가 시간이 더 많은 두뇌 발달을 가져오고, 한 연구에 따르면 더 나은 학업성적으로 나타난다.

B. 1. The children / in the study / were all full term, / and the vast majority / did fine / on third-grade math and reading tests.

해석 아이들은 / 이번 연구의 / 모두 (자궁 속에서) 충분한 시간을 채우고 태어난 아이들이었으며, / 이들 중 상당수는 / 좋은 성적을 거두었다 / 3학년 수학 및 독해 시험에서

2. The finding / also raises questions / about hastening childbirth / by scheduling caesarean deliveries / for convenience / rather than for medical reasons.

해석 이 결과는 / 또한 의문을 제기했다 / 출산일정을 앞당기는 관행에 대한 / 제왕절개를 통해 / 편의를 위해 / 의학적인 이유가 아닌

C. (3)

해설 제시문의 that은 목적어 자리의 명사절 접속사이다. 이와 같은 용법의 that은 (3)이다. (1)은 부사절 접속사이며, (2)는 동격절 접속사, (4)는 관계대명사 that이다.

해설 연구 결과 37주 혹은 38주에 태어난 아이들은 자신들보다 1주 혹은 2주 더 나중에 태어난 아이들에 비해 조금 더 낮은 점수를 기록했다.

(1) 여러분은 살이 찌지 않도록 하기 위해 저지방 우유를 마시나요?
(2) 그가 처음부터 잘못했다는 사실은 의심의 여지가 없다.
(3) 그녀가 사회에 나가서 잘 해나갈 거라 믿는다.
(4) 전통적인 아침식사는 영양분이 많고 포만감을 주는 여러 가지의 음식으로 구성됩니다.

071 우울증 치료 시 주의사항

A. 1. Stressful "life events" include divorce or
             S   V

loss of a spouse and loss of employment.
                  O

해석 스트레스를 일으키는 '삶의 사건'은 이혼, 배우자의 사망, 그리고 실직을 포함한다.

2. Any particular incident of depression is likely
                   S   V

to include elements (from both categories).
                 O

해석 어떠한 특정 우울증 사건이라도 이 두 가지 범주의 요소들을 포함할 가능성이 높다.

B. 1. In analyzing factors / to induce depression, / it is useful to distinguish / between "life events" and "life circumstances," / both of which promote stress / in different ways.

해석 요소들을 분석함에 있어 / 우울증을 유발하는 / 분별하는 것이 중요하다 / '삶의 사건'과 '삶의 환경'을 / 이 두 가지는 스트레스를 촉진시킨다 / 다른 방식으로

2. Stress-inducing "life conditions" / include / single parenthood, low income, and responsibility for young children, / circumstances / that most often afflict the single-parent family head, / who is nearly always a woman.

해석 스트레스를 유발하는 '삶의 조건'은 / 포함한다 / 편부모, 낮은 임금, 그리고 어린 아이들에 대한 책임을 / 이러한 환경들은 / 편부모 가장을 종종 괴롭히는 것이다 / 이러한 편부모 가장은 거의 항상 여성이다

C. The house which I live in is a very old one. The house in which I live is a very old one.

해설 〈전치사 + 관계대명사〉를 활용한 문장이다. live 뒤의 in을 남겨두고 접속사와 대명사가 결합된 관계대명사만 사용하여 문장을 결합하거나 관계대명사 앞에 전치사를 함께 표현할 수 있다.

 **Chapter 02** 환경과 생물

072 에너지와 환경

A. 1. [When the blades rotate], this movements
        Q   S   V   S

is switched into electrical current with the
   V   Q   Q

help of an electrical generator.

해석 [날개가 돌아갈 때], 이 움직임은 발전기의 도움을 받아 전기로 전환된다.

2. Farming and grazing can (still) take place
              S   V

on the same land as the wind turbines.
       Q   Q

해석 농사와 방목이 터빈이 지어진 동일한 땅에서 가능하다.

B. 1. Wind power / is the ability / to capture the wind / in a way / to propel the blades of wind turbines.

해석 풍력은 / 능력이다 / 바람을 잡아내는 / 방식으로 / 풍력터빈의 날개를 추진하는

2. (In older windmills), wind energy / turned / mechanical machinery / to do the physical work / like crushing grain to make bread / or

pumping water / to get water.

> **해석** (오래된 풍차에서) 풍력은 / 돌렸다 / 기계장치를 / 물리적 일을 수행하기 위해 / 빵을 만들기 위해 곡식을 분쇄하거나 / 또는 물을 끌어 올리는 것같이 / 물을 얻기 위해

C. 1) is

> **해설** 주어인 predicting은 동명사로 단수 취급하므로 is가 적절하다.

> **해석** 미래에 무슨 일이 일어날지 예측할 수 없다.

2) are

> **해설** 주어인 holes가 복수이므로 are가 적절하다.

> **해석** 달에는 분화구라 불리는 많은 깊은 구멍이 있다.

073 열대 우림 파괴

A. 1. <u>Manufacturers</u> <u>are abetting</u> <u>in the</u>
        S   V   Q
<u>destruction of the rain forests of Asia.</u>

> **해석** 제조사들은 아시아의 열대 우림 파괴를 부추기고 있다.

2. <u>The tropical hardwoods</u> <u>are being used</u>
         S   V
<u>more and more</u> <u>in the manufacture of a wide</u>
                    Q
<u>variety of products.</u>

> **해석** 열대산 경목들은 다양한 제품들의 제조에 더욱 더 많이 사용되고 있다.

B. 1. International groups / have been calling / in recent months / for the boycott of products / made with exotic hardwoods.

> **해석** 국제단체는 / 요구해 오고 있다 / 최근에 / 상품 불매운동을 / 외국의 경목으로 만들어진

2. In the process, / say scientists and environmentalists, / manufacturers / are abetting / in the destruction of the rain forests.

> **해석** 그 과정 중에 / 과학자들과 환경문제 전문가들은 말한다 / 제조업자들이 / 부추긴다고 / 열대 우림의 파괴를

C. 1. are being renewed

> **해석** 안으로 우리는 매일 새롭게 함을 당하고 있는 중이다.

> **해설** '새롭게 되다'는 be renewed이고, 진행의 의미를 담은 be being renewed에서 주어와의 수일치를 하면 are being renewed가 된다.

2. was being carried

> **해석** 한 남자가 성전 문으로 옮겨지고 있는 중이였다.

> **해설** '옮겨지다'는 be carried이고, 진행을 담을 경우 be being carried가 된다. 과거시제와 함께 주어와의 수일치를 반영하면 was being carried가 된다.

074 낙지의 짝짓기

A. 1. [When <u>a male octopus</u> <u>spots</u> <u>a female</u>], <u>his</u>
        Q   S   V   O
<u>normally grayish body</u> (suddenly) <u>becomes</u>
         S   V
<u>striped.</u>
  C

> **해석** 수컷 낙지가 암컷을 발견하면, 평소 회색 빛이던 몸에 갑자기 줄무늬가 생긴다.

2. <u>He</u> <u>swims</u> <u>above the female</u> and <u>begins</u>
  S   V   Q   V
<u>caressing her</u> <u>with seven of his arms.</u>
     O   Q

> **해석** 수컷은 암컷 위로 헤엄쳐 가서 7개의 다리로 암컷을 어루만지기 시작한다.

B. 1. [If she / allows this,] he / will quickly reach / toward her / and slip his eighth arm / into her breathing tube.

> **해석** [만약 그녀가 / 이를 허락한다면] 그는 / 재빨리 다가간다 / 그녀에게 / 그리고 8번째 팔을 쑥 끼운다 / 그녀의 수통 안으로

2. A series of sperm packets / moves slowly / through a groove / in his arm, / finally to slip / into the mantle cavity of the female.

> **해석** 일련의 정자주머니가 / 천천히 움직인다 / 홈을 통과해서 / 그의 팔에 있는 / 마침내 미끄러져 들어간다 / 암컷의 외투막 구멍으로

C. 1. caressed

> **해석** 그의 손가락이 그녀의 목 뒤를 어루만졌다.

2. groove

> **해석** 다른 기업들이 새로운 고객을 유치하려고 하고 있는 동안, 이것은 타성에 젖은 것처럼 보이고, 지난 2년 동안 손실을 보고 있다.

> **해설** be stuck in a groove는 직역하면 '구멍에 갇혀 있다' 즉, 새로운 것에 도전하지 않고, 있는 자리에서 계속 머무는 '타성에 젖다'라는 뜻이다. 관용표현을 몰랐다 하더라도 문맥 상 충분히 추론이 가능한 문제다.

075 노화

A. 1. <u>This</u> <u>includes</u> <u>changes</u> (in the body) and
   S   V   O
<u>changes</u> (in other aspects of a person's
             O
<u>appearance</u>).

> **해석** 이것은 몸의 변화와 한 사람의 외모의 다른 측면의 변화를 포함한다.

2. A person's appearance is affected (by
      S   V

many factors) [that are not part of aging].
  Q   Q S   V   C

해설 전치사구 by many factors에서 many factors는 주격 관계대명사의 수식을 받는다.

해석 한 사람의 외모는 노화의 일부분이 아닌 많은 요소에 의해 영향을 받는다.

B. 1. Like chronological aging, / it / is frequently used / to estimate / the degree / to which other types of aging / have occurred.

해석 연대적 노화와 마찬가지로 / 이것은 / 종종 사용이 된다 / 측정하는 데 / 정도를 / 다른 종류의 노화가 / 발생하는

2. It / is an inaccurate indicator / for either purpose / because of variation / among individuals.

해석 이것은 / 부정확한 지수이다 / 어느 목적이든 간에 / 차이점으로 인해 / 개인 간의

C. 1. exposure

해석 그녀의 새 영화는 언론에서 많이 다뤄져 왔다.

2. variation

해석 통화의 환율은 항상 변화가 있기 마련이다.

076 생태계 보호

A 1. Protected area policy and practice have
                S

changed (dramatically) over the past century.
  V   Q

해석 보호구역정책과 관행은 지난 세기 동안 급격히 변했다.

2. Public enjoyment and scenic beauty were
                S   V

once the highest priority (in U.S. national park).
 Q   C

해석 대중의 즐거움과 경치의 아름다움은 한때 미국의 국립 공원의 최우선 순위였다.

B. 1. Parks and wilderness / began to embrace / all native species and ecosystem processes.

해석 공원과 자연은 / 받아들이기 시작했다 / 모든 지역 종과 생태계 과정을

2. At the same time, / active management / should be kept to a minimum, / to allow nature to take / its course / free from human intervention.

해석 동시에 / 적극적 경영은 / 최소한으로 유지되어야 한다 / 자연이 취할 수 있도록 / 자신의 길을 / 인간의 간섭으로 자유로운

C. 1. intervention

해석 어른들의 개입이 없다면, 학교폭력은 계속될 가능성이 크다.

2. cornerstone

해석 그 빌딩의 초석은 1163년에 놓였고, 건축이 시작되었다.

3. priority

해석 음식물의 안전성은 중요한 문제다.

077 생물의 진화

A. 1. (Once adapted to flight), some birds
             Q   S

continued to change and the process seemed
  V   O   S   V

to reverse itself.
        O

해석 일단 나는 것에 적응하고 나서 몇몇 새들은 변화를 계속했고 그 과정은 역행하는 것 같아 보였다.

2. [As penguins adapted to marine life], their
   Q   S   V   Q   S

wings changed (to flippers) and their feathers
      V   Q   S

(to a waterproof covering), (thus suiting the
         Q   Q

birds for a semi-aquatic existence).

해석 펭귄이 해양 생활에 적응해 가면서, 그들의 날개는 물갈퀴로 변하고 깃털은 방수용 보호막으로 변해서 물 근처에서 생활하기에 적합하게 되었다.

B. 1. This whole restructuring / of some reptiles / over a period of thousands of years / helped the new animals / to escape their predators / and to find food more easily.

해석 이런 대대적인 구조 변화는 / 몇몇 파충류가 / 수천 년 동안 / 그 새로운 동물들을 도왔다 / 포식 동물을 피하고 / 먹이를 더 쉽게 구할 수 있도록

2. Once adapted to flight, / some birds / continued to change / and the process seemed to reverse itself.

해석 일단 나는 것에 적응하고 나서 / 몇몇 새들은 / 변화를 계속했고 / 그 과정은 역행하는 것 같아 보였다

C. 1. adapted

해석 건조한 모래에 잘 적응된 낙타의 발은 진흙에서는 쓸모가 없다.

2. restructuring

해석 우리는 구조 조정으로 회사의 규모를 줄여야 한다.

3. successive

해석 에티오피아는 네 번의 연속적인 가뭄의 시기를 견뎠다.

078 지역적 환경과 인식

A. 1. The dweller (in northern countries) goes
S   V

(into raptures) (over the fresh green leaves)
                 Q

(of the trees) (in spring).
    Q   Q

해석 북부지역 국가들에 거주하는 사람들은 봄철의 나뭇잎에 열광한다.

2. The desert dweller, (on the other hand),
S   Q

composes poems (about green trees and
V   O

grass and running water) (whatever the season).
                   Q

해석 반면에 사막지역 거주자들은 어느 계절이나 푸른 나무와 풀 그리고 흐르는 물에 대한 시를 쓴다.

B. 1. He / cannot understand / why poets trouble / to write about them.

해석 그는 / 이해하지 못한다 / 왜 시인들이 고생을 하는지 / 그것에 대한 시를 쓰려고

2. It seems to be a fact / that familiarity breeds contempt, / and that those who seek excitement and romance / cannot see it / at home, under their noses, / but only in distant lands.

해석 사실로 보인다 / 익숙함이 경멸을 낳는다 / 그리고 재미와 낭만을 추구하는 사람들은 / 그것을 찾지 못한다 / 바로 코 앞에 있는 집에서 / 먼 곳에서만 찾으려 한다

C. 1. the reason

해설 the reason why S V은 why S V로 쓸 수 있으므로 빈 칸에 들어갈 내용은 the reason이 된다.

해석 그는 시인들이 왜 고생해서 그것에 관해서 쓰는지 이해할 수 없다.

2. in which

해설 the way S V = the way in which S V

해석 나는 그가 그 문제에 대처하는 방식을 이해할 수 없다 (왜 그렇게 대처하는지 이해 못 하겠다).

079 이끼

A. 1. Lichen are one of the few kinds of life
S   V   C

[that can survive in the mountains of Antarctica].
Q S   V   Q

해석 이끼는 남극의 산지 속에서 살아남을 수 있는 몇 안 되는 생명체 가운데 하나이다

2. [If this is true], the lichen may be (among
Q   S   V   C   S   V   Q

the oldest forms of life) (on earth).
                  Q

해석 이것이 사실이라면, 이끼는 지구상 생물체 가운데 가장 오래된 형태에 속할 수 있을 것이다.

B. 1. Inside the holes, / these lichen / manage to find / enough water and warmth / to keep alive.

해석 구멍의 안에서 / 이 이끼들은 / 그럭저럭 찾아낸다 / 충분한 물과 따뜻함을 / 생명을 유지하기에

2. This fact means / that the lichen function very, very slowly, / and live a very long time.

해석 이 사실은 의미한다 / 이끼가 매우 느리게 기능한다 / 그리고 매우 오랜 시간을 살아간다

C. (4)

해설 제시된 문장의 of는 '~ 중의'로 해석된다. (1)의 경우 '가장 오래된 형태의'로 해석되고, (2)는 '질병의'로, (3)은 '나무의'의 형용사적 해석이다. (4)만이 '가능한 방법 중의'로 해석한다.

해석 (1) 만약 이것이 사실이라면, 이끼는 지구상에 가장 오래된 형태의 생명체 중의 하나일 것이다. (2) 이 질병의 증상은 눈 뒤와 관절 고통, 메스꺼움 그리고 발진을 포함한 아주 다양하다. (3) 북쪽 나라들의 거주자들은 봄에 나오는 신선한 푸른 나뭇잎을 보고 황홀해한다. (4) 우울증을 다루는 가능한 방법 중 하나는 주위 사람과 건전한 관계를 형성하는 것이다.

080 멸종 위기에 빠진 지구상의 동물

A. 1. (In the last three centuries), more than
              Q

200 species of mammals, birds, and reptile
                  S

have become extinct.
  V   C

해석 지난 3세기 동안, 200종 이상의 포유류, 조류, 그리고 파충류들이 멸종되었다.

2. Eight hundred more species are endangered.
S   V

해석 8백 가지가 넘는 종족은 현재 위험에 처해 있다.

B. 1. Our wild animals / are being swept / from the land, / the birds from the air, / the fish from the sea.

해석 우리의 야생동물들은 / 쓸려 사라지는 중이다 / 땅에서 / 새들은 하늘에서 / 물고기들은 바다에서

2. It may be / that man's greatest 'achievement' / in the 20th century / is not that he traveled to the moon / but that he destroyed forever / an irreplaceable heritage of natural things.

해석 아마도 ~일 것이다 / 가장 큰 업적은 / 20세기의 / 달을 여행했다는 것이 아니라 / 영원히 파괴시켰다는 것 / 자연물의 돌이킬 수 없는 유산을

C. → Tow atomic bombs are dropped on Japan by the U.S. (수동태 현재)
→ Tow atomic bombs were dropped on Japan by the U.S. (수동태 과거)
→ Tow atomic bombs will be dropped on Japan by the U.S. (수동태 미래)
→ Tow atomic bombs have been dropped on Japan by the U.S. (완료 수동태)
→ Tow atomic bombs had been dropped on Japan by the U.S. (과거완료 수동태)
→ Tow atomic bombs will have been dropped on Japan by the U.S. (미래완료 수동태)

081 생물의 탄생

A. 1. (Before the 17th century), many scientists
       Q   S
thought [that life could develop (from non-
V   O   S   V   Q
living matter)].

해석 17세기 전에 과학자들은 생물은 무생물적 요소로부터 자라날 수 있다고 생각했다.

2. He placed the shirt (on the floor) (in the
   S V   O   Q   Q
corner of a room).

해석 그는 셔츠를 방구석의 바닥에 두었다.

B. 1. For example, / in 1599, / a Belgian doctor placed / wheat grains / in a sweaty shirt.

해석 예를 들어 / 1599년 / 벨기에 의사는 넣어 두었다 / 밀알을 / 젖은 셔츠 안에

2. The doctor / concluded / that human sweat changed / wheat grains to mice.

해석 의사는 / 결론을 내렸다 / 인간의 땀이 바꾼다 / 밀알을 생쥐로

C. (2)

해설 place와 함께 쓰이는 전치사와 명사 간의 위치관계에 따른 전치사의 활용을 함께 묻는 문제. 책과 책상과의 관계에서 상/하/옆의 관계인 (1), (3) (4)는 모두 바른 표현이나 (2)의 경우 책을 책상 '안쪽으로' 넣었다는 것은 어색하다. 위 문제를 통해 문법적으로 맞는 문장이라 하더라도 의미상으로 비문이 될 수 있다는 점을 확인할 수 있다.

082 모기와 인간

A. 1. The mosquito is the insect (most willing
      S   V   C
to duel with man).

해석 모기는 인간과 기꺼이 가장 잘 싸우는 곤충이다.

2. It has learned to be quicker, more
   S   V
inconspicuous and livelier (on the take off).
                          O

해석 그것은 더 빨라지고 더 눈에 안 띄고 그리고 더 활발하게 이륙하는 것을 배운다

B. 1. At one time or another, / we have all stood on a bed / in our pajamas / with a slipper in our hand / and our eyes / fixed on the ceiling.

해석 이런 저런 때 / 우리는 모두 침대 위에 서 있어 봤다 / 파자마 차림으로 / 손에 슬리퍼를 들고 / 우리 눈은 / 천장에 고정시킨 채

2. Some bold mosquitos / of the latest generation / do not hesitate to hide / under their victims' pillows.

해석 어떤 대담한 모기는 / 최근의 / 숨는 것을 주저하지 않는다 / 희생자의 베개 밑에

C. 1. Seen

해설 주절의 주어 it이 see의 대상이므로 수동 의미의 과거분사인 seen을 써야 한다.

해석 멀리서 보면, 그것은 얼굴처럼 보인다.

2. Left

해설 주절의 주어 I가 leave의 대상이므로 수동 의미의 과거분사인 left를 써야한다.

해석 혼자 남겨지자 나는 많은 것들에 대해 생각하기 시작했다.

3. Admitting

해설 주절의 주어 I가 admit의 주체이므로 능동의 현재분사인 Admitting이 답이다.

해석 네가 말한 것들을 인정한다 해도 나는 여전히 네가 틀렸다고 생각한다.

4. Having written

해설 주절의 주어 I가 write의 주체이므로 능동의 현재분사 Having written이 답이다.

해석 작문을 다 하고 나니, 나는 이제 아무것도 할 게 없다.

5. Crossing

해설 주절의 주어 you가 cross의 주체이므로 능동의 현재분사인 Crossing이 답이다.

해석 길을 건널 때, 길 양쪽을 살펴야 해.

083 뇌우 현상의 기원

A. 1. <u>Thunderstorms</u> <u>are</u> (particularly) <u>prevalent</u>
      S   V   C

(during the summer months) (in areas) (close
                Q   Q

to the warm water of the Gulf of Mexico).
                    Q

해석 뇌우는 멕시코만의 따뜻한 바다와 가까운 지역에서 여름 몇 개월 동안 특히 빈번하다.

2. (Eventually), <u>the electrical discharge</u> [we
     Q   S   Q S

<u>know</u> <u>as lightning</u>] <u>takes place</u>.
 V   Q   V

해석 결국 우리가 번개로 알고 있는 전기 방전이 일어난다.

B. 1. Large cities / also act as heat sources, / producing convection currents / in the air, / which carry ocean moisture aloft, / along with salt particles and pollutants / which are condensation nuclei / encouraging cloud formation.

해석 대도시들 / 또한 열의 원천으로서 작용한다 / 대류를 만들어내는 / 공기 중에 / 이것은 바다의 수증기를 지니고 다닌다 / 소금입자와 오염 물질을 함께 / 응결핵인 / 구름 형성을 촉진하는

2. Every year / an estimated 10,000 forest fires / are touched off / by lightning and other thunderstorm phenomena.

해석 매년 / 추정되는 1만 건의 산불은 / 유발된다 / 번개와 다른 뇌우 현상에 의해

C. 1. which are
해설 be + V-ed/-ing의 형태와 결합하는 〈주격 관계대명사 + 동사〉는 생략이 가능하다.

2. which/that
해설 목적격 관계대명사는 생략이 가능하다.

084 칡

A. 1. <u>The lush, fragrant vine of kudzu, (a fast-growing southern weed)</u>, <u>is</u> <u>useful</u>
                              S   V   C

(for shading porches) (from the hot sun).
          Q   Q

해석 빠른 속도로 자라는 남쪽의 잡초인 칡의 무성하고 향기로운 덩굴은 뜨거운 태양으로부터 현관을 그늘지게 하는 데 유용하다.

2. <u>Growing</u> (almost a foot per day) (during
                         Q

the summer months), <u>kudzu</u> (quickly) <u>climbs</u>
                          S   V

<u>utility poles</u>.
    O

해석 여름철 동안에는 매일 거의 1피트씩 자라는 칡은 빠른 속도로 전봇대를 휘감고 올라간다.

B. 1. Unfortunately, / those benefits / are exceeded / by the plant's growth rate.

해석 불행히도 / 그러한 장점은 / 중요하지 않다 / 그 식물의 성장 속도보다

2. Yet / cutting the plant back / does not destroy it, / and it's difficult / to get rid of it permanently / because its roots grow deep.

해석 그러나 / 그 식물을 베어 내는 것이 / 그것을 죽이는 것은 아니다 / 그리고 어렵다 / 그것을 영원히 제거하는 하는 것은 / 뿌리를 깊이 내리고 있기 때문에

C. 1. so nervous that I feel
해설 so 원급 that을 활용한다.

2. so busy that I don't have time
해설 so 원급 that을 활용한다.

085 토네이도의 형성

A. 1. (In the formation stage), <u>we</u> <u>can see</u>
                Q   S   V

a rotating funnel cloud [that <u>descends</u> <u>from</u>
          O   Q S   V   Q

the cloud base].

해석 형성단계에서, 우리는 구름 밑면에서 내려오는 회전하는 깔때기 형태의 구름을 볼 수 있다.

2. [When <u>the rotating column</u> (of air) <u>reaches</u>
     Q   S   V

the ground], <u>it</u> <u>becomes</u> <u>a tornado</u> (by definition).
       O   S   V   C

해석 회전하는 공기 기둥이 땅에 도달하면, 그것은 의미상 회오리바람이 된다.

B. 1. A tornado / undergoes / considerable changes / in size, shape, and behavior / during its life cycle.

해석 회오리바람은 / 겪는다 / 많은 변화를 / 크기, 형태, 움직임에 있어서 / 그 수명 동안

2. Sometimes / dust and debris / begin whirling on the ground / before the funnel actually touches down.

해석 때때로 / 먼지와 쓰레기들이 / 땅에서 소용돌이치기 시작한다 / 깔때기가 실제로 착륙하기 전에

C. 1. the funnel reaches its greatest width
해설 〈S + reaches + O〉 형태로 reach가 타동사이므로 전치사를 취하지 않고 바로 목적어를 가진다는 점에 주의한다.

2. causes severe damage to
해설 cause + 목적어 + to V

086 온실효과

A. 1. <u>An important function</u> (of terrestrial
S

<u>atmosphere</u>) <u>is</u> [that <u>it</u> <u>turns</u> <u>the earth</u> (into
V C   S   V   O

a giant greenhouse)], (keeping it at a mean
Q   Q

temperature of about 60˚F), (higher than
Q

it would be otherwise).

<u>해석</u> 지구 대기의 중요한 기능은 지구를 거대한 온실로 변화시켜 그렇지 않았을 때보다 높은, 화씨 60도의 평균온도를 유지시킨다는 점이다.

2. (Thus), <u>solar energy</u> (entering through the
Q   S

glass roof of a greenhouse) <u>is trapped</u> (inside)
V

and <u>maintains</u> <u>a temperature</u> (<u>well</u>) (above
V   O   Q

that of the outside air).
Q

<u>해석</u> 따라서 온실의 유리지붕을 통과해서 들어오는 태양 에너지는 안에 갇히고 외부 공기 온도보다 훨씬 높게 온도를 잘 유지시킨다.

B. 1. An important function of terrestrial atmosphere / is / that it turns the earth into a giant greenhouse, / keeping it at a mean temperature / of about 60˚F, / higher than it would be otherwise.

<u>해석</u> 지구 대기의 중요한 기능은 / 이다 / 지구를 거대한 온실로 변화시킨다 / 평균온도를 유지시키면서 / 화씨 60도의 / 그렇지 않았을 때보다 높은

2. The functioning of greenhouses / is based on the fact / that glass, / being almost completely transparent / to visible light, / which brings most of the sun's energy, / is opaque to the heat rays / which are emitted by the object / warmed by the sun's radiation.

<u>해석</u> 온실의 작용은 / 사실에 기반한다 / 유리가 / 거의 완전히 투명한 / 가시광선에 / 태양 에너지의 대부분을 가져오는 / 적외선에는 불투명해지는 / 목표물이 방출한 / 태양 방사선에 의해 데워진

C. 1. transparent
2. opaque
3. terrestrial

087 고기잡이 귀신 펭귄

A. 1. <u>Many birds</u> <u>pursue</u> <u>prey</u> (by <u>swimming</u>
S   V   O   O

<u>underwater</u>), but <u>none</u> <u>is</u> so (superbly)
S   V

<u>adapted</u> (to the task) (as the penguins).
Q   Q

<u>해석</u> 많은 새들이 수중에서 수영함으로써 먹잇감을 뒤쫓지만, 그 어떤 종도 펭귄만큼 그 일에 놀라운 정도로 적응되어 있지는 않다.

2. <u>The entire anatomy of the penguin wing</u>
S

<u>has been modified</u> [so that <u>it</u> <u>is</u> <u>a stiff, oar-</u>
V   Q   S V   C

<u>like flipper</u> (like that of a dolphin)].
Q

<u>해석</u> 펭귄 날개의 전체 구조는 계속 진화되어 와서, 돌고래와 같이 딱딱하고, 노와 같은 지느러미발이 되었다.

B. 1. Awkward on land, / penguins use their wings / for underwater propulsion / as efficiently / as other birds use wings / for flying.

<u>해석</u> 육지에서는 어색하지만 / 펭귄들은 날개를 사용한다 / 수중 추진력을 얻기 위해 / 효율적으로 / 다른 새들이 날개를 사용하는 만큼이나 / 비행을 위해

2. Most other underwater swimmers / – such as loons, cormorants and some ducks – / are propelled / by their powerful feet, / although some use their wings / for balance.

<u>해석</u> 대부분의 다른 수중에서 헤엄치는 새들은 / – 아비, 가마우지, 그리고 몇몇 오리와 같은 – / 추진력을 얻지만 / 그들의 강력한 발로 / 몇몇은 그들의 날개를 사용한다 / 균형을 위해

C. so, to / the most superbly / more, any other animal

<u>해설</u> 첫 번째 문장은 as로 보아 동등비교를 활용하여 최상급을 만들었다. 부정문에서 as ~ as가 so ~ as로 활용됨에 유의하고, be adapted to는 "~에 적응하다"이다. 두 번째 문장은 the most의 최상급을 활용한 것이고, 세 번째는 than으로 보아 비교급을 활용하여 최상급을 표현했다. 이 때, 비교급은 두 대상을 기준으로 하기 때문에 any other N(단수)임을 파악한다.

<u>해석</u> 어떤 것도 펭귄보다 이 일에 더 훌륭하게 적응하지 못했다.

088 식물 성장의 방향성

A. 1. <u>Plants</u> <u>seem</u> <u>to know</u> [which way is up
S   V   V   C

and which way is down].

<u>해석</u> 식물들은 어느 방향이 위쪽이고, 어느 방향이 아래쪽인지를 알고 있는 것처럼 보인다.

2. <u>New shoots</u> <u>will grow</u> from the end
   S   V   Q

[that grew upper most in the tree].

해석 새로운 나뭇가지는 그 나무에서 가장 위로 자라난 끝부분에서부터 자라날 것이다.

B. 1. A good many more buds / grew / on the righthand side / of the split surface / than on the left.

해석 상당히 더 많은 새 봉우리가 / 자랐다 / 오른쪽에 / 잘린 면의 / 완쪽보다

2. They / split the sticks again / and found / that the buds / again grew / on the right side.

해석 그들은 / 다시 가지를 둘로 나눴다 / 그리고 발견했다 / 꽃봉오리가 / 다시 자랐다는 것을 / 오른쪽에서

C. 1. know right from left

해설 know A from B는 직역하면 'B에서 A를 알다'로 'A와 B를 구별하다'라는 의미로 해석한다.

2. There is no visible difference between

해설 '~ 있다'의 there is[are] 구문의 활용이다. 형용사적 부정어 no는 〈no + (형용사) + 명사〉의 순이다.

3. Scientists studying this subject

해설 '~하는, 한'의 현재분사가 활용된 문장이다. 현재분사 studying이 목적어 this subject를 취하는 구가 되어 명사를 후치 수식하는 형태를 취한다.

Chapter 03 **기술과 우주**

089 천문학

A. 1. <u>Some astronomers</u> <u>believe</u> [that <u>a black</u>
   S   V   O   S

<u>hole</u> <u>may be formed</u>].
           V

해석 어떤 천문학자들은 블랙홀이 형성된다고 믿는다.

2. <u>A large star</u> <u>collapses</u> (inward) <u>from its</u>
   S   V   Q

<u>own weight</u>.

해석 거대한 별이 자신의 무게로 인해 안으로 붕괴한다.

B. 1. [If a star / eventually exhausts / its nuclear fuel,] its unbalanced gravitational attraction / could cause / it / to contract and collapse.

해석 [만약 특정한 별이 / 결국 소모하면 / 자신의 핵연료를] 그것의 불안정한 중력 인력이 / 일으킬 수 있다 / 이것이 / 수축해서 붕괴하도록

2. (Furthermore), it / could begin / to pull

in surrounding matter, / including nearby comets and planets, / creating a black hole.

해석 (게다가), 그것은 / 시작할 수 있다 / 주위의 물질을 당기는 것을 / 근처의 혜성과 행성을 포함해서 / 그렇게 블랙홀을 형성한다

C. 1. He drove off, waving goodbye to his wife.

해석 그는 자동차를 타고 떠나면서 그의 아내에게 안녕이라고 손을 흔들었다.

2. Stephen contacted some stars, hoping to attract more people to his concert.

해석 스티븐은 몇몇 스타배우들에 연락을 하면서 자신의 콘서트에 더 많은 사람들을 끌어들이기를 희망했다.

090 별의 생성

A. 1. <u>One simple physical concept</u> <u>lies</u> <u>behind</u>
   S   V   Q

<u>the formation of the stars</u>.

해석 물리학의 간단한 개념 하나가 별의 생성의 원리 이면에 숨어 있다.

2. <u>It</u> now <u>attracts</u> <u>more matter</u> <u>to it</u>.
   S   V   O   Q

해석 이것은 이제 그것에 더 많은 물질을 끌어당긴다.

B. 1. [As it contracts,] its density / increases, / which increases / its gravity / even more, / so that / it picks up even more matter / and contracts even further.

해석 [그것이 수축하면서] 그것의 밀도가 / 증가한다 / 그리고 이는 증가시킨다 / 그것의 중력을 / 심지어 더 많이 / 그래서 / 이것은 훨씬 더 많은 물질을 얻고 / 훨씬 더 수축한다

2. The process / continues [until the small region of gas / finally forms / a gravitationally bound object].

해석 이 과정은 / 계속한다 [가스의 작은 영역이 / 마지막으로 형성할 때까지 / 중력에 결속된 물체를]

C. which

해설 두 문장을 연결하는 접속사와 주어의 역할을 함께할 수 있는 관계대명사 which가 들어가면 된다.

해석 (a) 내가 살을 빼는 데 도움이 될 새로운 프로그램 소개해 줄게. (b) 그 비행기는 또 20분간 지연이 되었는데, 이는 모두를 화나게 만들었다.

091 생활 속의 과학

A. 1. <u>A blanket</u> <u>will always make</u> <u>something</u> <u>warm</u>.
   S   V   O   O.C

해석 담요가 항상 사물들을 따뜻하게 할 것이다.

2. [What a blanket always does] is to prevent
   S   V

heat from passing (through one side of it to
the other).
    C

해석 담요가 항상 하는 일은 열이 그것의 한쪽 면에서 다른 쪽 면으로 통과하는 것을 막는 것이다.

B. 1. They / are surprised / to see blankets / used to keep / ice / cold.

해석 이들은 / 놀란다 / 담요를 보고서 / 유지하는 데 사용되는 걸 / 얼음을 / 차갑게

2. It / keeps / the heat of the body / from passing / into the colder air / surrounding it.

해석 이것은 / 막는다 / 몸의 열이 / 빠져나가는 것을 / 차가운 공기로 / 그것을 둘러싸는

C. 1. Seeing me, he ran away.

해설 분사구문을 만드는 방법은 1) 접속사 생략 2) 부사절의 주어와 주절의 주어가 같을 때, 주어를 생략 3) 동사의 시제가 같으면 원형에 -ing이다.

2. Not knowing what to say, I remained silent.

해설 분사구문을 부정할 때 부정어를 문두에 둔다.

092 ESP와 영향

A. 1. TV shows and films (such as Star Trek) are
   S   V

popular [because they introduce us (to
C   Q   S   V   O

characters from other worlds, planets, and
galaxies)].
    Q

해석 스타 트랙과 같은 TV 프로그램과 영화들은 그것들이 우리에게 다른 세계, 행성과 은하계들로부터 온 등장인물들을 접하게 하기 때문에 인기가 있다.

2. One of the most popular kinds of character
   S

(in these futuristic programs) is a person
                             V   C

(with ESP).

해석 아마도 이러한 미래에 관한 프로그램들에서 가장 인기 있는 등장인물들의 부류 중 하나는 ESP를 가진 사람일 것이다.

B. 1. ESP / is a sense / that allows / one person / to read the mind / of another / without the exchange of words.

해석 ESP는 / 감각이다 / 허용하는 / 한 사람이 / 마음을 읽도록 / 다른 사람의 / 말을 주고받지 않고

2. One / must remember / that this sense / takes place / in an untrue and fictitious situation.

해석 누구든 / 기억해야 한다 / 이러한 감각은 / 발생한다고 / 진실되지 않고, 허구의 상황에서

C. 1. was

해설 주어의 해석은 one이므로 단수동사가 와야 하고, 1977년으로 보아 과거형이 되어야 하므로 was가 정답이다.

해석 한국에서 가장 유명한 가수 중 한 명이 1977년 오늘 태어났다.

2. is

해설 도전들을 다루는 가장 효과적인 방법 중 하나는 너희들 전에 살았던 사람들로부터 독서하고, 배우는 것이다.

해석 수식어가 길게 달린 주어다. challenges가 앞에 있다고 해서 복수형인 are를 쓰지 않아야 한다. 주어의 핵은 one이므로, 단수형 be동사인 is가 정답이다.

093 바닷물결의 이동

A. 1. You have thought [that the water in each
   S   V   O   S

wave had traveled (for miles)].
          V

해석 당신은 파도가 멀리까지 간다고 생각했을 것이다.

2. The water in each wave seldom gets far
   S   V   Q

from its regular position.
    Q

해석 각각의 파도는 그것의 평소 위치에서 그다지 멀리까지 가지 않는다.

B. 1. (The forward motion / in one drop of water) / is given / to the next drop / and by this drop / to the next one.

해석 (앞으로의 움직임이 / 하나의 물방울에서) / 전달된다 / 다음 물방울에 / 그리고 이 물방울에 의해 / 다음 물방울로

2. The waves / move over great distances, / but the water itself / goes a very short distance.

해석 파도는 / 먼 거리를 간다 / 그러나 물 자체는 / 아주 짧은 거리만 이동한다

C. 1. a few
   2. a little
   3. few
   4. little

094 거짓말 탐지기

A. 1. <u>Many Americans</u> <u>think of</u> <u>lie detectors</u>
S   V   O

<u>as machines</u> [<u>that</u> <u>can</u>, (without error),
OC   Q S   V

<u>separate</u> <u>the guilty</u> <u>from the innocent</u>].
O   Q

> **해석** 많은 미국인들은 거짓말 탐지기를 아무런 실수 없이 범죄인과 결백한 사람을 구분할 수 있는 기계로 여긴다.

2. (In addition), <u>many subjects</u> <u>react</u> (<u>to a lie</u>
Q   S   V   Q

<u>detector test</u>) (by becoming anxious).
                       Q

> **해석** 더군다나 많은 피실험자들이 긴장을 한 채 거짓말 탐지기 테스트에 반응하기도 한다.

B. 1. Many states / do not employ / licensed examiners / who have been trained to read and interpret / the lie detector's print-out.

> **해석** 많은 주들이 / 고용하고 있지는 않다 / 자격이 있는 검사원을 / 읽고 해석하도록 훈련받은/ 거짓말 탐지기의 출력물을

2. On the other hand, / some subjects / are smart enough to use / relaxation techniques or tranquilizers / to maintain the appropriate calm, / even when they are telling a string of lies.

> **해석** 반면에 / 어떤 피실험자들은 / 사용할 만큼 교활하다 / 긴장 완화술 또는 진정제를 / 적당한 침착함을 유지하기 위해서 / 연속적으로 거짓말을 하고 있는 때조차도

C. 1. a string of
> **해석** 문장은 일련의 낱말들의 연속이다.

2. licensed
> **해석** 이 음식점은 주류 판매를 허가받았다

3. In addition
> **해석** 거기서 신선한 야채를 살 수 있어. 게다가, 거기 직원들은 정말 친절해.

4. anxious
> **해석** 나는 매일매일 그녀의 안전이 염려됐다.

5. maintain
> **해석** 경찰이 평화와 질서를 유지하도록 나서서 힘을 쓰겠습니다.

095 커피와 산소

A. 1. <u>Tests</u> <u>showed</u> [that <u>roasted coffee</u> <u>is best</u>
S   V   S   V

<u>preserved</u> (<u>in tightly sealed vacuum cans</u>)]O.
                      Q

> **해석** 실험을 해 본 결과, 볶은 커피는 완전히 밀폐된 진공 깡통 속에서 가장 잘 보존된다.

2. [If <u>oxygen</u> <u>is</u> <u>present</u>], <u>the coffee</u> <u>deteriorates</u>
Q   S   V   C   S   V

[even though <u>the sealing</u> <u>is</u> <u>tight</u>).
Q   S   V C

> **해석** 만약 산소가 존재한다면 비록 그 밀폐 상태가 빈틈없어도 커피의 (질이) 떨어진다.

B. 1. Escape of coffee aroma vapors and gases / does not in itself impair / the flavor of coffee, / according to new researches / reported in Industrial and Engineering Chemistry.

> **해석** 커피의 향기로운 증기와 가스가 빠져나가는 것이 / 본질적으로 변하게 하지는 않는다고 한다 / 커피의 맛을 / 새 연구에 의하면 / '산업과 공업 화학'지에 보고된

2. Samples / hermetically sealed / in a vacuum, / remained fresh / throughout the test period of forty-eight days.

> **해석** 샘플들은 / 밀폐된 / 진공상태에서 / 신선함이 유지됐다 / 48일간의 실험기간 동안 줄곧

C. 1. Every time
> **해설** '~할 때마다'의 때를 나타내는 접속사가 필요하다.

> **해석** 저 안경을 볼 때마다 나는 우리 할아버지가 생각난다.

2. now that
> **해설** '~ 때문에, ~이니까'의 이유를 나타내는 접속사가 필요하다.

> **해석** 장마철이 끝나서 날씨가 점점 더 더워지고 있다.

3. Even though
> **해설** '비록 ~이지만, ~할지라도'의 양보접속사가 필요하다.

> **해석** 상어가 물고기이기는 하지만, 다른 물고기들처럼 비늘은 없다.

4. By the time
> **해설** '~할 때쯤'의 때를 나타내는 접속사가 필요하다.

> **해석** 그녀가 중학교를 졸업할 때쯤 그녀의 성적은 많이 향상되었다.

096 비행기 엔진 원리

A. 1. <u>You</u> <u>can illustrate</u> <u>the principle</u> (by blowing
S   V   O   Q

<u>up a rubber balloon</u>).

> **해석** 고무풍선을 불어 날려봄으로써 이 원리를 설명할 수 있다.

2. It moves (forward) [as the air escapes
  S   V   Q   S   V

in the opposite direction].
       Q

해석 고무풍선은 공기가 뒤로 빠져나갈 때 앞으로 나가게 된다.

B. 1. [Although a jet engine and a rocket engine
/ operate / on the principle of Newton's Third
Law,] they differ / in that a jet must take in
oxygen / from the air / to burn its fuel, / but
a rocket must carry / its own oxygen.

해석 [비록 제트엔진과 로켓엔진은 / 작동하지만 / 뉴턴의 제3법칙의 원리에 따라] 그것들은 서로 다르다 / 제트엔진은 산소를 흡입해야 한다는 점에서 / 대기로부터 / 연료를 연소시키려면 / 로켓은 지니고 다녀야 한다 / 산소를

2. Gases / escaping under great pressure / in
one direction / exert a push / on the engine
/ in the opposite direction.

해석 가스는 / 높은 압력하에서 분출되는 / 한 방향으로 / 추진력을 준다 / 엔진에 / 반대방향으로

C. 1. She was fortunate in that she had friends
to help her.

해석 그녀는 자신을 도와줄 친구들이 있었으므로 운이 좋았다.

2. As it provides faster access to the
Internet, the new system is better.

해석 새로운 시스템은 인터넷에 더 빠르게 접속할 수 있게 제공해 준다는 점에서 더 낫다.

3. This essay is a good one in that it
comprehensively outlines all the major
arguments on this issue.

해석 이 에세이는 이 이슈에 대해서 모든 주요 논쟁을 포괄적으로 그려 준다는 점에서 좋다.

097 컴퓨터 바이러스

A. 1. These viruses spread (rapidly), (much
      S   V

like biological contagion).
          Q

해석 이 바이러스는 마치 생물학적 전염병처럼 급속히 퍼진다.

2. Security policies need to be increased
     S   V

[as immunity programs are being developed].
 Q   S   V

해석 면역 프로그램이 개발되고 있는 것처럼, 보안 대책의 증대가 요구된다.

B. 1. Computer "virus" programs / designed to
sabotage computers / are infecting computers
/ in corporations, homes, and universities.

해석 컴퓨터 '바이러스' 프로그램이 / 컴퓨터를 고의로 파괴하려고 고안된 / 컴퓨터를 감염시키고 있다 / 회사와 가정, 그리고 대학 등에 있는

2. Then, / any program / that is executed /
may be exposed / to the virus, / including
programs / spread through telephone
connections.

해석 그래서 / 어떤 프로그램도 / 실행되는 / 노출될 수 있다 / 바이러스에 / 프로그램을 포함하여 / 전화선을 통해 확산되는

C. which is generally activated / generally
activated

해석 컴퓨터 시계를 사용함으로써 유발되는 피해는 엄청나다.

해석 〈주격관계대명사 + be동사〉의 이해를 묻는 문제다. 첫 번째 빈칸에는 주격관계대명사가 이끄는 온전한 형태를 쓰고, 이후 〈주격관계대명사 + be동사〉을 생략해 표현하면 된다.

098 우주왕복선의 재활용

A. 1. The Shuttle is a rocket [which can be
    S   V   C   Q   S   V

flown (back) (to Earth) (like a conventional
       Q   Q   Q

aircraft) and then reused].
             V

해석 이 왕복선은 재래식 항공기처럼 지구로 되돌아올 수 있으며, 다시 사용될 수 있는 로켓이다.

2. It is expected to reduce the costs of
  S   V   Q

scientific, commercial and defense needs.

해석 이 우주 왕복선은 과학적, 상업적 또 방어의 필요에 소요되는 비용을 줄일 것으로 예상된다.

B. 1. It would be possible / for the Shuttle /
to put / a weather satellite and a scientific
satellite / into proper orbits / and then pick
up / a communication satellite / for servicing.

해석 가능하다 / 이 왕복선은 / 진입시키고 / 기상 위성과 과학 위성을 / 적절한 궤도 속에 / 그리고 나서 적재하는 것이 / 통신 위성을 / 서비스를 위해

2. Although the Shuttle / is most often used
/ as an uninhabited vehicle, / it can also be
used / as a manned earth-orbiting laboratory
/ for up to 30 days.

해석 비록 이 왕복선이 / 아주 종종 사용될지라도 / 사람이 타지 않는 운반선으로 / 이것은 또한 사용될 수 있다 / 유인 지구 궤도 실험실로 / 30여 일 동안

C. 1. conventional

해석 잃어버린 애완동물을 찾는 전통적인 방법은 전단지나 사인을 붙이는 일입니다.

2. satellite
> **해석** 인공위성은 기후변화와 그에 대한 영향을 조사하도록 설계되었습니다.

3. manned
> **해석** 이것은 달로 가는 최초의 유인 비행이었다.

4. versatile
> **해석** 달걀은 요리하기 쉽고 다용도로 쓸 수 있는 식품이다.

5. capacity
> **해석** 엘리베이터가 저 사람들을 다 수용할 수 없는 것 같아.

099 TV의 부정적 영향

A. 1. The idiot box has become a "third parent"
S   V   C

(to our children) and a "second spouse"
Q   C

(to our wives and husbands).
Q

> **해석** 그 바보상자는 우리의 아이들에게 '제3의 부모'가 되었고, 우리의 아내와 남편들에게 '제2의 배우자'가 되었다.

2. (Indeed), (in some homes) the children,
Q   Q   S

and (individually) the parents, spend more
V   O

time (with the television) (than each other).
Q   Q

> **해석** 실제로, 일부 가정에서 아이들과, 개별적으로 부모들은, 서로보다 텔레비전과 더 많은 시간을 보내고 있다.

B. 1. We / dress, talk, and behave / in ways / that we model after characters / on TV and in the movies.
> **해석** 우리는 / 입고 말하고 행동한다 / 방식으로 / 인물들을 본 따는 / 텔레비전이나 영화에 나오는

2. Many legal experts / believe / that delinquency problems / are made much worse / by young people / imitating what they see / in the media.
> **해석** 많은 법률 전문가들은 / 믿는다 / 청소년 비행 문제가 / 더 심각하게 이루어진다고 / 청소년들에 의해 / 보는 것들을 그대로 모방함으로써 / 대중 매체에서

C. 1. is hooked
> **해설** be hooked on은 '~에 푹 빠져 있다'라는 뜻이다.

> **해석** 우리 아들은 요즘 공룡에 빠져 있습니다.

2. are / absorbed
> **해설** be absorbed in은 '~에 몰두해 있다'라는 뜻이다.

> **해석** 그들은 모두 이욕과 명성을 얻기에 골몰하고 있다

3. have been

> **해설** for past few years로 보아 과거부터 지금까지의 의미를 담은 현재완료로 표현하는 것이 옳다.

> **해석** 지난 몇 년간은 해외에 나가 있었어요.

100 레이저의 활용

A. 1. The use of the laser (in biological and
     S

medical applications) is (also rapidly)
       V

expanding.
> **해석** 생물학과 의학에서의 사용도 급속히 확대되고 있다.

2. The laser is already being used (with great
S   V

success in certain surgical procedures).
Q

> **해석** 레이저는 이미 특정 수술 과정에서 크게 성공적으로 쓰이고 있다.

B. 1. Lasers / are now also used / in high-speed printing / and in the creation of three-dimensional images, / called holograms.
> **해석** 레이저는 / 현재 또한 사용된다 / 고속 프린터에 / 그리고 3차원 이미지를 만드는 데 / 홀로그램이라 불리는

2. In the field of communications / the laser, / used in conjunction with fiber-optic networks, / is capable of / carrying much more information / than conventional wires.
> **해석** 의사소통분야에서 / 레이저는 / 합성광학네트워크에 연결되어 사용되는 / 가능하다 / 훨씬 더 많은 정보를 운반할 / 기존의 선보다

C. 1. much heavier
> **해설** 비교급 강조에는 '훨씬'이라 해석되는 much, a lot, even, still, (by) far 등이 앞에 붙어 강조의 의미를 더한다.

2. as many / as / has
> **해설** 동등비교의 경우 as ~ as를 사용하고, Tom이 단수명사이므로 has가 쓰여야 한다.

3. much more / than
> **해설** 비교급 강조에는 '훨씬'이라 해석되는 much, a lot, even, still, (by) far 등이 앞에 붙어 강조의 의미를 더한다.

영어번역 &
영문독해
원론

강대영 저

The Principles
of English
Translation
& Reading

★ 영어 통번역사, 영어 전공자, 영어시험 응시자들의 필독서
★ 최고의 영어 통번역 길잡이로서의 기준 제시
★ 영어 통번역 테크닉과 영문독해 완벽 공략

(사)국제통역번역협회 시행
ITT
준비교재

(사)한국번역가협회 시행
TCT
준비교재

반석출판사
Bansok

영어번역 & 영문독해 원론

(영어 통번역사, 영어 전공자, 영어시험 응시자들의 필독서: ITT, TCT 준비교재)
강대영 저 | 양장 | 180*254mm | 524쪽 | 25,000원

하루하루 다시 시작하는
일상생활 5분 영어 365

이원준 엮음 | 128*188mm | 392쪽
13,000원(mp3 파일 무료 제공)

하루하루 다시 시작하는
일상생활 5분 일본어 365

야마무라 지요 엮음 | 128*188mm | 392쪽
13,000원(mp3 파일 무료 제공)

하루하루 다시 시작하는
일상생활 5분 중국어 365

최진권 엮음 | 128*188mm | 392쪽
13,000원(mp3 파일 무료 제공)